Informatik – Fachberichte

Band 45: R. Marty, PISA – A Programming System for Interactive Production of Application Software. VII, 297 Seiten. 1981.

Band 46: F. Wolf, Organisation und Betrieb von Rechenzentren. Fachgespräch der GI, Erlangen, März 1981, VII, 244 Seiten. 1981.

Band 47: GWAI-81 German Workshop on Artifical Intelligence. Bad Honnef, January 1981. Herausgegeben von J. H. Siekmann. XII, 317 Seiten. 1981.

Band 48: W. Wahlster, Natürlichsprachliche Argumentation in Dialogsystem. KI-Verfahren zur Rekonstruktion und Erklärung approximativer Inferenzprozesse. XI, 194 Seiten. 1981.

Band 49: Modelle und Strukturen. DAG 11 Symposium, Hamburg, Oktober 1981. Herausgegeben von B. Radig. XII, 404 Seiten. 1981.

Band 50: GI-11. Jahrestagung. Herausgegeben von W. Brauer. XIV, 617 Seiten. 1981.

Band 51: G. Pfeiffer, Erzeugung interaktiver Bildverarbeitungssysteme im Dialog. X, 154 Seiten. 1982.

Band 52: Application and Theory of Petri Nets. Proceedings, Strasbourg 1980, Bad Honnef 1981. Edited by C. Girault and W. Reisig. X, 337 pages. 1982.

Band 53: Programmiersprachen und Programmentwicklung. Fachtagung der GI, München, März 1982. Herausgegeben von H. Wössner. VIII, 237 Seiten. 1982.

Band 54: Fehlertolerierende Rechnersysteme. GI-Fachtagung, München, März 1982. Herausgegeben von E. Nett und H. Schwärtzel. VII, 322 Seiten. 1982.

Band 55: W. Kowalk, Verkehrsanalyse in endlichen Zeiträumen. VI, 181 Seiten. 1982.

Band 56: Simulationstechnik. Proceedings, 1982. Herausgegeben von M. Goller. VIII, 544 Seiten. 1982.

Band 57: GI-12. Jahrestagung. Proceedings, 1982. Herausgegeben von J. Nehmer. IX, 732 Seiten. 1982.

Band 58: GWAI-82. 6th German Workshop on Artificial Intelligence. Bad Honnef, September 1982. Edited by W. Wahlster. VI, 246 pages. 1982.

Band 59: Künstliche Intelligenz. Frühjahrsschule Teisendorf, März 1982. Herausgegeben von W. Bibel und J. H. Siekmann. XIII, 383 Seiten. 1982.

Band 60: Kommunikation in Verteilten Systemen. Anwendungen und Betrieb. Proceedings, 1983. Herausgegeben von Sigram Schindler und Otto Spaniol. IX, 738 Seiten. 1983.

Band 61: Messung, Modellierung und Bewertung von Rechensystemen. 2. GI/NTG-Fachtagung, Stuttgart, Februar 1983. Herausgegeben von P. J. Kühn und K. M. Schulz. VII, 421 Seiten. 1983.

Band 62: Ein inhaltsadressierbares Speichersystem zur Unterstützung zeitkritischer Prozesse der Informationswiedergewinnung in Datenbanksystemen. Michael Malms. XII, 228 Seiten. 1983.

Band 63: H. Bender, Korrekte Zugriffe zu Verteilten Daten. VIII, 203 Seiten. 1983.

Band 64: F. Hoßfeld, Parallele Algorithmen. VIII, 232 Seiten. 1983.

Band 65: Geometrisches Modellieren. Proceedings, 1982. Herausgegeben von H. Nowacki und R. Gnatz. VII, 399 Seiten. 1983.

Band 66: Applications and Theory of Petri Nets. Proceedings, 1982. Edited by G. Rozenberg. VI, 315 pages. 1983.

Band 67: Data Networks with Satellites. GI/NTG Working Conference, Cologne, September 1982. Edited by J. Majus and O. Spaniol. VI, 251 pages. 1983.

Band 68: B. Kutzler, F. Lichtenberger, Bibliography on Abstract Data Types. V, 194 Seiten. 1983.

Band 69: Betrieb von DN-Systemen in der Zukunft. GI-Fachgespräch, Tübingen, März 1983. Herausgegeben von M. A. Graef. VIII, 343 Seiten. 1983.

Band 70: W. E. Fischer, Datenbanksystem für CAD-Arbeitsplätze. VII, 222 Seiten. 1983.

Band 71: First European Simulation Congress ESC 83. Proceedings, 1983. Edited by W. Ameling. XII, 653 pages. 1983.

Band 72: Sprachen für Datenbanken. GI-Jahrestagung, Hamburg, Oktober 1983. Herausgegeben von J. W. Schmidt. VII, 237 Seiten. 1983.

Band 73: GI-13. Jahrestagung, Hamburg, Oktober 1983. Proceedings. Herausgegeben von J. Kupka. VIII, 502 Seiten. 1983.

Band 74: Requirements Engineering. Arbeitstagung der GI, 1983. Herausgegeben von G. Hommel und D. Krönig. VIII, 247 Seiten. 1983.

Band 75: K. R. Dittrich, Ein universelles Konzept zum flexiblen Informationsschutz in und mit Rechensystemen. VIII, 246 pages. 1983.

Band 76: GWAI-83. German Workshop on Artificial Intelligence. September 1983. Herausgegeben von B. Neumann. VI, 240 Seiten. 1983.

Band 77: Programmiersprachen und Programmentwicklung. 8. Fachtagung der GI, Zürich, März 1984. Herausgegeben von U. Ammann. VIII, 239 Seiten. 1984.

Band 78: Architektur und Betrieb von Rechensystemen. 8. GI-NTG-Fachtagung, Karlsruhe, März 1984. Herausgegeben von H. Wettstein. IX, 391 Seiten. 1984.

Band 79: Programmierumgebungen: Entwicklungswerkzeuge und Programmiersprachen. Herausgegeben von W. Sammer und W. Remmele. VIII, 236 Seiten. 1984.

Band 80: Neue Informationstechnologien und Verwaltung. Proceedings, 1983. Herausgegeben von R. Traunmüller, H. Fiedler, K. Grimmer und H. Reinermann. XI, 402 Seiten. 1984.

Band 81: Koordinaten von Informationen. Proceedings, 1983. Herausgegeben von R. Kuhlen. VI, 366 Seiten. 1984.

Band 82: A. Bode, Mikroarchitekturen und Mikroprogrammierung: Formale Beschreibung und Optimierung, 6, 7-227 Seiten. 1984.

Band 83: Software-Fehlertoleranz und -Zuverlässigkeit. Herausgegeben von F. Belli, S. Pfleger und M. Seifert. VII, 297 Seiten. 1984.

Band 84: Fehlertolerierende Rechensysteme. 2. GI/NTG/GMR-Fachtagung, Bonn 1984. Herausgegeben von K.-E. Großpietsch und M. Dal Cin. X, 433 Seiten. 1984.

Band 85: Simulationstechnik. Proceedings, 1984. Herausgegeben von F. Breitenecker und W. Kleinert. XII, 676 Seiten. 1984.

Band 86: Prozeßrechner 1984. 4. GI/GMR/KfK-Fachtagung, Karlsruhe, September 1984. Herausgegeben von H. Trauboth und A. Jaeschke. XII, 710 Seiten. 1984.

Band 87: Mustererkennung 1984. Proceedings, 1984. Herausgegeben von W. Kropatsch. IX, 351 Seiten. 1984.

Band 88: GI-14. Jahrestagung. Braunschweig. Oktober 1984. Proceedings. Herausgegeben von H.-D. Ehrich. IX, 451 Seiten. 1984.

Informatik-Fachberichte 131

Herausgegeben von W. Brauer
im Auftrag der Gesellschaft für Informatik (GI)

Wolfgang Scherl

Bildanalyse allgemeiner Dokumente

Springer-Verlag
Berlin Heidelberg GmbH

Autor

W. Scherl
Siemens AG, Abt. ZT ZTI INF 122
Otto-Hahn-Ring 6, 8000 München 83

CR Subject Classifications (1987): E.1, F.2.2, F.4.2-3, G.2.2, H.4.1,
I.2.1, I.2.8, I.2.10, I.4.1-2, I.4.6-7,
I.4.9, I.5.1-4, I.7

ISBN 978 3 540 17214-7   ISBN 978-3-642-71657-7 (eBook)
DOI 10.1007/978-3-642-71657-7

CIP-Kurztitelaufnahme der Deutschen Bibliothek. Scherl, Wolfgang: Bildanalyse allgemeiner
Dokumente / Wolfgang Scherl. – Berlin; Heidelberg; New York; London; Paris; Tokyo:
Springer, 1987.
(Informatik-Fachberichte; 131)

NE: GT

2145/3140-543210

<u>Vorwort</u>

In den Anfängen der Mustererkennung gehörte die Erkennung von hand- und ma-
schinengedruckten Schriftzeichen zu den Standardanwendungen und -testbereichen
von Algorithmen. Inzwischen gibt es für dieses Anwendungsgebiet eine Reihe
von kommerziellen Geräten. Mit zunehmenden Ansprüchen in der Büroautomati-
sierung und mit zunehmender Leistungsfähigkeit und Komplexität der in der Mustererkennung eingesetzten Verfahren hat sich nun das Interesse der automatischen
Verarbeitung weitgehend uneingeschränkter Dokumente zugewendet, die in beliebiger
Anordnung und Verschachtelung Text-, Graphik- und Bildbereiche enthalten. Der
hier vorliegende Band behandelt diesen Themenbereich, der zur Zeit einen aktuellen internationalen Forschungsschwerpunkt darstellt.

Der Autor erläutert zunächst die generelle Bedeutung und den Stand der Dokumentanalyse sowie die Zielsetzung der Arbeit, die darin besteht, die Layout-Struktur
beliebiger Dokumente aufgrund der Abtastwerte des Bildes zu berechnen und
in symbolischer Form darzustellen. Die folgenden Kapitel zeigen einen dafür
geeigneten Lösungsweg auf. Im Dokument werden die drei generellen Klassen
"Text", "Graphik" und "Bild" automatisch unterschieden. Wissen über die Dokumentstruktur wird in drei attributierten, stochastischen Graphgrammatiken repräsentiert.
Daraus folgt eine einheitliche Datenstruktur, der "Dokumentgraph", in dem die
Dokumentstruktur rechnerintern dargestellt wird. Die entwickelten Lösungsansätze
wurden realisiert und die Leistungsfähigkeit der Verfahren an einer Vielzahl sehr
unterschiedlicher Dokumente demonstriert.

Mit dieser Arbeit wird ein wichtiger Beitrag auf dem Wege zu automatischen
Systemen für die Dokumentanalyse geleistet. Die Ergebnisse sind Ausdruck einer
gelungenen Forschungskooperation zwischen der Universität Erlangen-Nürnberg
und der Siemens AG. Die Bedeutung der entwickelten Ansätze wird auch dadurch
unterstrichen, daß dem Autor für zwei Veröffentlichungen, die aus dieser Arbeit
hervorgegangen sind, von der Nachrichtentechnischen Gesellschaft im VDE (NTG)
der Preis der NTG 1986 verliehen wurde.

H. Niemann   D. Schütt

<u>Danksagung</u>

An dieser Stelle möchte ich Herrn Professor Dr.H. Niemann
für die Annahme und die Betreuung dieser Dissertation und
Herrn Professor Dr. D. Schütt für die Erstellung des Zweit-
gutachtens danken.

Zu großem Dank bin ich den Herren Dr. M. Lang, Dr. E. Hundt,
Dr. H. Unterberger und Dr. H. Höge verpflichtet. Durch ihre
Förderung und Unterstützung war es mir möglich, diese Arbeit
im Zentralbereich Forschung und Technik der Siemens AG durchzuführen.

Die Reinschrift des Manuskripts wurde von Frau Forster und
Frau Krekow angefertigt. Beiden danke ich für ihre sorg-
fältige Arbeit.

<u>Inhaltsverzeichnis</u>

<u>0. Einleitung</u>

Durch die in den letzten Jahren stark erweiterten elektronischen Möglichkeiten hat auf allen Gebieten, die sich mit der Herstellung von Druckerzeugnissen befassen, eine stürmische Entwicklung eingesetzt. Textautomaten verdrängen die althergebrachten Schreibmittel des Büros und bieten ungeahnte Gestaltungsmöglichkeiten beim Erstellen von Briefen und Berichten. Elektronische Setzmaschinen beschleunigen die Herstellung von Zeitungen und Büchern. Konstruktionszeichnungen, Schaltpläne sowie hochintegrierte Schaltkreise lassen sich weitaus effektiver durch rechnergestützen Entwurf zusammen mit graphischen Darstellungsmethoden erstellen.

Diese revolutionierenden Technologien zum Erstellen der verschiedenartigsten Dokumenttypen sind dadurch möglich, daß vom Inhalt der Schriftstücke und Pläne ein symbolisches Abbild im Speicher eines Rechenautomaten erzeugt wird. Dieses Abbild ist auf äußerst flexible Art und Weise im Rechner handhabbar. Es kann erstellt, verändert, gespeichert, übertragen, mit anderen Schriftstücken kombiniert und auch inhaltlich ausgewertet werden.

Ist ein derartiges Abbild fertiggestellt, so ist es ohne weiteres möglich, dieses symbolische Dokument aus dem Speicher eines Rechenautomaten als Bildinformation auf Papier abzubilden und in gewohnter Weise zu verwenden. Die Drucktechnik als Schnittstelle zwischen Elektronik und Papier hat ebenso wie die elektronische Verarbeitung bereits einen hohen Stand erreicht. In Bild B 1.1 ist das elektronische Erstellen eines Dokumentes in der rechten Bildhälfte dargestellt.

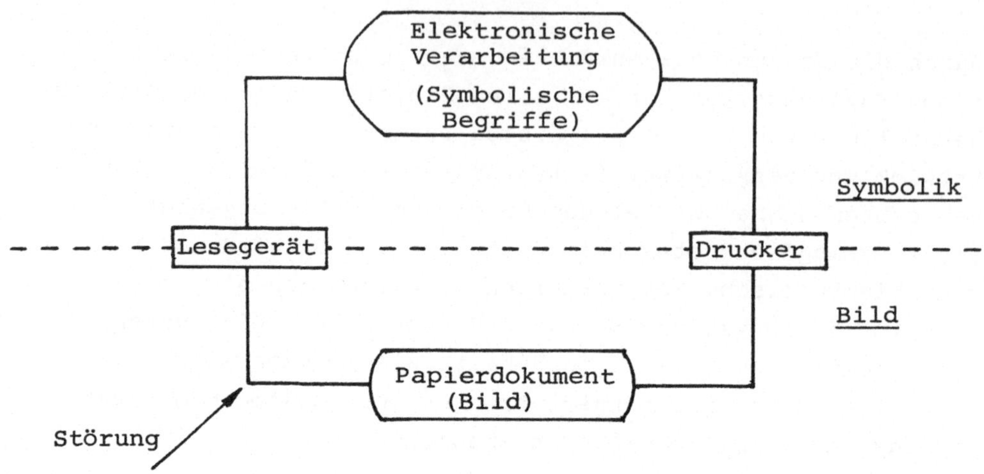

B 1.1
Kreislauf zwischen dem symbolischen Dokument in elektronischen
Verarbeitungsmaschinen und der bildhaften Darstellung des
Dokumentinhaltes auf Papier

Für die verschiedensten Aufgaben ist es wichtig, die Geräte
zum "Erzeugen" eines Papierdokumentes auch mit einer Einrichtung zu versehen, welche das Druckbild eines Papierdokumentes
wieder in das symbolische Abbild seines Inhaltes zurückver-
wandelt. In /MH84/ oder /DS83/ werden hierzu bereits Überlegungen angestellt. Diese Einrichtung ist in Bild B1.1 auf der
linken Seite eingezeichnet und als Lesegerät bezeichnet. Gelingt dieses Vorhaben, so ist mit diesem Gesamtsystem ein
äußerst flexibles Werkzeug geschaffen, das ein beliebiges
Überwechseln von Papier in die symbolische Darstellung und
wieder zurück ermöglicht.

Die Anwendungen für ein derartiges System sind äußerst vielseitig. Ein "verstehendes" System erlaubt eine äußerst effektive Übertragung und Speicherung. Die automatische Eingabe
älterer Datenbestände (z.B. Katasterpläne) und ihre weitere
Verarbeitung in elektronischen Anlagen wird hierdurch möglich.
Verschiedene Systeme unterschiedlicher Normung sind so über

Papier leicht und schnell zu koppeln. Für Aufgaben z.B. der
Werbung oder des Zeitungswesens können Texte und Bilder eingelesen, beliebig manipuliert und in neue Form wieder ausgegeben werden und vieles mehr. Während jedoch die Schnittstelle
von der elektronischen Verarbeitung zum Papier bereits einen
hohen Stand erreicht hat, steckt der Rückweg vom Papier in
den Automaten noch in den Kinderschuhen. Die Gründe hierfür
sowie der derzeitige Stand automatischer Lesegeräte sollen
im folgenden kurz erläutert werden.

Das automatische Erschließen von Information, die auf Papier
gedruckt vorliegt, ist für die Mustererkennung und Bildverarbeitung schon seit langem ein äußerst interessantes und reiz-
volles Gebiet. Stößt man doch hier mit Hilfe moderner Rechen-
anlagen in einen Bereich von Erkennungsaufgaben vor, der dem
Menschen bis vor nicht allzu langer Zeit einzig und allein
vorbehalten schien. Seit den ersten Anfängen zu automatischen
Lesegeräten in den Jahren nach 1950 /SC82/ hat sich um diese
Geräte ein großer Markt entwickelt. Laut /FR83/ wird derzeit
in den USA ein Umsatz von 350 Millionen US $ erzielt.

Es liegt nun der Gedanke nahe, das langjährige Know How aus
dem Bau von Erkennungsgeräten unmittelbar für die oben genannten Aufgaben einzusetzen. Werbeprospekte und Datenblätter
der derzeit käuflichen Lesemaschinen zeigen jedoch, daß diese
immer nur für eine sehr eingeschränkte Anwendung, wie z.B.
für die Auswertung besonders präparierter Belege, gebaut sind.
Beim Bau dieser Geräte liegt der Schwerpunkt vor allem darauf,
isolierte Schriftzeichen gut zu erkennen.

Demgegenüber ergibt sich für ein universelles Dokumentanalyse-
gerät die Notwendigkeit, nicht standardisierte Dokumente zu
verarbeiten. Zweck sowie Aufbau dieser Dokumente sind unbekannt, die Dokumente setzen sich neben Textbereichen auch aus
Bildern und Grafikelementen zusammen. Wie Bild B 1.2 veranschaulicht, entsteht dadurch für den Bau derartiger Dokument-

interpreter eine völlig neue Situation. Die vielseitigen Aufgaben, die zur Analyse von Dokumenten nötig sind, zielen schwerpunktmäßig darauf ab, das Dokument in seinem Gesamtaufbau und in seiner Bedeutung zu erfassen. Neben Text müssen auch Grafikelemente sowie Bilder verarbeitet werden. Der Schwierigkeitsgrad steigt in dem Maß, in dem die Kenntnis (Vorwissen) über das Dokument reduziert wird. Die Einschränkungen und Standardisierungsannahmen, auf welche man bei der Auswertung eines Beleges oder einer reinen Schreibmaschinenseite zurückgreifen konnte, besitzen hier keine Gültigkeit mehr.

Erkennen des
Dokumenttyps

Erkennen der logischen
Aufeinanderfolge von
Textspalten

Erkennen der Bedeutung
von Textpassagen inner-
halb des Gesamtdokuments

Erkennen der
Schriftart

Erkennen, Eingrenzen
und Ordnen zusammen-
hängender Textbereiche

Trennen verklebter
Buchstaben

Erkennen von
Text- Bild-
Beziehungen

**Dokument-
analyse**

Erkennen von
Buchstaben

Erkennen und
Eingrenzen
von Bildern

Erkennen von
Grafiksymbolen

Erkennen von
Text- Grafik-
Beziehungen

Darstellen der Symbol-
zusammenhänge in kom-
plexen Grafikmustern

Erkennen und Eingrenzen
von grafischen Darstel-
lungen, Diagrammen,
Tabellen, Unterstrei-
chungen, Trennlinien...

Darstellen der
Text- Grafik-
Bild- Beziehungen

B 1.2
Die Dokumentanalyse umfaßt ein Fülle verschiedenartiger Teilaufgaben. Zur Lösung der Gesamtaufgabe müssen Verfahren der Bildanalyse und der logischen Analyse eng zusammenwirken.

In diesem Zusammenhang befaßt sich die vorliegende Arbeit mit
der Aufgabe, die optische Information eines Dokumentes wieder
in eine symbolische Begriffswelt im Automaten umzuwandeln.
In diese Aufgabe sind Textbereiche sowie Bilder und Grafikelemente beliebiger Dokumente mit einbezogen. Die Arbeit benützt
zur Lösung der Aufgabe nur die allgemein üblichen Konventionen
für Druckvorlagen.

Ein Dokument ist im allgemeinen ein äußerst komplexes Gebilde. Dies wird deutlich, wenn man sich mit den Datenstrukturen
befaßt, mit deren Hilfe ein Dokument innerhalb elektronischer
Systeme aufgebaut, verwaltet, editiert und ausgegeben wird.
Eine derartige Dokumentarchitektur beinhaltet nicht mehr nur
eine sequentielle Aufeinanderfolge der Asciicodes einzelner
Zeichen, sondern aus den baumartigen Datenstrukturen sind die
globalen logischen Zusammenhänge und Bedeutungen innerhalb
des Dokumentes ersichtlich. Diese logischen Zusammenhänge sind
laut /HO84/ in der logischen Strukturbeschreibung zusammengefaßt. Aus dieser ist die Art und Bedeutung des Gesamtdokumentes
(z.B. Brief oder Vertrag), die logische Aufteilung des Dokumentes in verschiedene Abschnitte, deren Bedeutung im Gesamtdokument (z.B. als Adresse, Datum, Einleitung usw.) sowie auch
Beziehungen zwischen Texten und erläuternden Bildern (z.B.
Bild und Bildunterschrift oder Bild und Bezug zu einem Text-
abschnitt) ersichtlich.

Dieser logischen Struktur steht eine Layout-Struktur gegenüber, welche die Form wiedergibt, in welcher der logische Dokumentinhalt auf Papier dargestellt und dem Leser plausibel
gemacht wird. Hieraus ist z.B. ersichtlich, in wieviele Papier-
seiten ein Dokument aufgeteilt wird, auf welcher Seite und
in welcher Position ein bestimmter Abschnitt ausgedruckt wird,
ob ein- oder mehrspaltiger Druck verwendet wird, wie Bilder
und ihre Unterschriften angeordnet werden usw.. Hierzu ist
z.B. in /SB82/ eine eigene Übertragungssprache mit den notwendigen Datenstrukturen vorgestellt.

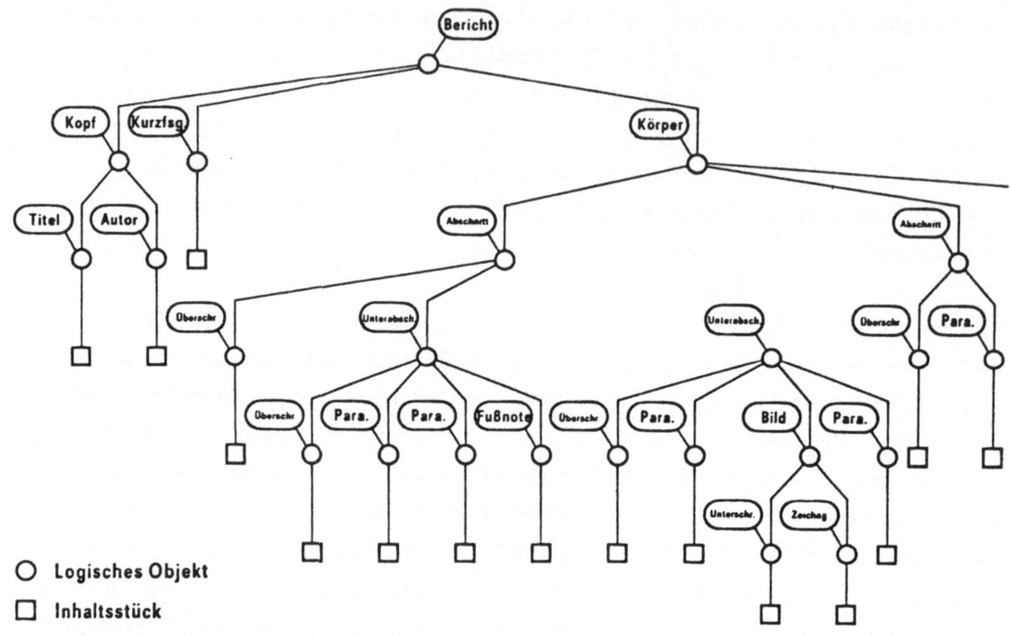

O Logisches Objekt

□ Inhaltsstück

B 1.3
Die logische Struktur eines Berichtes. In der Regel sind die
Bedeutungen der einzelnen Textabschnitte nicht wie in B 1.5 einer
bestimmten Fläche im Dokument zugeordnet. Dieses Beispiel ist
/HO84/ entnommen.

Bild B 1.3 zeigt als Beispiel die logische Struktur eines Be-
richts. Die Layout-Struktur ist hier nicht eingezeichnet. Durch
diese hochspezialisierte Datenstruktur besitzt die elektronische Anlage den genauen Überblick über das Gesamtdokument.
Dieser Überblick wurde beim Entwurf des Dokumentes auf inter-
aktivem Wege vom menschlichen Bearbeiter in die Datenstruktur
eingegeben. Durch klare Zuordnungen zwischen der logischen
Struktur und der Layout-Struktur ist beim Setzen jedes einzelnen Druckrasterpunktes der Maschine bekannt, in welchem Zusammenhang dieser Einzelpunkt relativ zum Gesamtdokument steht.
Symbolische Editoren und Darstellungsverfahren weisen hierdurch bereits heute schon nahezu ideale Eigenschaften auf.

Die immensen Schwierigkeiten, die sich vor der Analyse eines
Dokumentes auftürmen, liegen nun darin begründet, daß zur Analyse nur die Pixelmatrix des Dokumentes zur Verfügung steht.
In ihr sind weder logische Begriffe wie "Brief" oder "Adresse"
noch irgendwelche Layout Begriffe wie "Wort", "Bild" oder "Textblock" explizit gespeichert. Den einzelnen Bildpunkten fehlt
somit der gesamte symbolisch dargestellte Zusammenhang, der
beim Erstellen des Dokumentes von menschlichen Bearbeitern
hineingelegt wurde. Ein Editieren oder Verarbeiten des Doku-
mentinhalts ist ohne diesen jedoch unmöglich.

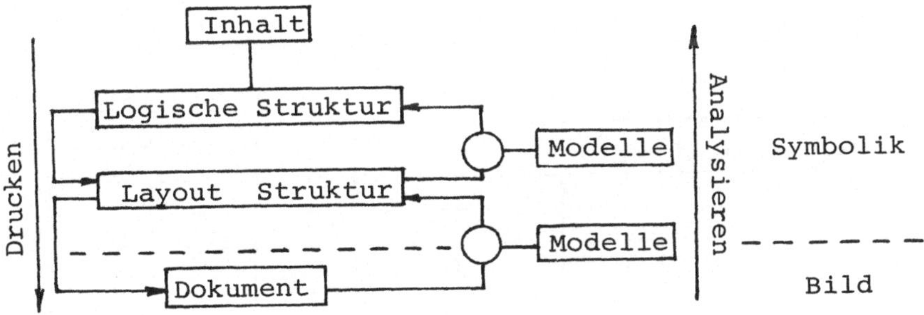

B 1.4
Umwandeln des bildhaft dargestellten Dokumentinhaltes auf
Papier in symbolische Begriffe. Diese Analyse geschieht mit
Hilfe von Modellen.

Ein menschlicher Betrachter ist nun durch seine Erfahrung und
Schulung spielend in der Lage, die vom Ersteller beabsichtig-
ten Zusammenhänge und Begriffe wieder in das optische Bild
eines Dokumentes hineinzuinterpretieren. Die komplizierten
Vorgänge, die dabei im Gehirn des Betrachters ablaufen, sind
uns noch weitgehend unbekannt. Um eine vergleichbare Leistung
zu vollbringen, muß also ein Analysegerät gleich einem Detek-
tiv aus einzelnen Indizien (hier Bildpunkten) auf die großen
Zusammenhänge schließen. Diese Aufgabe wird in der Regel durch
vielfältige Störeinflüsse wie z.B. unsauberen Druck zusätzlich erschwert. Für diese Aufgabe ist es, wie Bild B1.4 zeigt,

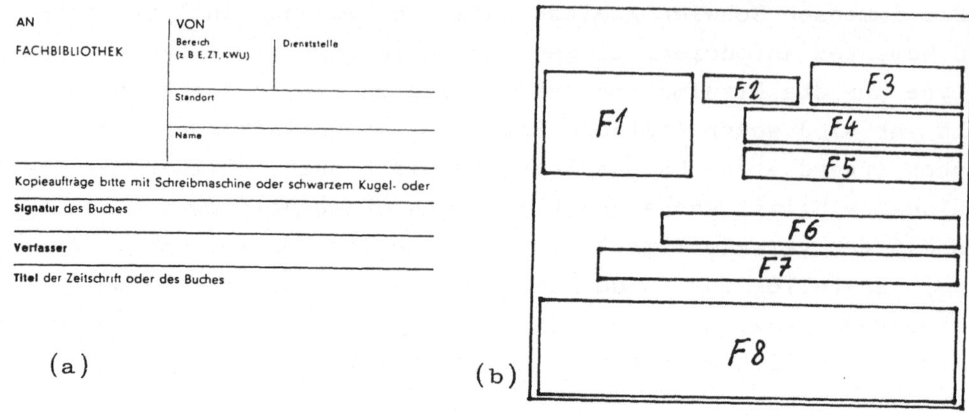

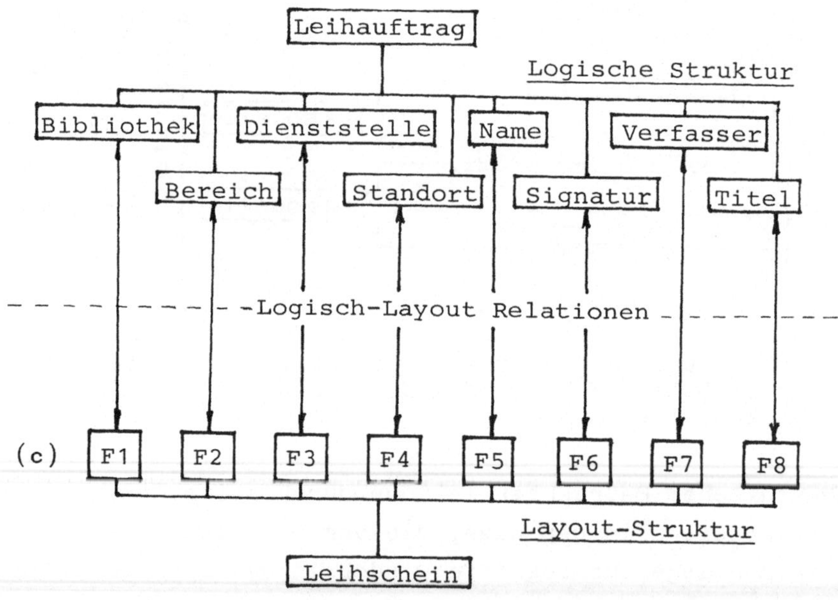

B 1.5
Modelle der logischen Struktur und der Layout-Struktur für
die Analyse eines standardisierten Dokumentes.
(a) zeigt als Beispiel den Leihschein einer Bibliothek,
(b) markiert durch die Flächen F1 - F8 die Erwartungszonen,
die vom Benutzer auszufüllen sind. In (c) ist die logische
wie auch die Layout-Struktur eines Leihauftrages aufgezeigt.
Aus der logischen Struktur ist die Bedeutung der einzelnen
Angaben ersichtlich. Die Layout-Struktur zeigt die flächen-
mäßige Aufteilung des Leihscheines, der zur Durchführung des
Leihauftrages erforderlich ist. Logisch-Layout Relationen zeigen auf, welche Bedeutung den einzelnen Teilflächen zugeordnet
ist.

nötig, im Analysegerät Modelle von den Begriffen abzuspeichern, die in den Druckvorlagen wiedergefunden werden sollen. Diese Modelle verkörpern die Erfahrung, welche der Mensch beim optischen Betrachten einsetzt und mit deren Hilfe er den Dokumentinhalt wiedererkennt. Durch Vergleichen unbekannter Dokumentkomponenten mit bekannten Modellen wird dieser Vorgang im Automaten nachvollzogen. Stimmen Modell und die unbekannte Komponente überein, so wird die bekannte Bedeutung, die dem Modell beigefügt ist, auf die unbekannte Komponente übertragen. Bild B1.4 zeigt hierzu sowohl Modelle für das Layout als auch für die logischen Zusammenhänge.

Käufliche Lesegeräte verfügen noch über recht einfach aufgebaute Dokumentmodelle. Wie Bild B 1.5a zeigt, wird durch den standardisierten Dokumentaufbau eines Formulars das Benutzerverhalten gezielt beeinflußt. Die Benutzereinträge konzentrieren sich somit auf ganz bestimmte Erwartungszonen (B 5.1b). Für die Analyse ergeben sich somit die in B 1.5c gezeigten Modelle der logischen und der Layout-Struktur. Durch die vorgegebene räumliche Gliederung des Dokuments kann jeder Layoutzone unmittelbar ihre Bedeutung zugeordnet werden.

Nach dem derzeitigen Stand bekannter Verfahren ist es noch nicht denkbar, Modelle und Verfahren so flexibel zu gestalten, daß die logische Struktur beliebiger Dokumenttypen automatisch erfaßt werden kann. Zwar liegen aus dem Gebiet der künstlichen Intelligenz bereits Ansätze zur logischen Inhaltsanalyse vor, diese sind jedoch, wie z.B. in /NE82/ oder /KN81/, auf die Analyse reiner Textbereiche beschränkt. Diese Arbeiten setzen voraus, daß die einzelnen Schriftzeichen bereits richtig codiert, in der richtigen Reihenfolge geordnet und mit Steuerzeichen versehen im Speicher des Rechners vorliegen. Diese Verfahren sind dadurch noch keineswegs in der Lage, die gestörten Ergebnisse der Bildanalyse eines Dokumentes oder gar Grafikelemente und Graubilder im Dokument mitzuverarbeiten. Gilt es die logischen Zusammenhänge zu erfassen,

so muß vorher die Layout-Struktur aus dem Dokument herausge-
messen werden. Auch diese Aufgabe ist noch nicht zufrieden-
stellend gelöst. Hier kommt der Segmentierung der Druckvorlagen eine bevorzugte Bedeutung zu. Ihr Ziel ist es, die Bereiche innerhalb eines Dokumentes, die jeweils zu einem einheitlichen Musterbegriff gehören, richtig einzugrenzen sowie
auch die Klasse, der das Muster angehört, festzustellen.

Bereits um diese Segmentier- und Klassifikationsaufgaben wahr-
zunehmen, müssen eine Vielzahl von Layout-Beziehungen erfaßt
und im Automaten gespeichert werden. Um z.B. einen ganzen Textblock im Rechner als eine Einheit erscheinen zu lassen, müssen
aus dem zerhackten Buchstabenbild eines Textbereiches heraus
die einzelnen Buchstaben zu Worten, Zeilen und schließlich
zum ganzen Block zusammengefaßt werden. Sind diese Zusammenhänge richtig dargestellt, so gehen hieraus auch die Grenzen
des Gesamtbereiches sowie auch die richtige Reihenfolge der
Worte und Buchstaben hervor.

Aus der Literatur der letzten Jahre sind unterschiedliche Lö-
sungsvorschläge bekannt, ein Dokument in Text-, Grafik- und
Bildfelder zu zerlegen. Das Hauptproblem dabei ist, sowohl
die zerhackte Buchstabenstruktur in Textbereichen wie auch
voneinander isolierte Teilkomponenten eines Bildfeldes im Automaten als einheitliches Ganzes erscheinen zu lassen. Viele
Veröffentlichungen machen sich hierfür die integrierende Wirkung eines Filters oder vergleichbarer Verfahren zunutze. Die
Verfahren gliedern sich im allgemeinen in zwei Teilschritte:

1. Das Eingrenzen von Teilbereichen, die der Mensch als einheitliches Ganzes empfindet.
2. Die Klassifikation der Teilbereiche.

Um ein Urteil über die praktische Anwendbarkeit der einzelnen Verfahren und ihrer Teilschritte zu fällen, muß ihre Leistungsfähigkeit mit der des menschlichen Erkennungsvermögens

verglichen werden. Hierzu soll eine kleine Liste von Zusatz-
forderungen dienen, anhand der die Güte der einzelnen Verfahren überprüft werden kann. So sollen ideale Verfahren zur Dokumentanalyse ihre Aufgabe folgendermaßen erfüllen:

- <u>Unabhängig von der absoluten Größe eines Musters.</u> Insbesondere Tageszeitungen oder Werbematerial, aber auch bereits Bankbelege, enthalten ein großes Spektrum unterschiedlichster Schrifttypen. Man denke hier nur an die großen
  Lettern im Kopf einer Tageszeitung sowie an die kleinen
  Zeichengrößen im Impressum oder bei einer Bildunterschrift.

- <u>Unempfindlich gegenüber der Drehlage der Muster.</u> Ist eine
  Schreibmaschinenseite beim Tippen nicht exakt eingespannt,
  so fluchten die Textzeilen nicht mehr mit den Zeilen der
  Bildmatrix, in der das Dokumentbild beim Einlesen abgespeichert wurde. Insbesondere bei Bau- und Konstruktionsplä-
  nen können Beschriftungen eine völlig willkürliche Orien-
  tierung aufweisen. Die Auswertung z.B. nicht fluchtender
  Textzeilen erschwert sich, wenn andere Dokumentmuster unmittelbar benachbart sind.

- <u>Unempfindlich gegen Zerfall des Erscheinungsbildes eines
  Musters.</u> Durch unsauberen Druck, schlechte Kopien oder Papierfehler erscheinen Zeichen, Linien u.ä. in Form einzelner Bruchstücke.

- <u>Unempfindlich gegen Einstreuungen, Artifakte und sonstige
  Störungen.</u> Kleckse, Kaffeeflecken, Papierfehler, Einstreuungen durch einen Kopiervorgang stellen Artifakte im Dokumentbild dar.

- <u>Unempfindlich gegen Nachbarschaften verschiedener Dokumentteile.</u> Beschriftete Schaltelemente in einem Schaltplan,
  unterstrichene Textpartien, die Spalten und Rubriken eines
  Formulars aber auch Textzeilen mit geringem Zeilenabstand

ergeben ein oft kompliziertes Nebeneinander von Text-, Grafik- oder auch Bildelementen. Schwierig zu bearbeiten sind ineinander verschachtelte Text- und Grafikelemente in Konstruktionszeichnungen und Schaltplänen.

- <u>Unempfindlich gegen Überdrucken und Verkleben verschiedener Dokumentteile.</u> Durch unsauberen Druck, mangelnde Auflösung und ähnliche Gründe verkleben Textelemente untereinander oder auch Text- und Grafikelemente. Ein Beispiel hierfür geben oft unterstrichene Partien einer Textzeile.

Bei der Analyse komplexer Druckvorlagen und einer sehr allgemeinen Aufgabenstellung können alle obigen Forderungen gleichzeitig auftreten. Ein Beispiel hierfür wäre ein Fernkopierer, der zum Zweck einer optimalen Übertragungsrate das zu übertragende Dokument in einheitliche Bereiche zerlegt und diese unterschiedlich codiert. Hier ist es völlig dem Benutzer überlassen, ob er Titelseite oder Reklameteile einer Tageszeitung, eine Schreibmaschinenseite oder ein Formular kopiert und wie er die Vorlage auf das Kopiergerät legt.

1. Literaturübersicht zur Dokumentanalyse

Unter Zuhilfenahme von /NA84/ sind anhand aussagekräftiger
Literaturstellen die wichtigsten bekannten Verfahrensprinzi-
pien zusammengetragen und im Hinblick auf obigen Forderungs-
katalog kurz diskutiert. Bei den einzelnen Zitaten handelt
es sich im allgemeinen um Kombinationen mehrerer Prinzipien.
Sie weisen dadurch gegenüber dem Grundverfahren verbesserte
Eigenschaften auf.

Projektionsverfahren

In /HE82/, /AKMNS/ oder /HF80/ sind Verfahren beschrieben,
welche die Grauwerte des zu analysierenden Dokumentabschnit-
tes in horizontaler (oder vertikaler) Richtung entlang einer
Bildzeile (Spalte) aufsummieren und in einem Summenvektor zusammenfassen. In diesem Summenvektor sind nun charakteristische Projektsfiguren für Textzeilen, Bilder oder Grafiken sichtbar. Die Begrenzungen einer Textzeile oder eines Bildes sind
daraus errechenbar.

Das einfache Verfahren ist von der Lage des Dokumentinhaltes
relativ zu den Zeilen und Spalten der Bildmatrix abhängig.
Hierdurch ist es empfindlich gegen leichte Verdrehungen bei
direkter Nachbarschaft verschiedener Dokumentteile (z.B. bei
langen Textzeilen). Probleme ergeben sich auch bei gleichzei-
tigem Auftreten sehr kurzer und sehr langer Textzeilen. Das
Verfahren kann auch durch Nachbarschaften (z.B. Text und Bild)
entlang der Projektionsrichtung gestört werden. Es ist unempfindlich gegen Risse und andere kleine Störungen. Das Verfahren wird gerne in der Kombination mit anderen Verfahrens-
prinzipien angewandt.

Filterverfahren

Dokumentmuster, die ein ausgeprägtes einheitliches Erscheinungsbild besitzen, wie z.B. Textzeilen oder die Linien einer
Rubrik, können durch entsprechend angepaßte nichtlineare Filter bezüglich Ort und Art erkannt werden. Beispiel hierfür
ist das in /NA68/ beschriebene Filter, das den zeilenhaften
Charakter von Text abprüft. Das Filter prüft in einer Breite
von 5 Buchstaben Weißzeilen oberhalb und unterhalb der Textzeile sowie einen gewissen Schwärzungsanteil innerhalb der
Textzeile ab. Dasselbe Prinzip mit veränderten Parametern kann
auch zum Auffinden und Erkennen horizontaler und vertikaler
Linien einer Grafik eingesetzt werden. Das in /ST79/, /ST81/
beschriebene Verfahren zum Trennen von Handschriftzeilen ver-
unschärft durch eine Bildfilterung den Buchstabencharakter
des Schriftbildes. Eine Kombination aus Projektions- und Mini-
mumsuchverfahren ergibt schließlich die Grenzen der einzelnen
Schriftzeilen.

Bedingt durch die Grenzfrequenz, die jedem Filter vorgegeben
ist, sind obige Verfahren größenabhängig. In der Praxis bedeu-
tet dies, daß nur ganz bestimmte Schriftgrößen (z.B. Schreib-
maschinenschrift) oder Linien einer ganz bestimmten Dicke erkannt werden können. Weiterhin ist zu berücksichtigen, daß
für jede zu erkennende Musterorientierung (z.B. bei einfachen
Liniengrafiken horizontal und vertikal) ein eigenes Filter
aufgebaut werden muß. Die Verfahren sind nachbarschaftsempfindlich. Vorteilhaft ist der integrierende Effekt eines Filters.
Z.B. können Linien, die in kleine, dicht benachbarte Teile
zerbrochen sind, durchaus noch erkannt werden.

Blow-Shrink-Verfahren

Diese Verfahren sind in der Literatur auch als Erosions- und
Dilatationsverfahren bekannt /JLRL/, /WS181/, /ONM83/. Man
kann sie auch als eine Variante von Filterverfahren betrach-

ten. Ziel dieser Verfahren ist es, die zerhackte Struktur einer
Textzeile oder auch eines Bildes zum Zweck der Ortsfindung
in einem monolithischen Block zu verschmelzen. Hierzu wird
beispielsweise jeder einzelne schwarze Punkt eines Dokuments
in mehrere schwarze Punkte vervielfacht. Diese Ausdehnung erfolgt in vertikaler Richtung in einer Breite von einigen Buchstaben. Sie kann dadurch rückgängig gemacht werden, daß Weiß-
punkte in der Gegenrichtung ausgedehnt werden. Die hierbei
entstehenden Blöcke können einfach lokalisiert und weiter bearbeitet werden. Sie dienen als Maske für nachfolgende Klassifikationsverfahren.

Durch den Ausdehnungsprozeß sind derartige Verfahren sehr nachbarschaftsempfindlich. Die einzelnen Bereiche müssen also genügend Abstand von ihren Nachbarn haben. Einstreuungen können
zu unerwünschten Verbindungen zwischen den Blöcken führen.
Die vorgegebenen Ausdehnungsparameter schränken Größe und Drehlage der zu verarbeitenden Muster ein. Durch eine geeignete
Kombination mit anderen Bildoperationen kann wie in /WS181/
z.B. die Drehlagen- wie auch die Nachbarschaftsempfindlichkeit
gemildert werden.

Lauflängenverfahren

Textblöcke, Bilder und erläuternde Diagramme sind in "gutmü-
tigen" Dokumenten im allgemeinen durch größere Weißbereiche
von ihrer Umgebung getrennt. In /WAS81/, /AWS81/, /WCW82/,
/WWC82/ werden diese Weißbereiche dadurch erkannt, daß die
Zeilen und Spalten des Dokumentes nach zusammenhängenden weis-
sen Stücken abgesucht werden, die eine vorgegebene Mindest-
länge überschreiten. Diese werden in voneinander getrennte
Ergebnisbilder für horizontale und vertikale Lauflängen eingetragen. Nach einer logischen Verknüpfung der beiden Ergebnisbilder verbleiben voneinander isolierte, schwarze Blöcke
als Masken der informationstragenden Bild-, Grafik- und Textbereiche im Ergebnisbild.

Durch die Richtungsabhängikeit und die vorgegebene Längenschwelle
der Lauflängen sind diese Verfahren ähnlich wie ein Blow-Shrink
Verfahren zu beurteilen.

Unterteilen eines Dokumentes in kleine Analyserechtecke

Von diesem Verfahren sind in der Literatur die unterschiedlichsten Varianten beschrieben. Hier wird die Dokumentfläche
in gleiche, sich überlappende Analyserechtecke aufgeteilt,
deren Lage innerhalb des Dokumentes genau vorgegeben ist. In
/SWF80/ werden die einzelnen Rechtecke durch eine statistische
Analyse unabhängig voneinander klassifiziert. Durch Nachbear-
beitung des Ergebnisses entstehen zusammenhängende Masken für
Text-, Grafik- und Bildbereiche.

Die durch Rechtecke vorgegebene Dokumentunterteilung ist nicht
den wahren Mustergrenzen angepaßt. Die Verfahren sind hierdurch nachbarschaftsempfindlich und setzen "gutmütige" Dokumente voraus. Die Rechteckgröße muß insbesondere der Schrift-
zeichengröße einigermaßen angepaßt sein. Störend wirkt sich
aus, daß durch ein Rechteck im allgemeinen nur ein kleiner,
nicht repräsentativer Teil eines Musters erfaßt wird. Dies
hat unscharfe Grenzen und erhöhte Gefahr der Fehlklassifika-
tion zur Folge. Das Verfahren kann unter bestimmten Voraussetzungen drehlagenunempfindlich arbeiten. In Kombination mit
einer statistischen Auswertung sind die Verfahren relativ unempfindlich gegen kleine Störungen wie z.B. Musterrisse.

Um diese Eigenschaften zu verbessern, zeigen /CDW78/, /IKS82/
und /IKHS84/ eine Kombination von Rechteck- und Projektions-
verfahren. /PO82/ enthält ebenfalls ein Verfahren, das die
vorgegebenen Analyserechtecke noch weiter unterteilt. /IS82/
verwendet die Rechtecke als Primitivknoten eines Graphen. Die
Rechtecke werden nach graphtheoretischen Verfahren weiter zusammengefaßt und ebenfalls analysiert.

Klassifikation der segmentierten Bereiche durch statistische Verfahren

Zur Klassifikation einer segmentierten Dokumentfläche werden
die Verfahren zur Bereichseingrenzung mit statistischen Verfahren kombiniert. Ergebnisse der statistischen Auswertung
wie Mittelwert, Streuung und Momente höherer Ordnung dienen
als Merkmale zur Klassifikation eines Bereichs. Zur Auswertung können Grauwert-, Lauflängen-, Übergangs- und Gradienten-
statistiken der verschiedensten Form zur Anwendung kommen.
Sie sind in den bereits zitierten Literaturstellen beschrieben.
Durch die integrierende Wirkung sind statistische Verfahren
sehr unempfindlich gegen Detailstörungen und im allgemeinen
auch drehlagenunabhängig. Eine Unabhängigkeit von der Mustergröße ist nur bedingt gegeben. Die für eine statistische Auswertung erforderliche Mindestgröße des Einzugsbereiches steht
im allgemeinen einer punktgenauen Analyse von Details im Wege.
Die Ergebnisse sind sehr von der Güte der Vorsegmentierung
abhängig.

Beschreibungsverfahren

Betrachtet man die im Vorabschnitt aufgezeigten Idealforde-
rungen und vergleicht diese mit der Leistungsfähigkeit gängiger Verfahren, so erkennt man, daß jedes Verfahren starke
und schwache Seiten besitzt. Bestimmte Forderungen werden von
den einzelnen Verfahren in geradezu idealer Weise erfüllt
(so z.B. sind die geschilderten Filterverfahren sehr unempfindlich gegen das Zerfallen eines Musters in Bruchstücke), andere
Forderungen stoßen jedoch auf prinzipielle physikalische Grenzen
(z.B. können Filterverfahren wegen ihrer Grenzfrequenz nicht
größenunabhängig arbeiten). Angesichts dieser grundsätzlichen
Einschränkungen fragt man sich, ob überhaupt Verfahren denkbar
sind, die keine prinzipiellen Grenzen bezüglich der Idealfor-
derungen besitzen. Insbesondere soll ein Weg gefunden werden,

die Abhängigkeit der Mustererkennungsverfahren von der Lage
des Dokuments relativ zur Abtastzeile zu beseitigen oder entscheidend zu vermindern. Hierzu bieten sich Verfahren an, die
den Inhalt einer Druckvorlage erst in eine symbolische Beschreibung umwandeln und anschließend auf der Basis dieser Beschreibung die Vorlage zerlegen und auswerten. Segmentierverfahren,
die unabhängig von der absoluten Größe der Muster und ihrer
Drehlage arbeiten und gleichzeitig unempfindlich gegenüber
direkten Nachbarschaften zu anderen Dokumentteilen sind, lassen sich ohne weiteres realisieren.

Diesen positiven Eigenschaften der Beschreibungsverfahren steht
ihre Empfindlichkeit bezüglich Störungen gegenüber. Insbesondere der Zerfall eines Musters in mehrere Bestandteile sowie
das Verschmelzen oder Überdrucken verschiedener Muster berei-
ten Schwierigkeiten. Die Bescheibung der Druckvorlage kann
hierbei so stark von der des ungestörten Musters abweichen,
daß die Bearbeitung mit einfachen Auswerteverfahren zu Fehlern
führt. Im Gegensatz zu den vorher aufgezeigten Verfahren sind
dies jedoch keine prinzipiellen Grenzen. Die Lösung zu diesen
Problemen hängt im wesentlichen von einer Verbesserung der
Beschreibungsmethoden sowie einer verbesserten Auswertung ab.
Die Verfahren sind aus diesem Grund noch nicht zur vollen Leistungsfähigkeit ausgereift.

Beschreibungsverfahren werden in der Literatur auch als syntaktische bzw. nichtnumerische Erkennungsverfahren bezeichnet. Sie werden zur Analyse komplexer Muster herangezogen.
Bei diesen Aufgabenstellungen ist es nicht genügend aussage-
kräftig oder auch nicht möglich, ein Muster einfach durch einen
Klassennamen zu charakterisieren. Vielmehr ist es hier nötig,
das Muster in Teilmuster zu zerlegen, deren spezielle Eigenschaften zu beschreiben und die Beziehungen zwischen den Teilmustern darzustellen.

Die theoretischen Grundlagen syntaktischer Verfahren sind in

den einschlägigen Abschnitten der Lehrbücher /HA74/, /NI74/,
/PA77/, /NI81/ und /NI83/ ausführlich beschrieben. Bereits
in /NI74/ oder /PA77/ wird aufgezeigt, wie der symbolische
Aufbau eines Musters als Satz einer Bildsprache verstanden
werden kann. Die erlaubten Sätze der Sprache werden durch Symbole und Regeln einer Grammatik definiert (siehe Kap. 3).
/NI83/ geht ausführlich auf die unterschiedlichen Grammatiktypen ein. /HA74/ befaßt sich ganz allgemein mit Graphen, ihren
unterschiedlichen Arten sowie grundsätzlichen Definitionen.
Im Abschnitt "Data" in /NI81/ wird auf die Repräsentation und
Manipulation von Datenstrukturen in Rechenautomaten eingegan-
gen. Diese Datenstrukturen sind Voraussetzung dafür, die Symbolik syntaktischer Verfahren in einem Automaten zu bearbeiten. Andere Abschnitte behandeln die Kontrollstrukturen, die
nötig sind, um eine Musteranalyse praktisch zu steuern, sowie
die Repräsentation des Wissens, das dem Automaten zur Analyse
seiner Umwelt zur Verfügung steht.

Als Beispiel für eine Anwendung syntaktischer Verfahren, bei
der Muster von Chromosomen erkannt werden, sei hier /FU82/
zitiert. Die Publikation zeigt die Darstellung eines Musters
als hierarchische Datenstruktur aus Submustern und ihren Relationen. Die für Chromosomen erlaubten symbolischen Sätze
sind in einer attributierten Grammatik festgehalten. Jede der
Grammatikproduktionen besteht aus einem syntaktischen und einem
semantischen Anteil. Die Anwendungsfolge der Produktionen ist
durch ein Kontrolldiagramm festgelegt. Bereits in /PA77/ wird
auch zum Beschreiben von Fingerabdrücken eine Baumgrammatik
definiert. /AP77/ befaßt sich mit der Erkennung handgeschrie-
bener Ziffern.

Für spezielle Anwendungen in der Dokumentanalyse wurden in
/BU81/, /BU82/ oder auch /BL84/ Graphgrammatiken und die zugehörigen Parser entwickelt. /BU82/ zeigt die Anwendung auf
Linienzeichnungen eines Schaltplanes oder Flußdiagramms. Hierzu wird durch eine attributierte und programmierte Grammatik

ein Eingangsgraph in einen Ausgangsgraphen umgewandelt.

Die meisten Publikationen, die sich mit syntaktischen Verfahren zur Analyse von Dokumenten befaßen, gehen auf die Darstellung der Muster durch Grammatiken nicht weiter ein. Im allgemeinen wird aufgezeigt, welche Musterelemente und Relationen
durch Symbole beschrieben werden und welche Verfahren zu deren
Berechnung erforderlich sind.

Ein gängiges Primitivelement für die syntaktische Verarbeitung
von Dokumenten ist das umschreibende Rechteck, das zusammenhängende Schwärzungsflächen eines Dokumentes eingrenzt. Durch
geeignete Verfolgungsverfahren lassen sich die Grenzkoordinaten
der Rechtecke bestimmen. Diese Rechtecke lassen sich weiter
miteinander verknüpfen. Durch Prüfen von Nachbarschaftsrelationen
lassen sich auch die Grenzen komplexer Gebilde wie z.B. ganzer
Textblöcke errechnen. Entsprechende Versuche zeigen /PCCHW/,
/WS281/, /TNN82/, /MA83/, /TI83/, /WS183/, /WS283/ und /DO84/.
Umschreibende Rechtecke sind bereits in hohem Maß den wahren
Mustergrenzen angepaßt. Dies gibt diesen Verfahren eine hohe
Unempfindlichkeit gegenüber der Nachbarschaft anderer Dokument-
elemente. In /WS281/, /WS183/ sind die Koordinaten des umschreibenden Rechtecks durch eine Beschreibung des linken und rechten
Randteils eines Objektes ersetzt. Auch lange, verdrehte Textzeilen
mit verklebten Buchstaben können dadurch richtig segmentiert
werden. Relative Anlagerungskriterien gewährleisten die Verarbeitung unterschiedlichster Schriftarten und -größen. /PCCHW/
beschreibt ein Verfahren zur Faksimileübertragung. Die Buch-
stabenrechtecke werden gemäß einer Geradengleichung zu Zeilen
geordnet, um die Asciicodes der Zeile in der richtigen Reihenfolge zu übertragen. /TNN82/ nutzt die besonderen Gegebenheiten
japanischer Zeitungen um Informationsblöcke zu bilden. /MA83/
befaßt sich damit, durch Analyse eine optimale Schwarz/Weiß
Darstellung der Druckvorlagen zu finden. Für diese Aufgabe
wird eine geschickte Kombination aus mehreren unterschiedlichen
Verfahren vorgestellt. In /TI83/ ist ein Verfahren beschrieben,

in dem eine Sonde vorgegebener Größe die Muster umläuft und
so die unterschiedlichsten Bereiche segmentiert. Die Klassifikation der eingegrenzten Bereiche erfolgt im allgemeinen durch
eine statistische Auswertung der Dokumentmuster innerhalb der
Bereichsgrenzen.

Sind nun in einem Dokument Muster ineinander verschachtelt
oder stehen in komplizierter Wechselbeziehung zueinander, so
genügt eine Beschreibung allein durch Rechtecke nicht mehr.
Dies ist häufig bei Schaltsymbolen und ihren Beschriftungen,
in Formularen, Plänen u.ä. der Fall. Sinnvoll ist hier, die
Muster so in eine Beschreibung überzuführen, daß die gesamte
Analyse nur noch auf der symbolischen Ebene einer Beschreibung
durchgeführt werden kann.

Vielfach erprobt und in der Literatur beschrieben sind zu diesem
Thema Verfahren, die einfache Stromlaufpläne, Flußdiagramme
und ähnliche Linienbilder auswerten. Sie wandeln das Linien-
bild in ein Skelettbild um. Geeignete Verfahren sind z.B. in
/SR71/, /PAV82/ oder /BG84/ beschrieben. Aus dem Skelett können nun auf einfache Art und Weise die Kreuzungspunkte und
Verbindungslinien des dargestellten Planes erfaßt und in die
Knoten und Kanten eines Graphen übergeführt werden /PC82/,
/KU83/. Bereits /BU78/ zeigt einen Weg, Symbole zu erkennen
und in eine Stückliste einzutragen. Störunempfindliche Verfahren sind in /BU82/ oder /BM84/ beschrieben. Handzeichnungen
können nach /YMOT83/ erkannt und verarbeitet werden. Die Ske-
lettierung wird in /BL84/ dadurch umgangen, daß kleine Flächenelemente entlang der Linien extrahiert werden. Dieses Verfahren
analysiert ein Dokumentbild in nur einem Durchlauf. Text- und
Linienelemente werden durch eine adaptive Größenschwelle voneinander getrennt. Zusammenhänge innerhalb von Beschriftungen
werden durch ein Graphclusterverfahren aufgezeigt. Gemäß den
Regeln einer Graphgrammatik wird der Graph einer Linienzeichnung
aufbereitet und gereinigt.

Flächenhafte Dokumentmuster können durch den Verlauf der Musterränder eindeutig beschrieben werden. Hierzu lassen sich
die Ränder in hierarchischen Graphen ordnen. /SH84/ zeigt für
diese Vorgehensweise eine einheitliche Verarbeitung von Text-,
Grafik- und Bildelementen. /BA84/ beschreibt ebenfalls auf
hierarchischer Basis die Beziehungen innerhalb eines Flußdiagramms.
/KIA84/ beschreibt einen Lösungsweg, der bei deutlichem Größenunter-
schied überdruckte Text- und Grafikelemente voneinander trennt.

Verfahren, Ränder zu codieren und in Form von Polygonzügen
im Speicher darzustellen, sind seit längerem bekannt /FR74/.
/FR77/, /CE79/, /MD82/, /SW82/ und /CA84/ zeigen effektive
Verfahren, Randprimitive durch zeilenweise Verarbeitung des
Dokumentbildes zu gewinnen und zu Polygonzügen zu ordnen.
Bereits in /ST72/ bzw. /FU77/ oder /AP77/ sind Verfahren be-
schrieben, Zeichen anhand einer Randbeschreibung zu erkennen.
Neuere Literaturstellen hierzu werden zu Beginn von Kapitel
7.2 diskutiert.

Als Primitivelemente einer Dokumentbeschreibung eignen sich
auch Flächenelemente, welche innerhalb und zwischen die Mustergrenzen eingepaßt sind. /MO84/ zeigt auf dieser Basis ein Verfahren, ein Bild in trapezförmige Teilflächen umzuwandeln und
mit Randelementen in Beziehung zu setzen. /KA83/ und /BJ81/
stellen den Zusammenhang optimal eingepaßter Rechtecke in einen
Graphen dar, /AO79/ verwendet einen hierarchischen Strukturgraphen. /NS84/ stellt ein Verfahren vor, das Dokumentmuster
hierarchisch in Teilflächen ordnet.

2. Zielsetzung der Arbeit
Überblick über den eigenen Lösungsweg

Die vorliegende Arbeit hat zum Ziel, die Layout-Struktur beliebiger Dokumente aus deren Bildmatrix herauszumessen, in
symbolischer Form darzustellen und hieraus bereits erste Rückschlüsse auf logische Zusammenhänge im Dokument zu ziehen.
Hierzu werden die Dokumentmuster in die drei Klassen "Text",
"Grafik" und "Bild" eingeteilt. Um Muster der drei Klassen
auf syntaktischem Wege zu erkennen, werden die Klassen durch
Startsymbole S_T, S_G und S_B dreier attributierter, stochasti-
scher Grammatiken GR_T, GR_G und GR_B repräsentiert. Jedes Doku-

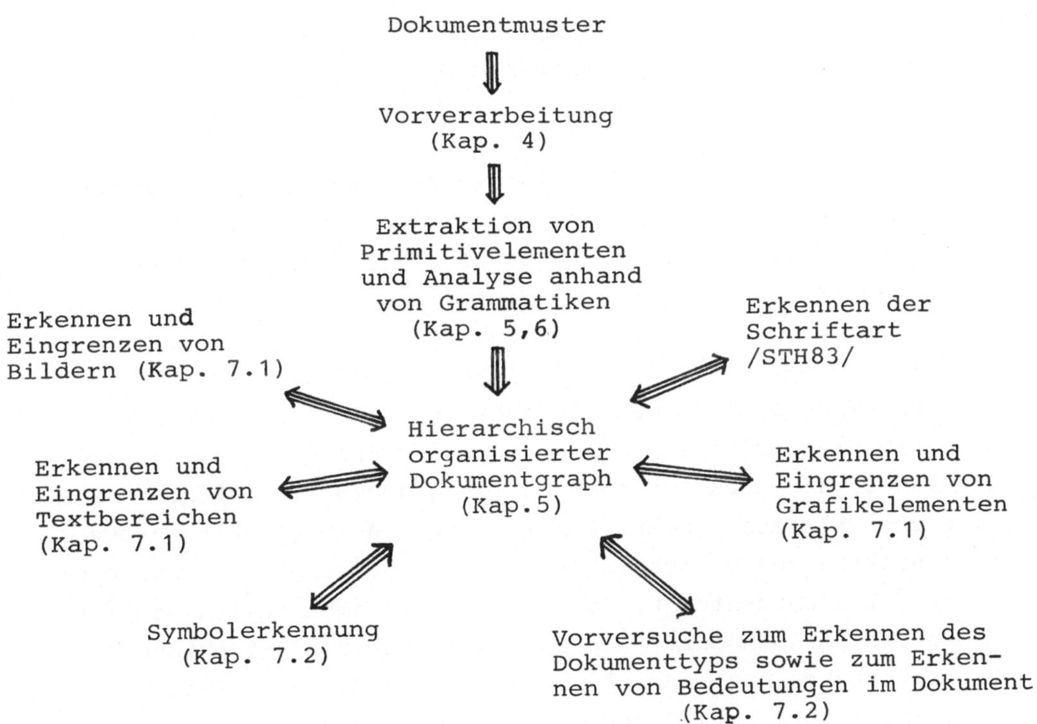

B 2.1
Realisiertes Verfahrenskonzept zur Dokumentanalyse auf der
Basis eines Dokumentgraphen

mentmuster ist somit als Satz in einer der Sprachen $L(GR_T)$, $L(GR_G)$ oder $L(GR_B)$ enthalten. Die Produktionen der Grammatiken gliedern sich in je einen syntaktischen, einen semantischen und einen stochastischen Anteil. Für die Aufgaben der Dokumentanalyse läßt sich der syntaktische wie auch der semantische Anteil der Grammatiken für die drei genannten Klassen identisch formulieren. Hierdurch ist jedes Dokumentmuster als Satz in jeder der drei Grammatiken enthalten. Die Produktionen, welche die terminalen Sätze der Klassen "Text", "Grafik" und "Bild" erzeugen, unterscheiden sich lediglich in ihrer Stochastik voneinander. Hierfür ordnet jede der Grammatiken GR_T, GR_G und GR_B einem bestimmten Satz eine spezifische Wahrscheinlichkeit zu. Diese entscheidet über die Klassenzugehörigkeit eines Satzes. Die Wahrscheinlichkeiten errechnen sich aus den Attributvektoren, die jedem Grammatiksymbol zugeordnet sind und deren Berechnung im semantischen Teil der Grammatiken festgelegt ist.

Anhand des gemeinsamen syntaktischen Anteils wird ein Eingangsgraph in einen hierarchischen Ausgangsgraphen umgewandelt, der in seinem prinzipiellen Aufbau für jede der Dokumentklassen anwendbar ist. Dieser Ausgangsgraph wird im folgenden als Dokumentgraph bezeichnet. Seine Knoten und Kanten entsprechen vielfältigen Begriffen und Relationen eines Dokuments. Für den Eingangsgraphen werden einfache Primitivelemente aus dem Dokumentmuster extrahiert. Die Menge der Primitivelemente ist so gewählt, daß sich aus Kombinationen daraus beliebige Muster aller drei Klassen beschreiben lassen. Die Vereinheitlichung der syntaktischen Grammatikanteile erlaubt ein Verfahrenskonzept wie in B 2.1 dargestellt. In einem gemeinsamen Analyseschritt werden die Dokumentmuster in Komponenten des hierarchischen Dokumentgraphen umgewandelt. Er ist Basis für alle weiteren Analyseschritte. Anhand der Semantik und Stochastik der Grammatikproduktionen wird entschieden, ob es sich bei den Komponenten um Text-, Grafik- oder Bildmuster handelt. Durch eine weitere Verfeinerung der Grammatikregel sowie der Analyseschrit-

te lassen sich die so gewonnenen Grobklassen des Dokuments
in weitere Unterklassen bis hin zum einzelnen Symbol bzw. Schriftzeichen einteilen. Erwähnt sei, daß die Schriftarterkennung,
die in dieser Arbeit nicht aufgeführt ist, in /STH83/ detailliert erläutert wird.

Für den syntaktische Anteil der Grammatik wird im Kapitel 5.1
eine Kettengrammatik wie auch eine Baumgrammatik vorgestellt.
Ihre terminalen und nichtterminalen Symbolmengen entsprechen
direkt praktischen Begriffen und Relationen eines Dokumentes.
Die Produktionen der Grammatiken geben das Wissen über den
inneren Aufbau beliebiger Dokumentmuster wieder.

Bei der Kettengrammatik lassen sich mit Hilfe der Produktionen aus einem Startsymbol schrittweise alle erlaubten Symbolketten ableiten, welche für Dokumentmuster in Frage kommen.
Diese terminalen Ketten approximieren die Ränder der einzelnen Dokumentmuster. Betrachtet man den nichtterminalen Überbau
der Symbolketten, so erkennt man daraus natürliche Begriffe
und Zusammenhänge des Dokumentes, wie sie ein menschlicher
Betrachter empfindet.

Im Gegensatz dazu entwickeln die Produktionen der Baumgrammatik einen terminalen Baum. Dieser zeigt durch seine Knoten
und Kanten sowohl feine Details wie auch globale Zusammenhänge
des Dokumentes. Im Gegensatz zur Kettengrammatik ist den nichtterminalen Symbolen keine praktische Bedeutung im Dokument
zugeordnet.

Aus dem terminalen Ergebnis der Baumgrammatik wird für die
praktischen Experimente der eingangs erwähnte Dokumentgraph
abgeleitet. Er beschreibt das Dokumentmuster in symbolischer
Form. Seine Knoten und Kanten sind im Rechner als Datenstruktur realisiert. Die einzelnen Textfelder, Bilder und Grafiken
bilden im Gesamtgraphen isoliert stehende Einzelkomponenten.
Jede dieser Komponenten ist einheitlich hierarchisch organi-

siert. Die hierarchisch tieferen Ebenen geben feine Musterdetails, die höheren die globalen Zusammenhänge wieder. Der
Graph ist speziell auf die Dokumentanalyse zugeschnitten.

Kapitel 5 erläutert die praktische Bedeutung der einzelnen
Knoten und Kanten des Graphen. Kapitel 6 beschreibt die Datenstruktur durch welche der Graph im Rechner realisiert ist.
Weiterhin erläutert dieses Kapitel das Bottom Up Verfahren
zur Analyse des Dokumentes. Es rekonstruiert schrittweise die
einzelnen Produktionen der Grammatik, die zum Aufbau der Muster
nötig sind, und errechnet so die einzelnen Knoten und Kanten
des Ausgangsgraphen aus dem Dokumentmuster. Das Dokument wird
hierzu zeilenweise ohne Rückschritte abgetastet. Bei dieser
Vorgehensweise ist es erforderlich, die Datenstruktur des Graphen
dynamisch zu verwalten. Die Maßnahmen hierzu werden im gleichen Kapitel ausführlich erläutert. Vergleichbare Literaturstellen zu obigem Verfahren werden zitiert bzw. wurden bereits
im Vorkapitel aufgeführt.

Die so errechneten Graphkomponenten bilden, wie bereits Bild
B 2.1 verdeutlicht, eine gemeinsame Basis dafür, das Dokument
in unterschiedlichen Schritten weiter auszuwerten. Kapitel
7 greift hierzu beispielhaft zwei wichtige Aufgabenbereiche
heraus.

Kapitel 7.1 zeigt einen eigenen Lösungsweg dafür, durch Prüfen
des semantischen und stochastischen Anteils der Grammatikproduktionen völlig unterschiedliche Dokumenttypen in Textbereiche,
Grafiken und Bilder zu zerlegen. Hierzu wurde ein spezielles
Verfahren zum Vergleich von Graphen entwickelt. Dies war notwendig, da normale Vergleichsverfahren die extrem hohe Mustervielfalt, die sich mit den Klassen "Text", "Grafik" und "Bild"
verbindet, nicht bewältigen können. Das Verfahren vergleicht
eine klassifizierte Lernstichprobe eintrainierter Modellgraphen
mit der zu erkennenden Graphkomponente und errechnet daraus
die Klassenwahrscheinlichkeiten. Hierzu werden sowohl die zu

erkennende Komponente wie auch die Graphen der Lernstichprobe durch ein System von Graphinvarianten charakterisiert. Diese Invarianten werden als Merkmalsvektoren für numerische Erkennungsverfahren aufgefaßt. Die Aufgabe, die Ähnlichkeit von Graphen zu bewerten, wird hierdurch auf ein bereits gelöstes Problem zurückgeführt.

Kapitel 7.2 befaßt sich damit, die klassifizierten Graphkomponenten weiterzuverarbeiten und darin Symbole anhand des Dokumentgraphen zu erkennen. Dabei sollen als Symbole sowohl Schriftzeichen als auch Schaltelemente oder komplexe Formulargrafiken gelten. Als Lösungsweg wird ein Verfahren zur gesteuerten Analyse vorgestellt. Anhand von bekannten Modellgraphen wird die Analyse eines unbekannten Symbols so gesteuert, daß es sich auf ein dazu homomorphes Modell strukturerhaltend abbildet. Die Güte dieser Abbildung wird mit Hilfe eines Fehlermaßes bewertet, das gleichzeitig auch das eigentliche Klassifikationskriterium darstellt.

Anhand obiger Ergebnisse wird eine Methode vorgeschlagen, den Dokumenttyp bekannter Formulare automatisch zu erkennen. Durch geeignet definierte Graphkanten wird ein Lösungsweg aufgezeigt, die Bedeutung einzelner Textbereiche innerhalb eines Dokumentes zu erfassen.

Die Dokumentzerlegung wie auch die Symbolerkennung wurde an einer Vielzahl praktischer Beispiele erprobt. Die Ergebnisse hierzu werden durch Bilder veranschaulicht.

3. Grundlagen

3.1 Numerische Klassifikationsverfahren

Die Aufgabe numerischer Klassifikationsverfahren ist es, einfachen Mustern direkt einen Klassennamen zuzuordnen und durch
einen Code darzustellen. Das Prinzip solcher Verfahren zeigt
Bild B 3.1.1.

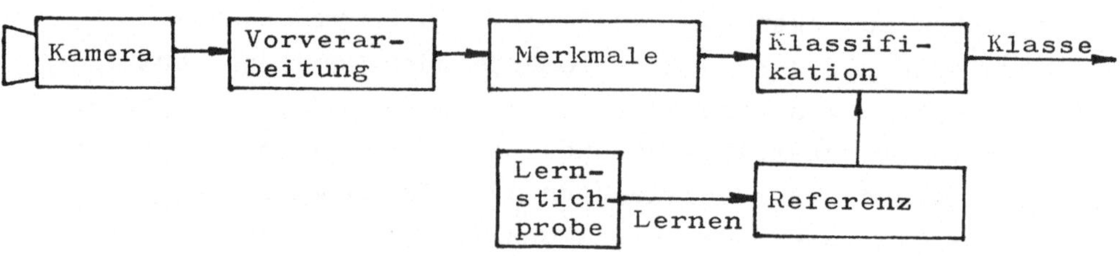

B 3.1.1: Prinzip eines numerischen Klassifikationsverfahrens

Ein Bildaufnahmegerät tastet hierzu die Grauwertinformation
eines Musters ab und wandelt so das optische Bild in den ana-
logen Spannungsverlauf eines elektrischen Signals um. Dieses
Signal wird als Folge binärer Zahlenwerte codiert und als zweidimensionale Funktion $f(x,y)$ in einem Bildspeicher abgelegt.
Jede gespeicherte Zahl $f(x_i, y_i)$ gibt dabei den Grauwert eines
bestimmten Bildpunktes (Pixels) wieder. Durch die Vorverarbeitung wird das gespeicherte Bild von Störungen befreit. Bei
vielen gängigen Verfahren wird mit Hilfe einer Bildschwelle
ein Schwarzweißbild des Musters erzeugt. Das so aufbereitete
Bild wird durch einen Satz charakteristischer Merkmale beschrieben. Die skalaren Zahlenwerte der einzelnen Merkmale werden
aus Messungen gewonnen und sagen über unterschiedliche Eigenschaften des Musters aus. Die einzelnen Merkmale werden als
Komponenten eines Merkmalsvektors $\vec{c}$ aufgefaßt. Hierbei verkörpert jede der n Komponenten eine Achse in einem n-dimensionalen
Merkmalsraum. Berechnet man die Merkmale eines Musters, so

transformiert sich dadurch das Muster in einen Punkt dieses
Raumes. Sind die Merkmale richtig gewählt, so bilden die Vertreter
der gleichen Musterklasse eine scharf begrenzte Punktwolke
im Raum. Diese Wolken werden auch <u>Cluster</u> genannt. Die Streuung
der Punkte innerhalb eines Clusters drückt sich im
<u>Intraklassenabstand</u> aus. Er errechnet sich als mittlerer
quadratischer Abstand aller Punkte innerhalb einer Klasse.
Demgegenüber gibt der <u>Interklassenabstand</u> Aufschluß über den
Abstand zweier Punktwolken unterschiedlicher Klasse. Er errechnet sich als mittlerer quadratischer Abstand der Clusterpunkte
der unterschiedlichen Klassen. Die <u>Klasseneigenschaften</u> geben
Aufschluß über Lage und Form der einzelnen Cluster. Die <u>Klas-
sifikation</u> entscheidet durch Vergleich eines unbekannten Merkmalsvektors mit den gespeicherten Klasseneigenschaften, in
welche der vorgegebenen Klassen das zugehörige Muster einzuordnen ist. Die Charakteristika der einzelnen Klassen errechnen sich aus einem Satz klassifizierter Testmuster. Aus dieser
<u>Lernstichprobe</u> wird auf die Kennwerte der einzelnen Klassen
geschlossen und danach der Klassifikator dimensioniert. Dieser
Vorgang wird als <u>Lernen</u> bezeichnet.

Entsprechend der Art und Weise, wie Klasseneigenschaften beschrieben werden, sind gemäß /NI74/ drei verschiedene Vorgehensweisen zur Klassifikation zu unterscheiden. Die <u>statistische
Klassifikation</u> kennzeichnet das Klassenverhalten durch die
<u>bedingte Wahrscheinlichkeitsverteilung</u> der Merkmalsvektoren
jeder Klasse. Aus der Verteilungsdichte wird eine Entscheidungs-
regel abgeleitet. Sie stellt eine Transformation dar, welche
jeden Merkmalsvektor aus dem n-dimensionalen Raum auf eine
der Musterklassen optimal abbildet. Diese Entscheidungsregeln
lauten nach dem Satz von Bayes für die einzelnen Klassen K

$$p\,(K/\vec{c}) = \frac{p(K)w(\vec{c}/K)}{w(\vec{c})} \qquad K = 1 \ldots m \qquad\qquad \text{Gl. 3.1}$$

$p(K/\vec{c})$ wird auch <u>a posteriori-Wahrscheinlichkeit</u> der Klasse K

genannt. Sie wird für den Merkmalsvektor $\vec{c}$ für jede Klasse errechnet. $\vec{c}$ wird der Klasse zugeordnet, für welche $p(K/\vec{c})$ maximal wird. $p(K)$ ist die <u>a priori-Wahrscheinlichkeit</u> für das
Auftreten der Klasse K, $w(\vec{c}/K)$ die bedingte Wahrscheinlich-
keitsverteilung und $w(\vec{c})$ die <u>Gesamtverteilungsdichte</u> über alle
Klassen K.

Für die <u>nichtparametrische Klassifikation</u> ist es nicht erforderlich, die Wahrscheinlichkeitsdichteverteilung einer Klasse
im Merkmalsraum formelmäßig zu erfassen. Anhand einer Lernstichprobe wird hier z.B. die Dichteverteilung innerhalb vorgegebener Raumelemente geschätzt. Ein anderes Verfahren, das
in Kapitel 7.1 noch näher erläutert wird, speichert die gesamte
klassifizierte Lernstichprobe und errechnet aus den Abständen
des zu klassifizierenden Vektors $\vec{c}$ zu den einzelnen Vektoren
der Stichprobe den Vertreter mit dem minimalen Abstand. Hierdurch wird auf die Klasse des Vektors $\vec{c}$ geschlossen.

Bei der <u>geometrischen Klassifikation</u> werden die Cluster der
einzelnen Muster im Merkmalsraum durch <u>Trennflächen</u> abgegrenzt.
Sie werden auch <u>Trenn-</u> oder <u>Diskriminantenfunktion</u> genannt.
Diese werden ebenfalls aus einer Lernstichprobe errechnet.
Jede Trennebene teilt den Merkmalsraum in zwei Hälften. Eine
Trennebene wird im allgemeinen dazu verwendet, eine Klasse
von den übrigen Klassen abzugrenzen. Sollten die Cluster meh-
rerer Klassen voneinander getrennt werden, so sind mehrere
Trennflächen erforderlich. Jede Trennfläche ist eine Ebene
der Gleichung

$$d(\vec{\gamma}) = \vec{a} \cdot \vec{\gamma} + a_o \qquad\qquad Gl.\ 3.2$$

wobei $\vec{\gamma}$ im Fall <u>linearer Trennebenen</u> den Merkmalsvektor $\vec{c}$ verkörpert. $\vec{a}$ sowie a_o stellen die Parameter der Ebene dar. Das
Vorzeichen von $d(\vec{\gamma})$ gibt an, auf welche Seite der Trennebene
sich $\vec{c}$ im Merkmalsraum befindet. Führt man $\vec{\gamma}$ in Gl 3.2 in einen
Vektor über, der auch quadratische Glieder aus $\vec{c}$ enthält, so

entstehen <u>quadratische Trennebenen</u>. Sie erlauben es, auch
komplizierte Cluster besser voneinander zu trennen. Ein anderer,
aufwandsgünstigerer Weg erlaubt es ebenfalls, komplizierte
Trennebenen zu konstruieren. Hierzu wird eine Trennebene aus
<u>stückweise linearen Trennflächen</u> zusammengesetzt. Ein Beispiel
hierfür zeigt ebenfalls Kapitel 7.1.

3.2 <u>Nichtnumerische (syntaktische) Analyseverfahren</u>

3.2.1 Musterbeschreibung durch Graphen

Einfachen Mustern kann durch ein numerisches Klassifikationsverfahren unmittelbar ein Klassenname zugeordnet werden. Bei
komplexen Mustern ist dies häufig weder wünschenswert noch
unmittelbar möglich. Vielmehr ist es hier notwendig, wichtige
Teilbausteine in einem Gesamtmuster zu erkennen und ihre Beziehungen zueinander aufzuzeigen. So erfordert das in der Einleitung aufgezeigte Thema die symbolische Darstellung der unterschiedlichsten Begriffe und Relationen eines Dokumentes.
Das mathematische Rüstzeug hierfür liefert die Graphentheorie.
Hierzu sollen einige Begriffe näher erläutert werden. Die folgenden Definitionen lehnen sich eng an /HA74/, /NI74/, /PA77/
und /NI83/ an.

Ein Graph G besteht aus den <u>Knoten</u> einer <u>Knotenmenge V</u>. Diese
Knoten sind untereinander durch <u>Kanten</u> aus einer <u>Kantenmenge E</u>
miteinander verbunden. Jede Kante e wird so durch ein unge-
ordnetes Paar $\{u,v\}$ der Knoten dargestellt, welche sie miteinander verbindet. Die Knoten u und v <u>inzidieren</u> mit der Kante e.
Knoten, welche durch eine Kante miteinander verbunden sind,
werden als <u>benachbart</u> bezeichnet. Kanten mit einem gemeinsamen
Knoten sind ebenfalls benachbart. Um Knoten und Kanten im Graphen zu kennzeichnen, werden die <u>Markierungsalphabete</u> M_V sowie
M_E verwendet. Diese geben Art und Bedeutung der einzelnen
Graphelemente wieder. Ein Graph G ist somit definiert als ein
Quadrupel

$$G = (V, E, M_V, M_E) \qquad\qquad Gl. \ 3.3$$

aus den Mengen V, E, M_V, M_E.

Von dem allgemeinen Begriff des Graphen existieren nun Unter-
begriffe, die auch für die vorliegende Arbeit von Bedeutung
sind. So besitzt ein <u>gerichteter Graph</u> oder auch <u>Digraph</u> nur
<u>gerichtete Kanten</u> oder auch einfache Kanten. Er besitzt keine
<u>Schlingen</u>, d.h. Kanten mit identischen Anfangs- und Endknoten,
sowie keine Mehrfachkanten mit gleichen Ursprungs- und Ziel-
knoten. Als weiter eingeschränkter Digraph enthält ein <u>orien-
tierter Graph</u> jeweils nur eine gerichtete Kante zwischen ein
und demselben Knotenpaar.

Einen Graphen nennt man <u>indiziert</u>, wenn die Knoten oder aber
auch die Kanten durch Namen voneinander unterschieden werden.
Die Namen oder auch <u>Marken</u> sind in den bereits erwähnten Mar-
kierungsalphabeten definiert.

Vergleicht man zwei Graphen G_1 und G_2 miteinander, so ergeben
die beiden folgenden Begriffe Äquivalenz- bzw. Ähnlichkeits-
relationen. Zwei Graphen sind zueinander <u>isomorph</u>, wenn die
Knoten und Kanten des einen mit Hilfe einer eins zu eins Abbildung auf die des anderen abgebildet werden können. Die beiden
Graphen sind zueinander äquivalent. Erweitert man nun die Kanten
des einen Graphen durch Einfügen zusätzlicher Knoten, so entsteht
ein Graph der zum anderen als <u>homomorph</u> bezeichnet wird. Ein
derartiger Graph kann durch <u>Kontraktion</u> wieder auf den ursprünglichen
Graphen zurückgeführt werden. Hierzu werden benachbarte Knoten
durch einen Knoten ersetzt und dieser mit den Knoten der Umgebung
verbunden.

Die Isomorphie zweier Graphen kann neben der erwähnten Abbil-
dung auch durch die <u>Invarianten</u> der Graphen überprüft werden.
Unter einer Invarianten wird eine den Graphen kennzeichnende
Zahl verstanden, die bei isomorphen Graphen den gleichen Wert

hat. Ein <u>vollständiges Invariantensystem</u> kennzeichnet die Struktur eines Graphen so, daß dadurch Isomorphie nachgewiesen werden kann.

Bei einem <u>Teilgraphen</u> G_t oder auch <u>Untergraphen</u> sind dessen Knoten und Kanten eine Untermenge aus einem übergeordneten Graphen G. Dieser wird als <u>Obergraph</u> bezüglich G_t bezeichnet. Ein <u>aufspannender Teilgraph</u> umfaßt alle Knoten des Graphen G.

Das abwechselnde Aufeinanderfolgen miteinander inzidierender Knoten und Kanten innerhalb eines beliebigen Graphen wird als <u>Kantenfolge</u> bezeichnet. Diese wird <u>Kantenzug</u> genannt, wenn alle Kanten voneinander verschieden sind. Sind sowohl Ecken wie auch Kanten verschieden, so spricht man von einem <u>Weg</u> im Graphen. Ist ein Kantenzug <u>geschlossen</u>, das heißt, ist der Anfangsknoten identisch mit dem Endknoten, so wird diese Folge als <u>Kreis</u> oder <u>Zyklus</u> bezeichnet.

Kann ein beliebiges Paar von Knoten eines Graphen durch jeweils einen Weg verbunden werden, so ist dieser Graph <u>zusammenhängend</u>. Ein zusammenhängender Teilgraph aus einem Gesamtgraphen wird als Zusammenhangskomponente oder <u>Komponente</u> bezeichnet.

Die Anzahl der Kanten, welche in einem Graphen mit einem bestimmten Knoten v inzidieren, bestimmen dessen <u>Grad</u> g_v. Besitzen alle Knoten des Graphen den gleichen Grad, so wird dieser <u>regulär</u> genannt. In einem gerichteten Graphen wird der Grad g_v eines Knoten v in die beiden Anteile g_v^+ und g_v^- unterteilt. g_v^+ bezeichnet die Anzahl all der Kanten, die v als Anfangsknoten besitzen, g_v^- die Zahl derer, für die v den Endknoten darstellt.

Der Gesamtgrad $g_v = g_v^+ + g_v^-$ Gl. 3.4

Eine besonders wichtige Variante des Graphen ist der <u>Baum</u>. Er ist kreislos und zusammenhängend, je zwei Knoten des Baumes sind genau durch einen Weg miteinander verbunden. Jeder Baum

läßt sich _ordnen_. Einer der Knoten bildet die _Wurzel_ des gesamten Baumes. Der Wurzel untergeordnet sind die einzelnen
Söhne. Diese _hierarchische_ Ordnung läßt sich fortsetzen. Der
einem Sohn übergeordnete Knoten wird als _Vater_ bezeichnet.
Analog zur Wurzel werden die Endknoten des Baumes vom Grad
g=1 als _Blätter_ bezeichnet. Wird eine Kante aus dem Baum entfernt, so zerfällt dieser in zwei voneinander _isolierte_ Komponenten.

3.2.2 Analyse mit Hilfe einer Grammatik

Graphen beschreiben die Aussage eines Mustes in symbolischer
Form. Eine _Grammatik GR_ gibt darüber Auskunft, ob einem Begriff (hier auch Musterklasse) eine bestimmte Konstellation
von Knoten und Kanten zugeordnet werden kann. Aus ihr ist auch
der innere Aufbau eines Musters ersichtlich. Eine Grammatik
läßt sich durch ein Quadrupel

$$GR = (V_N, V_T, S, R) \qquad\qquad\qquad Gl\ 3.5$$

beschreiben. Hierbei ist V_N die Menge aller _nichtterminalen_
Symbole oder _Zwischensymbole_, die sich ihrerseits aus Elementen der Menge V_T, den _terminalen Symbolen_, _Grundsymbolen_ oder
auch _Primitivelementen_ zusammensetzen. Ein besonderes Element
der Menge V_N ist das _Startsymbol S_. Es verkörpert den Begriff,
den das gespeicherte Muster in bildhafter Form darstellt. Wendet
man die Menge der Regeln R, auch _Produktionen_ genannt,
aufeinanderfolgend an, so lassen sich aus dem Startsymbol alle
erlaubten terminalen Symbolkonstellationen ableiten, die den
Begriff des Startsymboles darstellen. Diese werden auch als
Sätze der _Sprache_ L(GR) bezeichnet, welche von GR definiert
wird.

Ein Muster soll nun auf syntaktischem Wege erkannt werden.
Hierzu wird in einem _Analyse_vorgang untersucht, ob die terminale Symbolkonstellation des Musters als Satz in der Sprache

L(GR) enthalten ist. Ein _Parser_ rekonstruiert dabei die an-
gewandten Produktionen, welche vom Startsymbol S zur terminalen Konstellation führen. Dieser Vorgang wird auch _Zerglie-_
dern oder _Parsen_ genannt. Das Parsen liefert außer dem Klassennamen des unbekannten Musters (aus dem Startsymbol) auch den
Weg der Analyse und gibt somit Aufschluß über den inneren Aufbau eines Musters.

Für die Analyse sind zwei praktische Vorgehensweisen von Bedeutung. Durch Umkehren der Produktionen schließt die _Bottom_
Up Methode von terminalen Symbolen über nichtterminale Elemente
auf das Startsymbol der zutreffenden Grammatik. Die _Top Down_
Methode analysiert demgegenüber eine unbekannte Konstellation
unter der Voraussetzung, daß diese zur Sprache L einer bestimmten Grammatik mit dem Startsymbol S gehört. Die einzelnen Sätze
werden mit der unbekannten Konstellation auf Übereinstimmung
hin verglichen.

Das Ergebnis der Analyse eines Musters kann je nach Aufgabe
verschieden sein. Die Analyse einfacher Muster ergibt im allgemeinen den Klassennamen des Musters. Die Analyse komplexer
Muster ergibt eine _Beschreibung_ des Musters durch einfachere
Teilmuster und deren Relationen.

Analog zu Bild B 3.1.1 zeigt Bild B 3.2.1 die prinzipielle
Arbeitsweise nichtnumerischer Analyseverfahren.

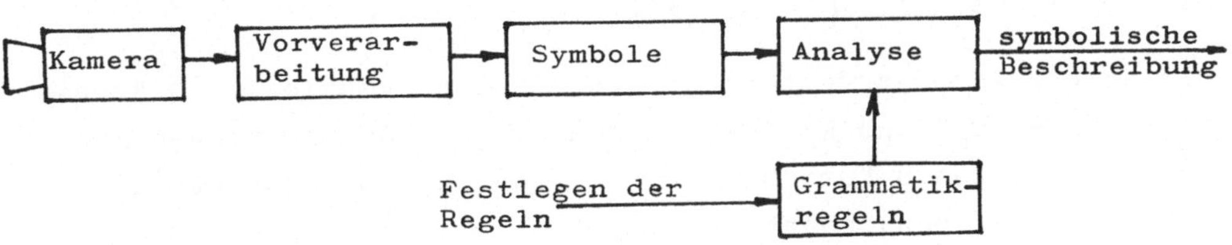

B 3.2.1
Prinzip eines nichtnumerischen Analyseverfahrens

Ein Beispiel für den praktischen Einsatz von Grammatiken ist
die Analyse der <u>Symbolketten</u> einer Programmiersprache, z.B.
beim Übersetzen eines Pascalprogrammes. Bereits in /NI74/ wird
gezeigt, daß man die Prinzipien einer Grammatik für eindimen-
sionale Symbolketten auch dazu nutzen kann, zweidimensionale
Muster zu konstruieren. Als Beispiel hierzu zeigt Bild B 3.2.2
einen kleinen Fischschwarm, dessen Bildmuster durch eine ein-
dimensionale Symbolkette beschrieben wird. Dieses von der Grammatik GR_F erzeugte Muster stellt einen erlaubten Satz aus der
Sprache L_F dar.

In der Symbolkette in Bild B 3.2.2 läßt sich der innere Aufbau der einzelnen Muster durch Klammerausdrücke ordnen. Sie
gliedern die Kette in über- und untergeordnete Teilketten.
Die Zusammenhänge zwischen diesen lassen sich sehr anschaulich
durch einen Baum darstellen. Das Beispiel verdeutlicht, daß
es möglich ist, Muster durch Bäume darzustellen und das Wissen um deren Bildungsgesetze in den Produktionen einer Kettengrammatik auszudrücken.

Im Beispiel ist S das Startsymbol der Grammatik GR_F mit der
Menge nichtterminaler Symbole

$$V_N = \left\{ S, \ P, \ F \right\} \qquad\qquad Gl. \ 3.6$$

und der Menge terminaler Symbole

$$V_T = \left\{ \left\{ V_{T1} \right\}, \left\{ V_{T2} \right\} \right\} = \left\{ \left\{ D, \ R, \ K \right\}, \left\{ u, \ v, \ h \right\} \right\} \qquad Gl. \ 3.7$$

Die anschauliche Bedeutung der terminalen Symbole ist D "Drei-
eck", R "Raute" und K "Kreis". $\left\{ u, v, h \right\}$ sind Relationen mit
den Bedeutungen u "umschließt", v "vertikal benachbart" und
h "horizontal benachbart".

Die Produktionen R der einfachen Grammatik GR_F lauten:

r_0 : S --- P/(PvP)/(PvS)

r_1 : P --- F/(FhF)/(FhP)   Gl. 3.8

r_2 : F --- (Dh(RuK))/((RuK)hD)

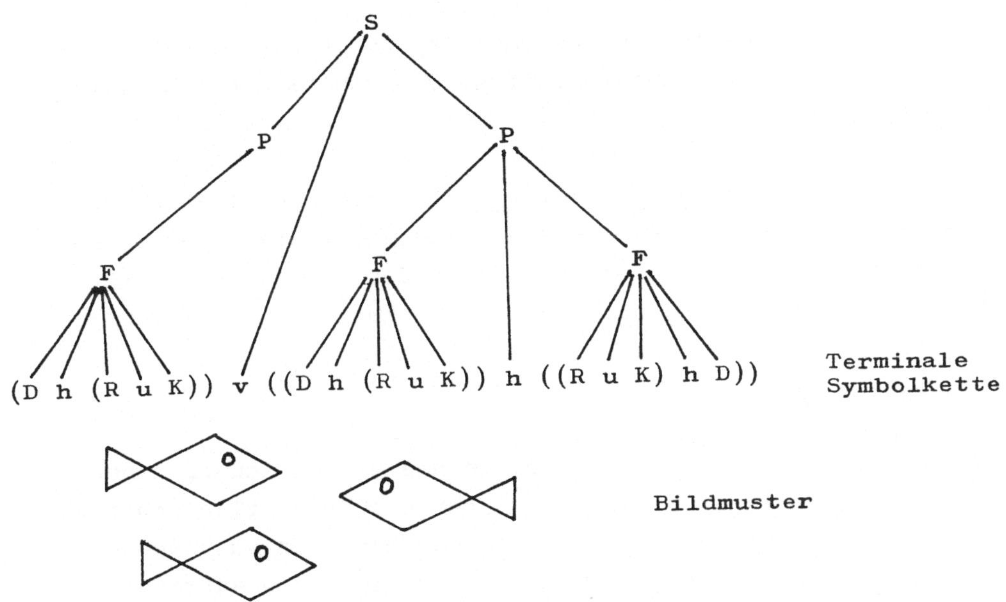

B 3.2.2
Darstellung eines Bildmusters durch eine Symbolkette. Der
darüberliegende Baum zeigt die Herleitung des Musters aus
dem Startsymbol S der Grammatik.

Es wird zwischen <u>regulären</u>, <u>kontextfreien</u> und <u>kontextsensi-</u>
<u>tiven</u> Grammatiken unterschieden. Die Eigenschaften sind in
der Literatur (z.B in /NI83/) ausführlich beschrieben.

Die <u>Baumgrammatik</u> ist neben der Kettengrammatik ein wichtiger
Grammatiktyp. Auf der linken und rechten Seite ihrer Produktionen stehen Bäume anstelle von einzelnen Symbolen oder Symbolketten. Zweckmäßig für die Musteranalyse sind Produktionen
der Form

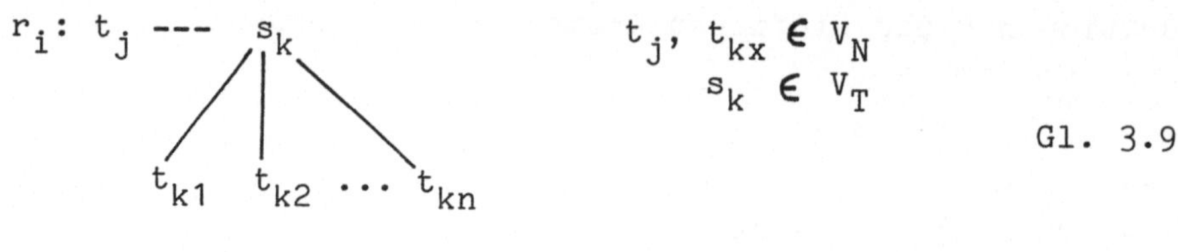

$$r_i: t_j \text{ --- } s_k \qquad\qquad t_j, \; t_{kx} \in V_N$$
$$s_k \in V_T$$

Gl. 3.9

$$r_i: t_j \text{ --- } s_k$$

Hierdurch lassen sich aus dem Startsymbol (oder Startbaum) beliebige Baumstrukturen ableiten, die aus terminalen Symbolen aufgebaut sind.

In einer <u>programmierten Grammatik</u> sind die einzelnen Produktionen indiziert. Durch die Indizierung ist die Reihenfolge, in der die Produktionen angewandt werden, genau festgelegt. Die Produktionen sind somit von der Form

$$r_i: \beta_i \text{ --- } \gamma_i, \; (e), \; (n) \qquad\qquad \text{Gl. 3.10}$$

γ_i ist hierbei die Symbolkette, in die β_i bei Anwenden der Produktion übergeht. i ist der Index der Produktion innerhalb des Regelsystems. e ist der Index der nächsten anzuwendenden Produktion. n ist der Index der Produktion, die aufgerufen wird, wenn die Produktion mit dem Index e als nächste nicht anwendbar ist.

Programmierte Grammatiken führen zu einem klaren und eindeutigen Aufbau des Produktionensystems. Die Aufeinanderfolge der einzelnen Produktionen läßt sich, wie z.B. in /BU82/, durch ein Kontrolldiagramm übersichtlich darstellen.

Die bisher besprochenen Grammatiktypen beschreiben den rein syntaktischen Aufbau eines Musters durch ihre Symbole. Eine <u>attributierte Grammatik</u> ordnet jedem terminalen wie auch nicht-terminalen Symbol einen Attributvektor $\vec{q}$ zu. Neben der bereits besprochenen Markierung, die z.B. den Symboltyp wiedergibt, sagen die einzelnen Attribute über bestimmte Eigenschaften,

wie Länge, Intensität, Drehlage u.ä., aus. Die Produktionen
einer attributierten Grammatik gliedern sich gemäß /FU82/ oder
/NI83/ in einen syntaktischen und einen semantischen oder attributiven Anteil.

Der syntaktische Anteil gibt, wie in Gl. 3.8, darüber Auskunft,
wie bei Anwenden der Produktion die Symbole der linken Seite
in die der rechten Seite übergeführt werden. Der semantische
Anteil enthält Abbildungsvorschriften f_i, die angeben, wie
bei obigem Übergang mit den Symbolattributen zu verfahren ist.
Die attributierte Grammatik stellt eine Kombination aus syntaktischen und numerischen Verfahren dar.

Die Produktionen attributierter Grammatiken lassen sich zu
Produktionen einer <u>stochastischen Grammatik</u> erweitern. Hierfür wird jedem Satz s der Grammatik, der sich aus dem Startsymbol ableiten läßt, eine Wahrscheinlichkeit p_s zugeordnet.
Ist die Summe der Wahrscheinlichkeiten aller Sätze der Grammatik gleich 1, so ist die Grammatik <u>konsistent</u>.

Die Wahrscheinlichkeit p_s eines bestimmten Satzes läßt sich
in praktischen Verfahren direkt aus den Attributvektoren der
Symbole errechnen. Hierfür betrachtet man den Attributvektor
$\vec{q}$ als Merkmalsvektor $\vec{c}$, wodurch sich die syntaktischen Verfahren
mit den in Kapitel 3.1 besprochen numerischen Erkennungsverfahren
kombinieren lassen. Attributierte sowie stochastische Grammatiken sind detailliert in /NI83/ beschrieben. Ihre praktische
Anwendung wird in Kapitel 5.1 diskutiert.

Die in den folgenden Kapiteln beschriebenen Verfahren wurden
auf einem Bildverarbeitungssystem simuliert und auf ihre Funk-
tionsfähigkeit überprüft. Den Aufbau dieses Arbeitsplatzes
zeigt Bild B 4.1. Die Halbtonbilder der Druckvorlagen wurden
mit handelsüblichen Videokameras von Typ Grundig FA 70 bzw.
Siemens K 30 erfaßt. Sie arbeiten entsprechend der Fernsehnorm mit 625 Zeilen. Durch Montage der Kamera an einem ver-
stellbaren Reprostativ konnte der zu verarbeitende Dokument-
ausschnitt sowie der Abbildungsmaßstab beliebig verändert
werden. Für die Versuche wurde eine Auflösung von 5 bis 10
Punkten/mm gewählt.

Als Rechner stand eine VAX 780 zur Verfügung. Die A/D-Wand-
lung und Speicherung der Dokumentmuster erfolgte in einem
Bildspeichersystem der Fa. Heimann. Das analoge Videosignal
wird hier mit 10 MHz abgetastet und im Bildspeicher mit einer

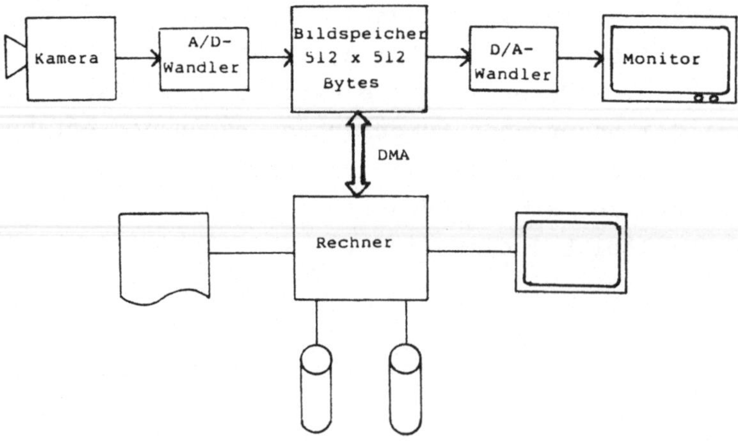

B 4.1
Bildverarbeitungssystem zur Simulation der Verfahren

Auflösung von 512 x 512 Bildpunkten zu je 8 Bit abgelegt. Der
Inhalt dieses Speichers kann über einen DMA-Kanal in den Rechner eingelesen bzw. vom Rechner neu beschrieben werden. Der
aktuelle Inhalt des Bildspeichers wird über einen D/A-Wandler
in Echtzeit auf einem Monitor ausgegeben.

Die gespeicherten Dokumentbilder wurden vor der Analyse in
Schwarzweißbilder umgewandelt. Für Schwarz wurde die 0, für
Weiß die Zahl 255 vereinbart. Der günstigste Schwellwert wurde
jeweils interaktiv festgelegt. Nach der Analyse der eingele-
senen Dokumente wurden Ergebnisbilder mit Hilfe des Rechners
im Bildspeicher erzeugt und vom Monitor abphotographiert.

Die in den folgenden Kapiteln geschilderte Analyse wurde durch
insgesamt 3 Programmpakete realisiert. Ihr Zusammenwirken ist
in Bild B 4.2 aufgezeigt.

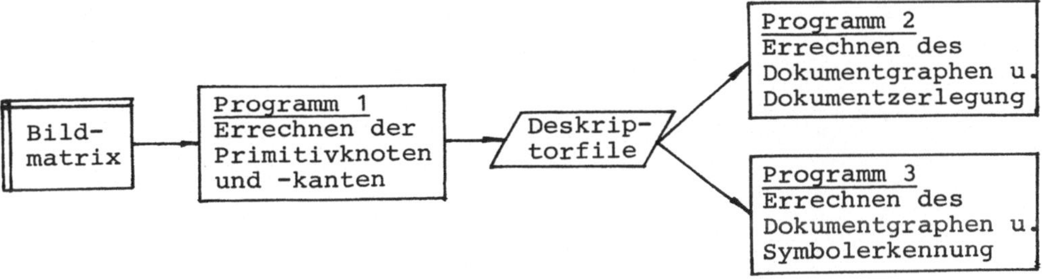

B 4.2
Zusammenwirken der Analyseprogramme

Programm 1 errechnet die Primitivknoten und speichert sie in
der Datenstruktur gemäß Bild B 6.1.5 in ein File. Die Programm-
teile zum Aufbau des Dokumentgraphen sind aus praktischen Gründen sowohl in Programm 2 wie auch in Programm 3 implementiert.
Programm 2 führt damit die Dokumentzerlegung, Programm 3 die

Symbolerkennung durch. Das Zusammenschalten der 3 Programme ist von Vorteil und wurde teilweise bereits erfolgreich realisiert.

Programm 1 bearbeitet ein Bild im Arbeitsspeicher des Bildverarbeitungssystems in weniger als 60 Sekunden. Programm 2 benötigt für die Analyse und Ergebnisdarstellung eines Dokumentausschnitts (z.B. B 5.4.1) weniger als 180 sec. Zu Programm 3 sind in Kapitel 7.2 genauere Zeitangaben vermerkt.

5. Bildgraph und Grammatiken zur Dokumentanalyse
Der syntaktische Teil der Grammatiken

5.1 Dokumentwissen in Form attributierter, stochastischer Grammatiken und der daraus abgeleitete Bildgraph

Die grundsätzlichen Erläuterungen anhand Bild B 3.2.2 haben gezeigt, daß bereits einfache Kettengrammatiken in der Lage sind, den inneren Aufbau zweidimensionaler Bildmuster wiederzugeben und in Form eines Baumes symbolisch darzustellen. Im folgenden wird nun für den gemeinsamen syntaktischen Anteil der Grammatiken GR_T, GR_G und GR_B eine programmierte Kettengrammatik GK sowie ein Baumgrammatik GB vorgestellt. Deren terminale und nichtterminale Symbolmengen sind speziell darauf ausgerichtet, die verschiedenartigen Komponenten gewöhnlicher Druckvorlagen darzustellen. Ihre Produktionen erlauben es, die Zusammenhänge innerhalb von Dokumentkomponenten in unterschiedlichen Hierarchiestufen wiederzugeben. Während von GK nur der syntaktische Teil der Produktionen vorgestellt wird, sind von der Grammatik GB auch der semantische sowie der stochastische Anteil der Regeln aufgeführt. Hand in Hand mit den Symbolen und Regeln der Grammatiken kann eine Dokumentkomponente durch einen Strukturbaum dargestellt werden. Jeder dieser Bäume stellt einen isolierten Teilgraphen des gesamten Dokumentgraphen dar.

Die Kettengrammatik für einen isolierten Teilgraphen lautet

$$GK_{T/G/B} = (V_N, \ V_T, \ S, \ R) \qquad\qquad \text{Gl. 5.1}$$

mit der Menge terminaler Symbole

$$V_T = \left\{ \{V_{T1}\}, \{V_{T2}\} \right\} = \left\{ \{D\}, \{v, \ h, \ u, \ e, \ b\} \right\} \qquad \text{Gl. 5.2}$$

und der Menge nichtterminaler Symbole

$$V_N = \{S, \ TB, \ TX, \ TL, \ WX, \ W, \ OX, \ O, \ I, \ Ra, \ Ri, \ P\}, \quad \text{Gl. 5.3}$$

wobei S Startsymbol ist.

Gl. 5.4 zeigt das Produktionensystem R. Um die Mechanismen der
Ableitung von Sätzen aus dem Startsymbol S zu veranschaulichen,
sind die Produktionen ausführlicher als unbedingt notwendig
formuliert. Die erlaubten Alternativen auf der rechten Seite
jeder Produktion sind jeweils durch "/" voneinander getrennt.

$$
\begin{array}{llll}
 & & & \text{(E)} \quad \text{(N)} \quad \text{Gl. 5.4} \\
r_0 : S & -- & TB & (1) \quad - \\
r_1 : TB & -- & (TL \ v \ TX)/TL & (2) \quad - \\
r_2 : TX & -- & (TL \ v \ TX)/TL & (2,3) \quad - \\
r_3 : TL & -- & (W \ h \ WX)/W & (4) \quad - \\
r_4 : WX & -- & (W \ h \ WX)/W & (4,5) \quad - \\
r_5 : W & -- & (O \ h \ OX)/O & (6) \quad - \\
r_6 : OX & -- & (O \ h \ OX)/O & (6,7) \quad - \\
r_7 : O & -- & (R_a \ u \ I) & (8) \quad - \\
r_8 : I & -- & (R_i \ e \ I)/R_i & (8,9) \quad (9) \\
r_9 : R_a & -- & (P \ b \ P \ b \ P \ b \ P \ b \ P \ b \ P \ b \ P \ b \ P) & (10) \quad - \\
r_{10}: R_i & -- & (P \ b \ P \ b \ P \ b \ P \ b \ P \ b \ P \ b \ P \ b \ P) & (11) \quad (11) \\
r_{11}: P & -- & (P \ b \ P \ b \ P)/D & (11) \quad -
\end{array}
$$

Sowohl den terminalen wie auch den meisten nichtterminalen
Symbolen dieser kontextfreien Grammatik kann eine praktische
Bedeutung im Dokument zugeordnet werden. So steht das Symbol
TB für "Textblock", TL hat die Bedeutung "Textzeile", W "Wort",
O "von der Umgebung isoliertes, flächenmäßig zusammenhängen-
des Objekt", I "Innenfläche eines Objekts", R_a "Außenrand",
R_i "Innenrand". Das terminale Symbol D verkörpert Punkte ent-
lang der Ränder der Dokumentmuster. Die Relation v heißt "ver-
tikal benachbart", h "horizontal benachbart", u "umschließt",
e "eingebettet in" und b "benachbart entlang des Musterrandes".
Die Bedeutung der Spalten E und N wurde bereits anhand von
Gl. 3.10 erklärt.

Sieht man von den Produktionen r_9, r_{10} und r_{11} ab, so lassen
sich die mit Hilfe dieser Grammatik definierten Sätze als Bi-

närbaum darstellen. Bild B 5.1.1 zeichnet aus Gründen der Darstellung nur einen Ast des Baumes vollständig bis zu den terminalen Symbolen D. Die Relationen sind aus Gründen der Übersicht weggelassen. Es wird hier darauf verzichtet, das Problem wie in B 3.2.2 als Symbolkette darzustellen.

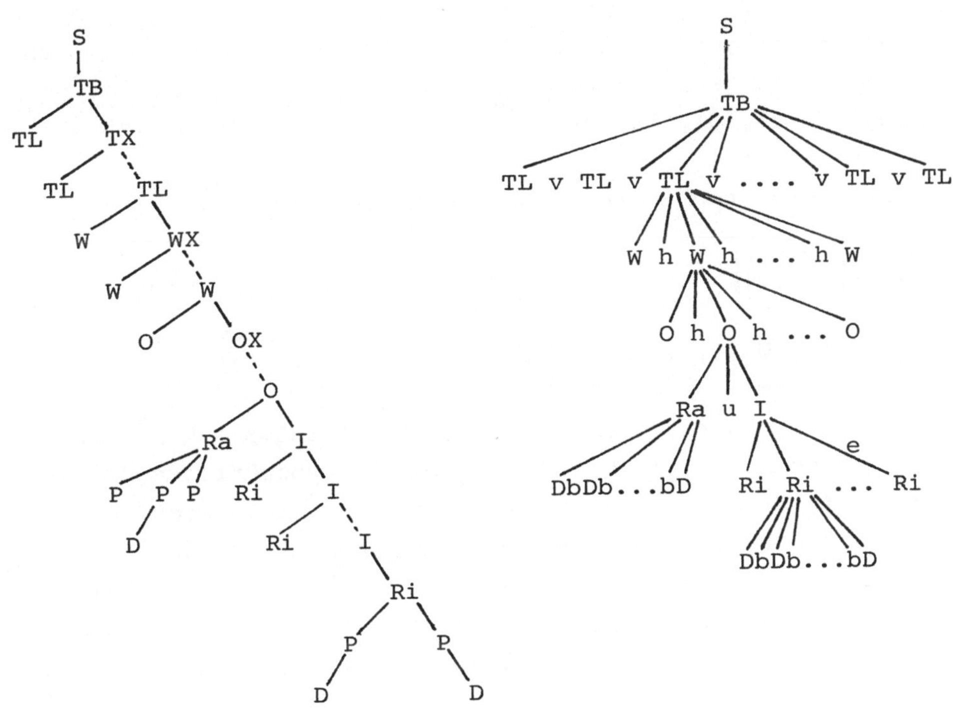

B 5.1.1

B 5.1.2

B 5.1.1
Nichtterminaler Binärbaum einer Dokumentkomponente gemäß den Symbolen und Produktionen der Grammatik GK in Gl. 5.1. Es wurde nur ein Ast des Baumes vollständig bezeichnet. Die Relationen wie auch die terminale Symbolkette wurden hier nicht eingezeichnet (siehe auch B 3.2.2).

B 5.1.2
Mehrfach verzweigter, terminaler Baum mit der gleichen Aussage wie B 5.1.1 jedoch nach der Grammatik GB in Gl. 5.5.

Der innere Aufbau einer Dokumentkomponente wird anschaulicher,
wenn anstelle der Kettengrammatik und des Binärbaumes eine
Baumgrammatik eingesetzt wird. Die folgende Grammatik GB hat
die gleiche Aussage wie die Kettengrammatik GK:

$$GB_{T/B/G} = (V_N, V_T, g, R, S) \qquad \text{Gl. 5.5}$$

mit S als Startsymbol und der Menge nichtterminaler Baumknoten

$$V_N = \{S, TX, WX, OX, IX, RA, RI\} \qquad \text{Gl. 5.6}$$

sowie der Menge terminaler Knoten und Blätter

$$V_T = \{\{V_{T1}\}, \{V_{T2}\}\} \qquad \text{Gl. 5.7}$$

$$= \{\{TB, TL, W, O, I, R_a, R_i, D\}, \{v, h, u, e, b\}\}$$

Die Bedeutungen der Symbole und Relationen entsprechen denen
in Gl. 5.2 und Gl. 5.3. Bei den folgenden Produktionen R ist
der erlaubte Grad g der einzelnen Knoten mit angegeben. Er
ist bei allen Produktionen außer r_3 unbegrenzt. In der Praxis ergeben sich jedoch, z.B. durch die Größe eines Textblocks
oder die Wortlänge, natürliche Grenzen. In den Produktionen
in Gl. 5.8 tragen die Relationen nicht zum Knotengrad bei.

Im Gegensatz zur Grammatik GK enthält ein durch die Grammatik
GB gebildeter Baum nur terminale Symbole. Er ist in Bild B 5.1.2
aufgezeichnet. Die nichtterminalen Symbole besitzen hier keine
praktische Bedeutung im Dokumentmuster. GB ist ebenfalls eine
programmierte Grammatik. Da die Produktionen der Reihe nach
aufgerufen werden, sind die Indizes hierzu nicht eingetragen.

Jedem Symbol ist neben einer Markierung auch ein Attributvektor $\bar{q}$ zugeordnet. Dabei sind die Vektoren der terminalen Symbole, wie z.B. W, identisch mit denen der nichtterminalen Vertreter, wie z.B. WX. Im attributiven (semantischen) Teil der
Produktionen wird durch die Funktion f_i angegeben, wie sich
auf der rechten Seite der Produktionen der Vektor der Baum-

r_0: $S_{T/G/B}$ -- TB $g_{TB}=1..\infty$ $\vec{q}_S=\vec{q}_{TB}=f_0(\vec{q}_{TX1},\vec{q}_{v1},\ldots,\vec{q}_{TXn})$

$$p_{OT}=p(\vec{q}_{TB}/T);\ p_{OG}=p(\vec{q}_{TB}/G);\ p_{OB}=p(\vec{q}_{TB}/B$$

TX v TX v...TX

r_1: TX -- TL $g_{TL}=1..\infty$ $\vec{q}_{TX}=\vec{q}_{TL}=f_1(\vec{q}_{WX1},\vec{q}_{h1},\ldots,\vec{q}_{WXn})$

$$p_1=1$$

WX h WX h...WX

r_2: WX -- W $g_W=1..\infty$ $\vec{q}_{WX}=\vec{q}_W=f_2(\vec{q}_{OX},\vec{q}_{h1},\ldots,\vec{q}_{OX})$

$$p_2=1$$

OX h OX h...OX

r_3: OX -- O $g_O=2$ $\vec{q}_{OX}=\vec{q}_O=f_3(\vec{q}_{RA},\vec{q}_{IX})$

$$p_3=1$$

RA u IX

r_4: IX -- I $g_I=0..\infty$ $\vec{q}_{IX}=\vec{q}_I=f_4(\vec{q}_{Ri1},\ldots\vec{q}_{Rin})$

$$p_4=1$$

e

RI RI....RI

r_5: RA -- Ra $g_{Ra}=8+2m$ $\vec{q}_{RA}=\vec{q}_{Ra}=f_5(\vec{q}_{D1},\vec{q}_{b1},\ldots,\vec{q}_{Dn},\vec{q}_{bn})$

$m=0,1,2..\infty$ $p_5=1$

D b D b...b D

r_6: RI -- Ri $g_{Ri}=8+2m$ $\vec{q}_{RI}=\vec{q}_{Ri}=f_6(\vec{q}_{D1},\vec{q}_{b1},\ldots,\vec{q}_{Dn},\vec{q}_{bn})$

$m=0,1,2..\infty$ $p_6=1$

D b D b...b D

$$p_T=p_{OT}\cdot p_1\cdot p_2\cdot p_3\cdot p_4\cdot p_5\cdot p_6=p_{OT}, \qquad p_G=p_{OG}, \qquad p_B=p_{OB}$$

GL. 5.8
Die Produktionensysteme der drei Grammatiken GB_T, GB_G und GB_B.
Sie sind im syntaktischen und semantischen Teil identisch.
Sie unterscheiden sich lediglich in der Berechnung der Wahrscheinlichkeit p_O der Produktion r_O aus dem Attributvektor $\vec{q}_{TB}$.
Anhand von $p_{T/G/B}$ entscheiden die Klassifikatoren in Kap. 7.1.3
über die Klassenzugehörigkeit eines Symbolbaumes.

B. 5.1.3
Dieses Bild verdeutlicht, wie aus dem Startsymbol S der Gram-
matik GB in Gl. 5.5 durch aufeinanderfolgendes Anwenden der
Produktionen r_0 bis r_6 ein immer differenzierteres Bild eines
Textblockes entsteht. Die Teilbilder sind aus den Knotenattributen
der Hierarchieebenen des Dokumentgraphen von oben nach unten
rekonstruiert. Das unterste Teilbild gibt den Verlauf der Kanten
DZ zwischen den Knoten D in der untersten Ebene wieder.

wurzel aus den Vektoren der Blätter errechnet. Der praktische
Aufbau der Vektoren $\vec{q}$ wie auch der Funktionen f geht aus den
Erläuterungen in Kapitel 7.1 eindeutig hervor. Jeder Produktion r_i ist eine Wahrscheinlichkeit p_i zugeordnet. Die Wahrscheinlichkeiten p_T, p_G und p_B, die über die Klassenzugehörigkeit eines Baumes entscheiden, errechnen sich aus den Wahrscheinlichkeiten p_i durch Produktbildung.
Die Produktion r_0 unterscheidet sich in den drei Grammatiken
GB_T, GB_G und GB_B durch die zugeordneten Wahrscheinlichkeiten
p_{0T}, p_{0G} und p_{0B}. Diese errechnen sich jeweils aus dem Attributvektor $\vec{q}_{TB}$. Die drei Startsymbole S_T, S_G und S_B entsprechen
den drei Dokumentklassen "Text", "Grafik" und "Bild". Die Ent-
scheidungsfunktionen zum Bestimmen der Klasse aus den Wahrscheinlichkeiten p_T, p_G und p_B sind ebenfalls detailliert in
Kapitel 7.1.3 geschildert.

Obige Bäume geben durch ihre in den Grammatiken GK und GB fest-
gelegten Symbole und Relationen die inneren Zusammenhänge beliebiger Dokumentkomponenten in einer hierarchischen Form wieder. Der Aufbau orientiert sich dabei an der Struktur des ausgeprägt gegliederten Textblocks. Jedoch können, wie B 5.1.5
näher verdeutlicht, auch Bilder und Grafikelemente dargestellt
werden. Um die Aussage der Grammatiken in einem Rechenautomaten darzustellen, wird aus den oben beschriebenen Bäumen
eine hierarchisch organisierte Datenstruktur abgeleitet. Sie
wird in Bild B 5.1.4 vorgestellt. Sie beschreibt zwar jeweils
nur eine Teilkomponente eines Dokumentmusters, wird aber im
folgenden als "Dokumentgraph G" bezeichnet. Dieser Graph wurde
als Datenstruktur realisiert und liegt den folgenden Versuchen
zugrunde. Für die Aufgaben der Dokumentanalyse ist die hierarchische Anordnung sinnvoll. Wie Bild B 5.1.3 verdeutlicht,
geben die unteren Ebenen Detailstrukturen und deren Beziehungen, die höheren Ebenen immer globalere Zusammenhänge wieder.
Die Verbindung der unterschiedlichen Ebenen durch sinnvoll
definierte Kanten schafft klare Zusammenhänge zwischen globalen und lokalen Gegebenheiten. Die Bedeutung der Knotenbe-
zeichnungen entspricht denen der Symbolmengen in Gl. 5.1 bzw.
Gl. 5.5. Die Relation v wurde durch die Kante TZ, h durch WZ
bzw. BZ, u und e durch IRZ sowie IZZ, b durch DZ ersetzt. Aus

praktischen Gründen wird der Knoten R_a mit O zusammengelegt. Der Knoten I entfällt ebenfalls. Die Knoten R_i werden unmittelbar dem Knoten O untergeordnet. Die Bedeutung der Kante IZZ wird erst in Kapitel 5.8 näher erläutert.

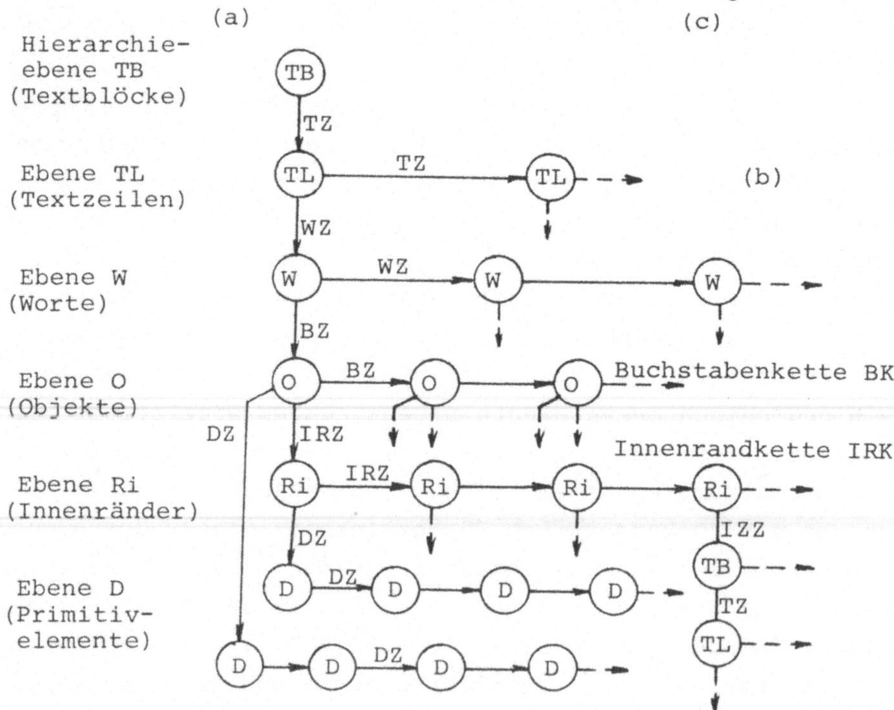

B 5.1.4
Die Datenstrukturen des hierarchisch organisierten Dokumentgraphen. Diese Graphstruktur kann sowohl Textblöcke in allen Details als auch Grafikelemente und Bildkomponenten beschreiben. Obiges Bild zeigt als Beispiel das Muster eines Textblockes (a). (b) zeigt hierzu die Datenstruktur, welche den Textblock im Automaten repräsentiert. (c) zeigt die Rekonstruktion der Originalbildränder aus der Datenstruktur anhand der Zeiger DZ.

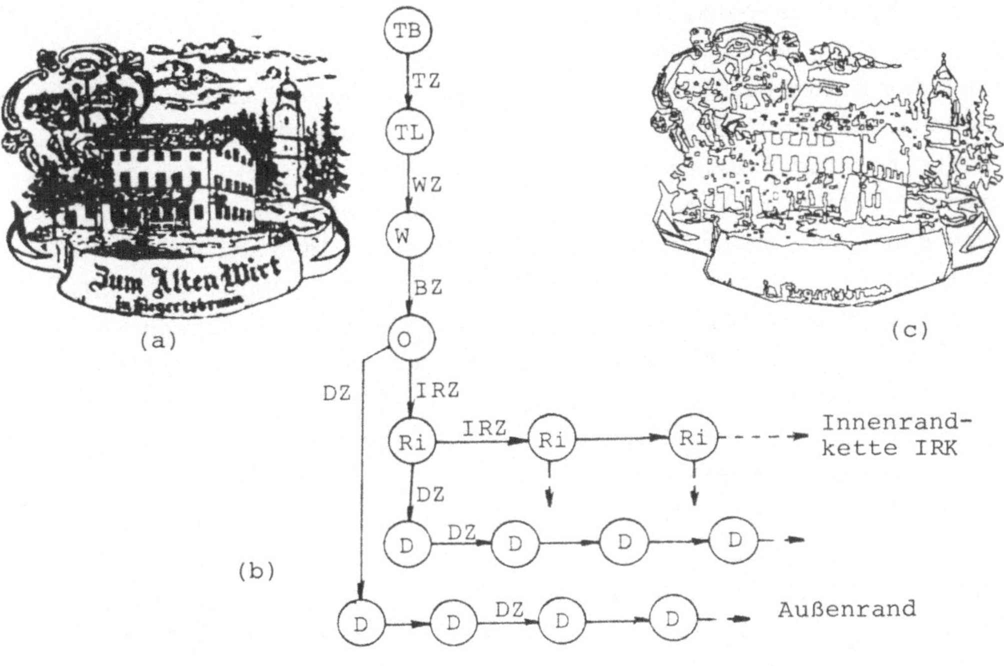

B 5.1.5
Darstellung eines Bildmusters im Dokumentgraphen. Das Original
in (a) wird durch den Graphen in (b) als Objekt beschrieben.
Die höheren Knoten W, TL und TB, von denen hier jeweils nur
einer vorhanden ist, können aus praktischen Gründen entfallen.
(c) zeigt die Rekonstruktion des Musters anhand der Graphkanten DZ.

5.2 Die Musterränder als Knoten und Kanten des Dokumentgraphen

In den nun folgenden Kapiteln wird der syntaktische Teil der
Grammatiken und damit die einzelnen Knoten und Kanten des Graphen genauer definiert und in ihrer praktischen Bedeutung im
Dokument diskutiert. Der semantische Teil wird in Kapitel 7.1
besprochen. Hier werden terminale wie nichtterminale Symbole
und Relationen der Grammatiken mit Attributvektoren versehen.

5.2.1 Relative Primitive

Aus dem Bildsignal extrahierte Primitivelemente D stellen die
Bindeglieder zwischen der Bildmatrix und dem Graphen dar. Bereits bei ihrer Definition sollen wichtige Aspekte der Dokumentanalyse berücksichtigt werden: Die gewählten Primitivelemente sollen in der Lage sein, die gesamte Mustervielfalt innerhalb eines Dokumentes zu beschreiben. Dies setzt die uni-
verselle Einsetzbarkeit der Primitive voraus. Insbesondere
im Hinblick auf die Vielfalt der zu bearbeitenden Schriftarten
soll die Bearbeitung von Mustern unterschiedlicher Größe berücksichtigt werden. Ebenso sollen die entstehenden Graphkomponenten die Muster unabhängig von ihrer Drehlage wiedergeben.
Es genügt bereits, wenn die Darstellung einer rotationsinva-
rianten Auswertung entgegenkommt. Insbesondere für die Aufgaben der Dokumentzerlegung sollen die Primitive auch in der
Lage sein, die Umhüllende eines segmentierten Dokumentberei-
ches punktgenau wiederzugeben.

Aus den aus der Literatur bekannten Ansätzen wurde eine Beschreibung des Dokuments durch den Verlauf der Musterränder
gewählt. Als Primitivelemente D der Dokumentbeschreibung werden dabei Tangential- bzw. lokale Extremalpunkte der Musterränder verwendet. Sie werden im folgenden als <u>Deskriptoren</u>
bezeichnet. Ihr Prinzip zeigt Bild B 5.2.1. Deskriptoren sind
demzufolge Stellen der Musterränder mit vordefinierter Tangentenrichtung. Jeder Deskriptor stellt bezüglich der Normalenrichtung seiner Tangente ein lokales Maximum bzw. Minimum
des Musterrandes dar.

Betrachtet man eine bestimmte Tangentenrichtung und sucht in
einem willkürlich gewählten Muster alle Tangentenpunkte mit
gleichem Tangentenwinkel, so lassen sich alle gefundenen Tangentenpunkte in vier verschiedene Randausprägungen einteilen.
Sie stellen die vier Grundarten der Deskriptoren dar und werden im folgenden mit den Abkürzungen T, B, S und F bezeichnet.

Diese vier Grundarten können für unterschiedliche Tangentenwinkel errechnet werden. Als erlaubte Winkel α der Tangenten-
normalen wurden die Richtungen α = 0°, 45°, 90° und 135° festgelegt. Sie sind im folgenden durch die Ziffern 0 - 3 bezeich-
net. Faßt man Grundtyp und Richtung zur Kennzeichnung der
Deskriptorart zusammen, so ergeben sich insgesamt 16 verschiedene
Deskriptortypen. Sie werden mit T0, T1, B3 usw. bezeichnet.
Bild B 5.2.1 zeigt anhand eines Testmusters die vier Grundtypen
für die vier gewählten Tangentenrichtungen.

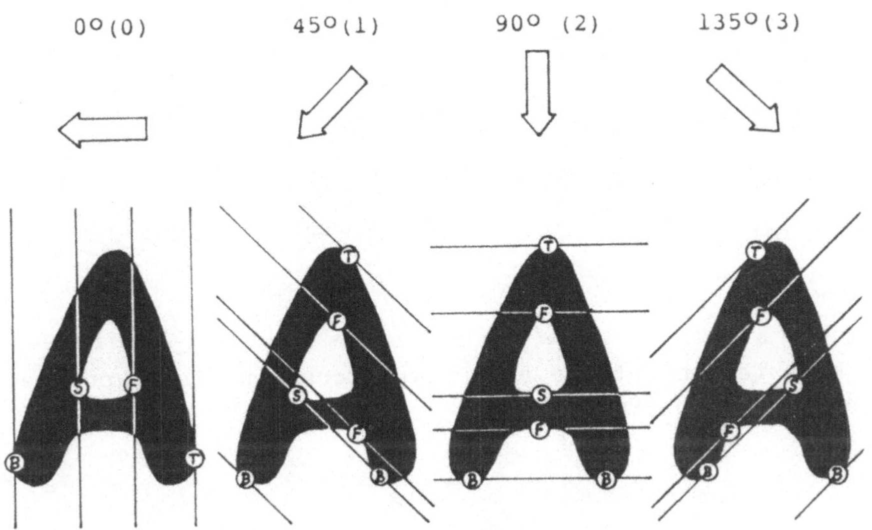

B 5.2.1
Die 4 Deskriptorgrundtypen (T, B, S, F) und die zugehörigen
Tangenten. Die Winkelangaben beziehen sich auf die Richtung α
der Tangentennormale und sind mit 0,1,2,3 codiert. Insgesamt
ergeben sich damit 16 Deskriptortypen.

Extrahiert man die so definierten Deskriptortypen entlang der
Musterränder einer Scheibe bzw. eines Loches, so ergeben sich
wie Bild B 5.2.2 zeigt, alle sechzehn Deskriptortypen. Man
erkennt, daß sich entlang der Scheibe Deskriptoren vom Typ

T und B ausprägen und daß sich entlang des Loches Deskriptoren
vom Typ S und F ausprägen. Diese Aufeinanderfolge von Deskriptoren entlang beliebiger Ränder mit einheitlichem Krümmungstyp
ist zwingend (z.B. Kreise, Ellipsen, Dreiecke, Vierecke). Gemäß den unterschiedlichen Randkrümmungen ergeben sich zwei
Zyklen, die im folgenden als konvex und konkav bezeichnet werden /WO83/.

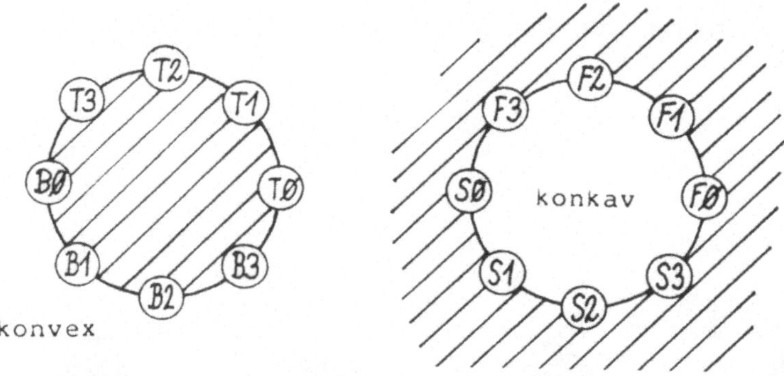

B 5.2.2
Zyklische Aufeinanderfolge von Deskriptoren in einem konvexen
und einem konkaven Testmuster

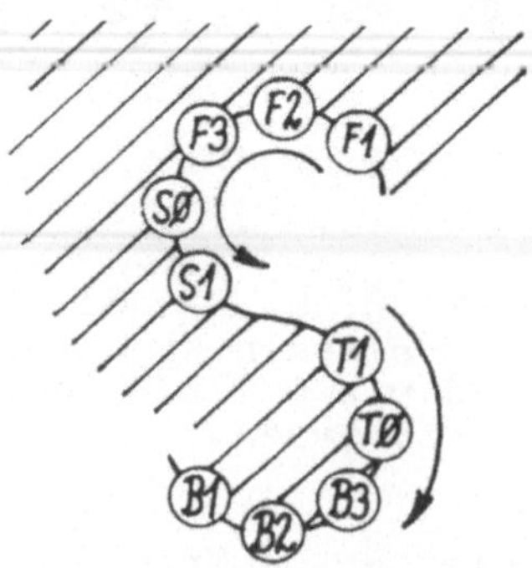

B 5.2.3
Muster mit Übergang eines konkaven in einen konvexen Randabschnitt. Der Zyklussinn ist durch Pfeile gekennzeichnet.

Natürliche Muster sind sehr komplex aufgebaut und besitzen
selten Deskriptoren aus nur einem Zyklus. Bild B 5.2.3 zeigt
einen Rand, der sich sowohl aus konvexen als auch aus konkaven Abschnitten zusammensetzt. Der Übergang zwischen Randab-
schnitten unterschiedlicher Krümmung erfordert Sprünge zwischen den beiden Deskriptorzyklen. Diese erfolgen gemäß fester
Vorschriften.

Alle erlaubten Übergänge innerhalb sowie zwischen den Zyklen
sind in Bild B 5.2.4 durch Verbindungslinien wiedergegeben.
Ein vordefinierter Zyklussinn, im Bild durch Pfeile dargestellt,
ermöglicht es, für einen bestimmten Deskriptor die erlaubten
Vorgänger und Nachfolger zu bestimmen.

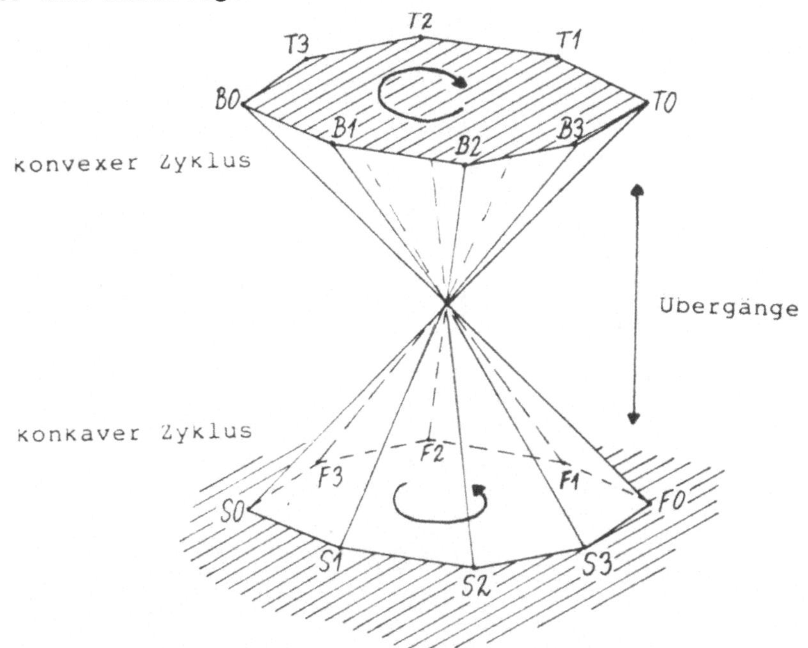

B 5.2.4
Schema der Deskriptorzyklen und der erlaubten Übergänge

Bild B 5.2.5 zeigt hierzu ein praktisches Beispiel. Die einzelnen Deskriptoren können leicht in den drei Testmustern wiedergefunden werden. Die Bezeichnung der Tangentenrichtung wurde
aus Darstellungsgründen weggelassen.

B 5.2.5
Lage und Art extrahierter Deskriptoren in einem Testmuster

5.2.2 Musterränder als Kreise im Graphen

Um mit Hilfe der geschilderten Primitivelemente rechnerintern
beliebige Muster als Graph darzustellen, werden die Deskriptorpunkte als Knoten D des Graphen G definiert. Diesen Knoten sind
im wesentlichen eine Markierung und zwei Attribute zugeordnet:
Die Deskriptorart, aus der die Tangentenrichtung, das Vorzeichen
der Randkrümmung und der Zyklussinn an der Stelle des Deskriptors
ersichtlich sind, sowie die X- und Y-Koordinate des zugehörigen
Randpunktes. Um das Muster vollständig zu beschreiben, sind
Kanten zwischen den einzelnen Knoten erforderlich. Im vorliegenden Fall werden die Kanten so definiert, daß sie den Verlauf des Musterrandes zwischen den Deskriptorpunkten wiedergeben. Ihre Pfeilung gibt den Zyklussinn des Randverlaufs wieder. Diese Kanten werden mit DZ bezeichnet. Wie B 5.1.4/5 verdeutlicht, ist jedes beliebige Muster somit in Form gerich-
teter Kreise im Graphen darstellbar. (Der Dokumentgraph entspricht dadurch in seiner praktischen Implementierung nicht
mehr exakt der mathematischen Vereinbarung z.B. in /HA74/,
welche Bäume als kreislose Graphen definiert.)

Jeder einzelne Knoten D inzidiert in dieser Darstellungsweise
mit 2 Kanten DZ und besitzt den Grad 2. Die Knotenzahl jedes
Deskriptorkreises ist größer gleich 8 und immer geradzahlig.
Der Beweis der Geradzahligkeit läßt sich leicht an Bild 5.2.4
nachvollziehen, wenn man bedenkt, daß die minimale Knotenzahl
eines Kreises 8 ist und jeder Sprung zwischen den Zyklen den
Kreis um ein Vielfaches von zwei Knoten erweitert. Für die
Produktionen r_5 und r_6 in Gl. 5.8 ergibt sich daraus die Ein-
schränkung der Knotengerade g_{Ra} sowie g_{Ri}. Es gilt

$$g_{Ra}, \ g_{Ri} = 8 + 2m \quad m = 0,1,2,3\ldots \qquad \text{Gl. 5.9}$$

Für die Attributierung der beiden Produktionen gelten die in
B 5.2.2/3/4 anschaulich dargestellten Gesetzmäßigkeiten. Ver-
gleichbares gilt für die Produktionen r_9, r_{10} und r_{11} in
Gl. 5.4.

5.2.3 Einfluß der Mustergröße

Betrachtet man in Bild B 5.2.5 das linke und das rechte Testmuster, so enthalten diese dieselben Deskriptoren in der gleichen relativen Lage zum jeweiligen Muster. Aus diesem Beispiel
ist leicht ersichtlich, daß durch die spezielle Art der Primitive Muster gleicher Gestalt, jedoch völlig unterschiedlicher
Größe, in ein und dieselbe Graphstruktur abgebildet werden.
Die Mustergröße ist in den Graphattributen, hier also den X-
und Y-Koordinaten der Knoten bzw. in der Länge der Kanten DZ,
verborgen. Diese Abbildungseigenschaft ist insbesondere bei
der Verarbeitung von Textteilen unterschiedlicher Schriftgröße
sehr von Vorteil.

5.2.4 Einfluß der Drehlage

Verändert man die Drehlage eines Musters relativ zu den Tangentenrichtungen, so beginnen die Deskriptoren zu wandern und
nehmen relativ zum Muster eine andere Position ein. Bild B 5.2.6
verdeutlicht dies für eine Drehung von 90°. Der Graph besitzt
zwar nach wie vor die gleiche Struktur und die gleiche Anzahl
von Knoten und Kanten, jedoch haben sich die Knotentypen verändert. Um diese Veränderung besser zu verstehen, sind in Bild
B 5.2.7 die Knotenfolgen des Musteraußenrandes in unterschiedlicher Drehlage in das Zyklenschema eingezeichnet. Wie leicht
ersichtlich, verschieben sich die Markierungen der Knoten bei
Verdrehen des Musters im Zyklussinn des Schemas bzw. gegen
diesen.

Zusammenfassend kann gesagt werden, daß sich durch Extraktion
der vorgeschlagenen Deskriptoren beliebige Muster in einen
Graphen G abbilden. Der Aufbau des Graphen ist unabhängig von
der Mustergröße sowie der Drehlage relativ zur Bildmatrix.
Bei Verdrehung ändern sich die Knotenmarkierungen zyklisch,
die Mustergröße läßt sich aus den Knotenkoordinaten errechnen. Ein Drehschritt im Zyklusschema entspricht einer Verdrehung des Musters um 45°. Die Anzahl der Knoten des Graphen
ändert sich mit der Anzahl der Details des Musters.

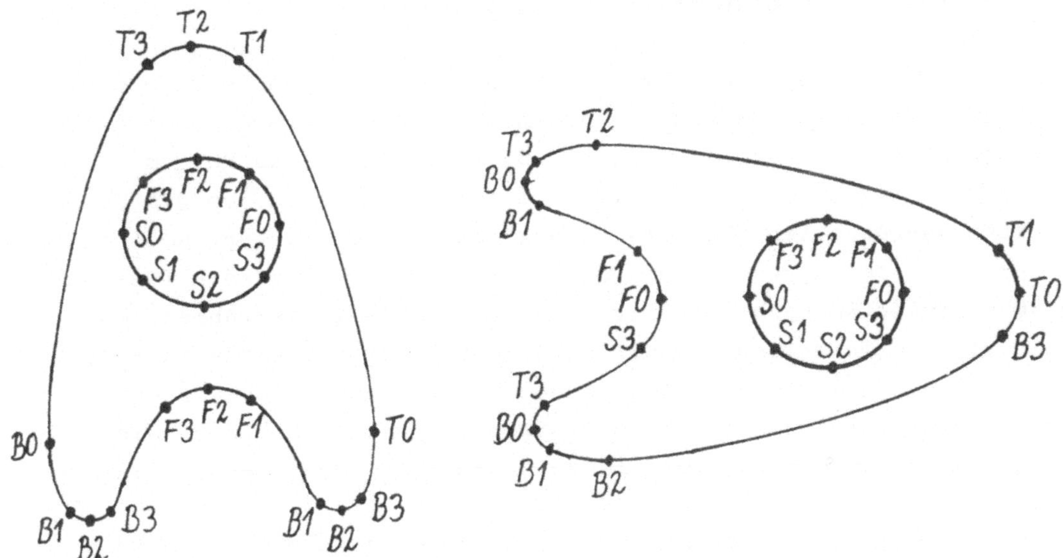

B 5.2.6
Veränderung des örtlichen Deskriptortyps gemäß den Deskriptorzyklen bei Verdrehen des Musters

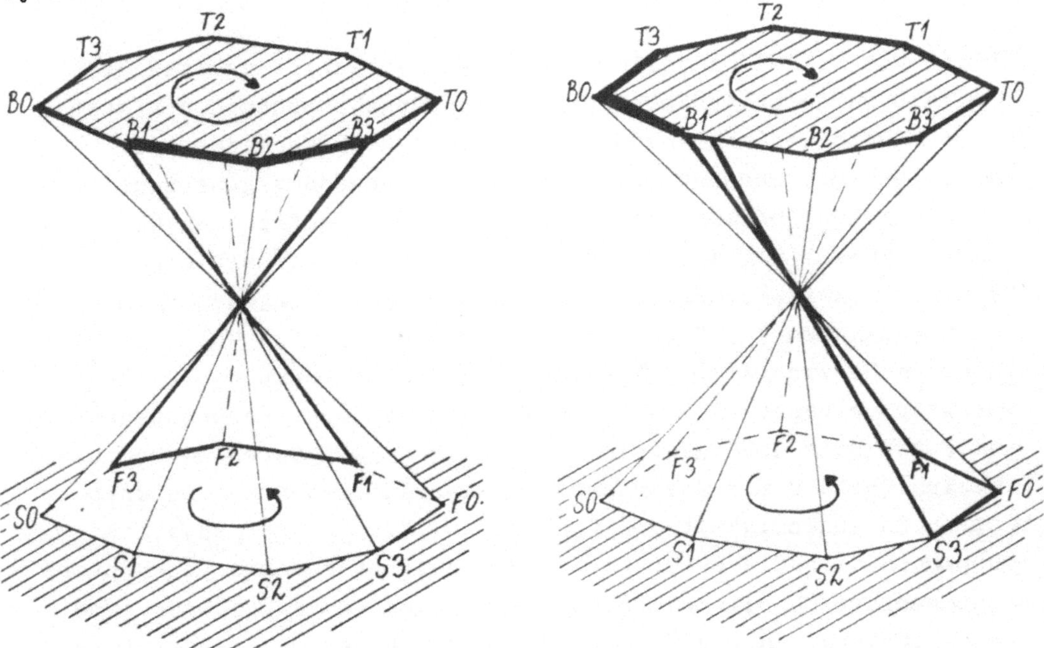

B 5.2.7
Die Musteraußenränder aus B 5.2.6 im Zyklusschema

5.2.5 Einfluß von Quantisierung und Störungen

Die in den Bildern B 5.2.1 oder B 5.2.6 gezeigten Deskriptoren ergeben die Idealknoten des zugehörigen Mustergraphen auf unterster hierarchischer Ebene. Dieser ist nur aus Knoten und Kanten aufgebaut, die unbedingt erforderlich sind, um das Muster darzustellen. Die Umwandlung natürlicher Muster in einen Graphen ergibt jedoch nur in den seltensten Fällen den Idealgraph. Der Grund hierfür ist, daß strukturelle Verfahren generell bei minimalen Veränderungen in der Gestalt eines Musters gravierende Änderungen im Graphen hervorrufen. Ein einfaches Beispiel zeigt das mittlere Testmuster in Bild B 5.2.5. Die geringfügige Störung der linken Außenkante führt bereits zu einer Erweiterung des Graphen um zwei Knoten (siehe Produktion r_{11} in Gl. 5.4). Starke Störungen eines Musters können die Knotenzahl des zugehörigen Graphen um eine Vielfaches erhöhen. Erkennungsverfahren müssen diese störenden Einflüsse genügend berücksichtigen.

Durch die Winkelquantisierung der Tangenten ist das geschilderte Deskriptorverfahren gegen Richtungsänderungen der Musterkanten unterschiedlich empfindlich. Diese Eigenschaft wird in Bild 5.2.8 näher verdeutlicht. Die Kante des gestrichelt gezeichneten Objekts erfährt am Punkt D eine Richtungsänderung um den Winkel β. γ ist die Richtung der Winkelhalbierenden des Musterknickes. α ist der Winkel einer vorgegebenen Tangentennormalen. Verändert man γ durch Drehen des Musters, so wird im Bereich $\alpha - \frac{\beta}{2} < \gamma < \alpha + \frac{\beta}{2}$ der Knick am Punkt D mit einem Deskriptor besetzt. Dreht man γ um volle 360°, so entstehen am Punkt D in Abhängigkeit von γ alle Deskriptoren im konvexen Zyklus. Bild B 5.2.9 verdeutlicht das Auftreten der Deskriptoren in Abhängigkeit von α, β und γ. Vergrößert man β, so beginnen sich die Bereiche für das Auftreten eines Deskriptors zu überlappen. Bild B 5.2.10 zeigt, daß der Punkt D für eine Winkeländerung $\beta > 45°$ immer mit einem Deskriptor besetzt ist, für $\beta > 90°$ immer mit 2 usw.. Der Punkt D auf einer Nadelspitze mit $\beta = 180^{\circ}$ muß mit drei und kann mit vier Deskriptoren besetzt sein.

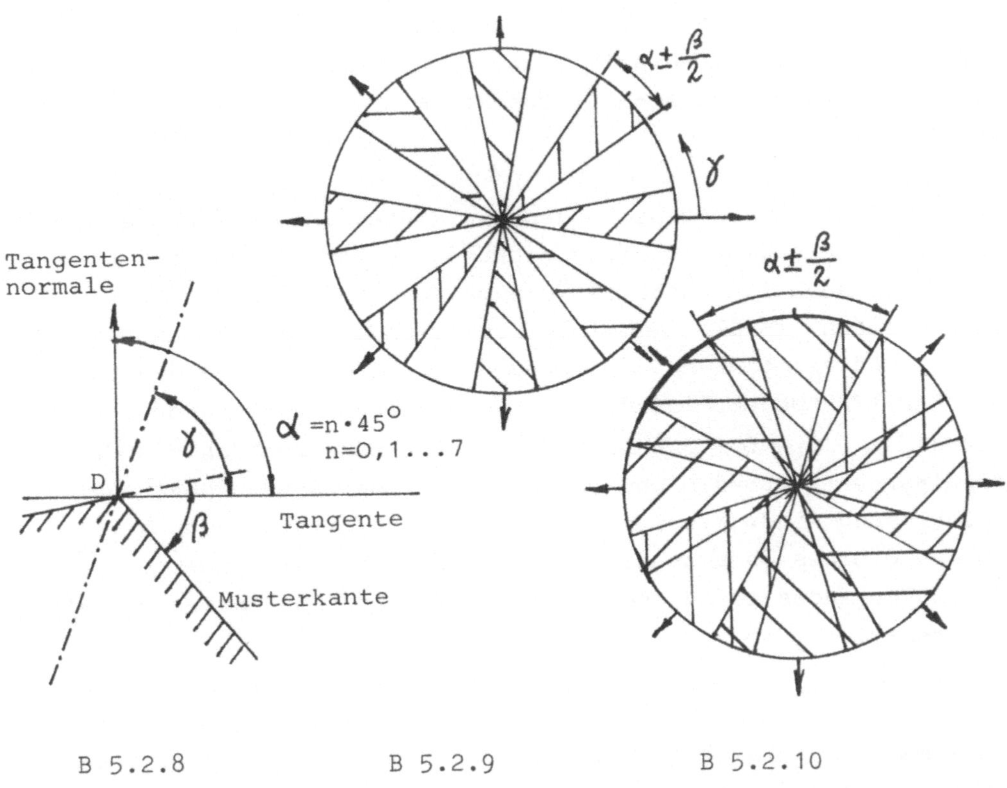

B 5.2.8   B 5.2.9   B 5.2.10

B 5.2.8
Zeigt die Richtungsänderung β einer Musterkante, dazu die Tangentennormale eines Deskriptors mit dem vorgegebenen Winkel α sowie die Winkelhalbierende des Musterknickes mit dem Winkel γ.

B 5.2.9
Zeigt den Zusammenhang zwischen α, β und γ. Ein Deskriptor bildet sich nur dann am Knickpunkt D, wenn die Winkelhalbierende γ in eine der schraffierten Erwartungszonen fällt.

B 5.2.10
Vergrößert man den Knick β, so vergrößern sich die Erwartungszonen gemäß $\alpha \pm \dfrac{\beta}{2}$ und überlappen sich. Fällt γ in einen Bereich mehrfacher Überlappung, so errechnen sich entsprechend viele Deskriptoren für den Knickpunkt D.

5.3 Die Bildung von Objekten

Viele einfache Muster eines Dokuments sind als einheitliche
Gebilde mit zusammenhängender Fläche in der Bildmatrix gespeichert. Hierzu zählen fast alle Buchstaben und Ziffern. Auch
bei vielen Bild- und Grafikelementen der Ergebnisbilder in
Kapitel 7 handelt es sich um Objekte mit einer zusammenhängenden Fläche.

In G sollen nun die voneinander isolierten Graphenkomponen-
ten durch neue Kanten weiter geordnet werden. Hierzu ist es
sinnvoll, auch innerhalb des Dokumentgraphen derartige Objekte zu bilden. In Gl. 5.8 wird dies durch die Produktionen r_3,
r_4, r_5 und r_6 (bzw. r_7, r_8, r_9 und r_{10} in Gl. 5.4) ausgedrückt.
Der Begriff "Objekt" wird so definiert, daß er alle Komponenten
eines Musters umfaßt, welche durch eine zusammenhängende Fläche
miteinander verbunden und durch einen gemeinsamen Außenrand
umschlossen sind. Wie B 5.1.5 zeigt, wird dem übergeordneten
Knoten O eines Objekts sinnvollerweise der Deskriptorkreis
des Außenrandes zugeordnet, der das gesamte Muster des Objekts
eingrenzt.

Ein Objekt setzt sich nur in einfachsten Fällen aus einem Rand
zusammen. Im allgemeinen sind an einem Objekt neben dem alles-
umschließenden Außenrand auch beliebig viele Innenränder be-
teiligt. So besteht z.B. die "8" aus einem Außen- und zwei Innenrändern. Den Deskriptorkreisen jedes dieser Innenränder wird
ein Knoten R_i übergeordnet. Um Beziehung der Innenränder gegenüber ihrem Außenrand darzustellen, wird die Kante IRZ im Graphen eingeführt. Besitzt das Objekt mehrere Innenränder, so bilden die Kanten IRZ zusammen mit den Knoten R_i der Innenränder
eine Innenrandkette IRK. Sie ist dem Knoten O untergeordnet.
Bild B 5.1.5 zeigt den Aufbau eines komplexen Objektes:
- Den Objektknoten O mit Objektaußenrand. Er ist der dem gesamten Objekt übergeordnete Knoten.
- Die Innenrandkette IRK mit den Innenrandknoten R_i und den
  verbindenden Kanten IRZ sowie den zugeordneten Deskriptorkreisen.

5.4 Praktische Ergebnisse mit dem Dokumentgraphen

Die Umwandlung eines Dokumentmusters in einen Graphen wurde
anhand einer Vielzahl unterschiedlicher Druckvorlagen erprobt.
Bild B 5.4.1 zeigt einen Ausschnitt aus der Titelseite einer
Tageszeitung, der sowohl Text als auch Grafik- und Bildkomponenten enthält. Der Text weist unterschiedliche Schriftgrößen
und verschiedene Schriftarten auf.

Als Ergebnis der Deskriptorextraktion markiert Bild 5.4.2 die
X-Y-Koordinaten der ermittelten Deskriptorknoten. Auffallend
ist ihre Häufung in Textbereichen. Sie kommt durch die häu-
figen Richtungswechsel innerhalb der Buchstaben zustande. Vergleicht man die Deskriptordichte von Schriftzeichen unterschiedlicher Größe, so fällt die geringere Dichte bei größeren Schriftzeichen auf. Dies hat seine Ursache in der Größenunabhängig-
keit der Dokumentbeschreibung. Die Deskriptoren der Grafik-
bereiche weisen naturgemäß eine sehr geringe Dichte auf. Sie
sind zwischen den Textbereichen verteilt. Ihre Zusammenhänge
können ebenso wie die unstrukturierten Bildelemente erst anhand der Graphkanten wahrgenommen werden.

Bild B 5.4.3 zeigt die Kanten der Deskriptorkreise. Darin ist
sehr deutlich die Genauigkeit der Approximation der Muster
durch den Graphen zu erkennen. Selbst kleine Musterdetails
werden deutlich sichtbar wiedergegeben. Auch der Linienverlauf
der Grafik sowie die Konturen der Sektflasche sind klar ersichtlich. Mit diesem und anderen Beispielen wurde gezeigt,
daß der vorgestellte Dokumentgraph zur Analyse verschiedenartiger Dokumente mit Text, Grafiken und Bildern verwendbar
ist.

B 5.4.1
Druckvorlage mit Text-,
Grafik- und Bildkomponenten

B 5.4.2
Die Lage der extrahier-
ten Deskriptorpunkte D

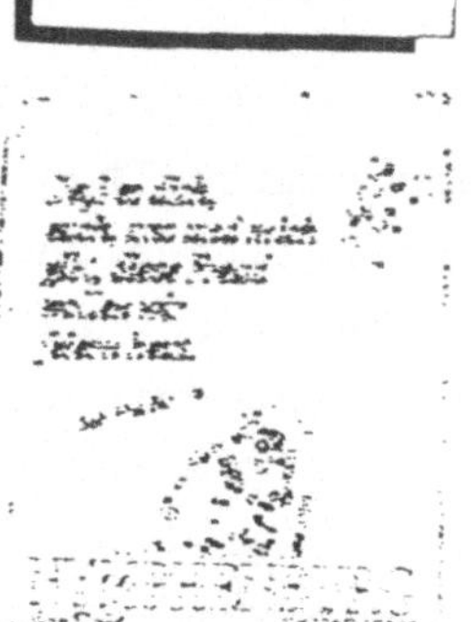

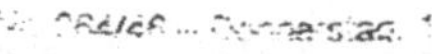

B 5.4.3
Der Verlauf der Graph-
kanten DZ zwischen den
Deskriptorpunkten

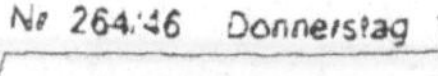

B 5.4.4
Die Bereiche der als Text
klassifizierten Graph-
knoten W

B 5.4.5
Die Objekte in den Buch-
stabenketten BK der als
Text klassifizierten
Graphknoten W

B 5.4.6
Die Graphkanten DZ unter
den klassifizierten
Graphknoten W

B 5.4.7
Die Graphkanten DZ der
als Grafik klassifizier-
ten Graphkomponenten
(s. Kap. 7)

B 5.4.8
Die Graphkanten DZ der
als Bild klassifizierten
Graphkomponenten
(s. Kap. 7)

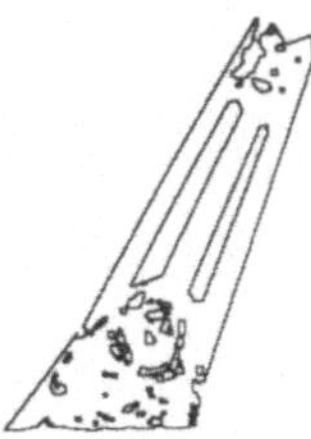

5.5 Zusammenhängende Textgebilde

Der weitere Ausbau des Dokumentgraphen soll von dem Gedanken
geleitet werden, zusätzliche Zusammenhänge innerhalb von Textbereichen im Graphen zu verdeutlichen. Die meisten dieser Zusammenhänge sind dem menschlichen Betrachter selbstverständ-
lich, müssen jedoch für eine automatische Analyse erst sorg-
fältig ermittelt und dargestellt werden. Die folgenden Überlegungen zielen darauf ab, das Layout eines Textbereiches aufgrund der für Text gültigen Konventionen so zu erfassen und
darzustellen, daß nachgeschaltete Analyseverfahren möglichst
leicht auf die logische Struktur schließen können. Hierzu folgende Überlegungen:

Betrachtet man den logischen Aufbau, so gliedert sich jeder
Textbereich in mehrere Bausteine, die eine hierarchische Ordnung in sich bergen. Diese ist in Bild B 5.5.1 dargestellt.
In der untersten Ebene finden wir einzelne Buchstaben. Sie
sind in der darüberliegenden Ebene der Worte zu Begriffen geordnet. Für den Sinn ist sowohl die Zugehörigkeit der Buchstaben zu einem Wort als auch deren Reihenfolge innerhalb des
Wortes wichtig. Als nächste Ebene über einzelnen Worten ordnet
der Satz deren logische Zugehörigkeit und Aufeinanderfolge.
Im übergeordneten Abschnitt wiederum wird die Aufeinanderfolge
der Sätze sichtbar.

B 5.5.1
Logischer Aufbau eines Textabschnittes

B 5.5.2
Layout eines Textblocks

Unmittelbar meßbar für einen Automaten ist die Layoutkonfiguration eines Textblocks, wie sie in Bild B 5.5.2 dem logischen Aufbau gegenübergestellt ist. Der logische Abschnitt, der inhaltlich einen für sich abgeschlossenen Gesichtspunkt behandelt, ist auch im Layout des Druckbildes durch erhöhten Zeilenabstand, Blockbildung, Einrücken und ähnliche direkt meßbare Merkmale von seiner Umgebung abgegrenzt. Hier kann im allgemeinen leicht vom Layout auf die Logik geschlossen werden. Deutlicher unterscheiden sich logische Struktur und Layout in der darunterliegenden Ebene. Praktisch gemessen und eingegrenzt werden kann die Textzeile, demgegenüber Anfang und Ende von Sätzen sich nicht mehr so ohne weiteres aus dem Druckbild herausmessen lassen. Zwar können z.B. Punkte auf der Zeilenunterkante gemessen werden, jedoch ist in diesem Fall eine inhaltliche Analyse des Textbereiches unerläßlich.

Die im Strukturbaum darunterliegenden Worte sind im allgemeinen direkt aus dem Layout ersichtlich. Der vergrößerte horizontale Abstand zwischen den einzelnen Buchstaben ist ein sicheres Indiz für Wortgrenzen. Aus der Layout-Struktur kann in dieser Ebene also direkt auf den logischen Aufbau geschlossen werden. Sehr stark verfeinerte Meßverfahren erfordern allerdings Proportionalschriften und besondere Druckverfahren mit flexiblen Zeichenabständen und Wortzwischenräumen.

Buchstaben bzw. Objekte stellen die unterste Ebene der gezeigten Bäume dar. Die logische Struktur stimmt in der Praxis mit der meßbaren Layout-Struktur der Objekte nur bedingt überein. So bilden z.B. sog. Ligaturen Ausnahmen. Hier werden aus Gründen der Schriftbildgestaltung sowie der Drucktechnik zwei benachbarte Schriftzeichen zu einem Druckbild zusammengefaßt. Die vielfältigen Störmöglichkeiten lassen aber auch mehrere Buchstaben zu einem Objekt verkleben oder aber auch einen Buchstaben in mehrere Objekte zerfallen. Für die praktische Analyse ist das Objekt jedoch eine wichtige Komponente, um darauf die Grobzerlegung des Dokumentes aufzubauen. Erst nachgeschaltete Erkennungsverfahren können die Objekte in die wahren Buchstaben zerlegen.

Ziel ist es nun, die Layout-Struktur des Textbausteins Wort im Graphen G darzustellen. Bild B 5.5.3 zeigt am Beispiel des Wortes "BAU" die gewählte Struktur des Dokumentgraphen G für ein Wort. Vergleichbar zum Knoten O eines Objektaußenrandes ist hier der Knoten W Repräsentant des Wortes sowie Einstiegstelle in die gesamte Wortinformation. Durch die Graphkante BZ werden die einzelnen Buchstaben in der Buchstabenkette BK verbunden und an den Wortknoten W angehängt. Aus der Buchstabenkette BK ist ersichtlich, welches Objekt zum Wort gehört. Aus dem Aufbau der Kette ist die richtige Reihenfolge der Objektknoten im Wort ersichtlich. Um gemäß der Produktion r_2 in Gl. 5.8 (bzw. r_5 und r_6 in Gl. 5.4) die Wortknoten zu errechnen, müssen allgemein gültige Kriterien für die Kanten BZ definiert werden.

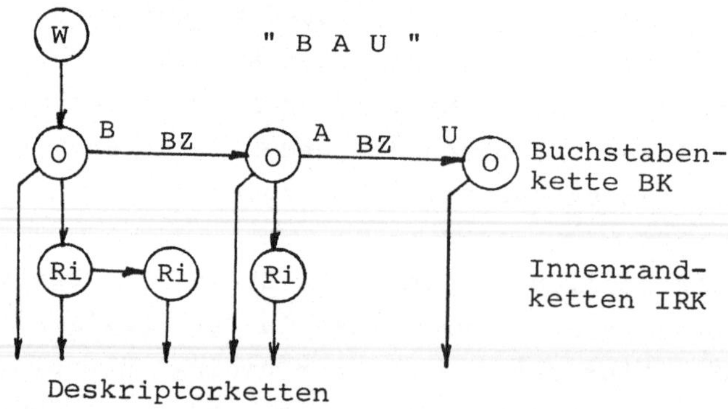

B 5.5.3
Graphkomponente zum Wort "Bau"

Ein charakteristisches Kriterium für Text ist die unmittelbare Nachbarschaft der Einzelbuchstaben. Weiterhin sind die benachbarten Buchstaben in einem zusammenhängenden Textgebilde

näherungsweise gleich groß. Diese Einzelelemente sind außerdem
in einer bestimmten Vorzugsrichtung aneinandergefügt. Genauer
betrachtet besteht Text, wie im Bild B 5.5.4 gezeigt, aus einem
Kern, der durch die Ober- und Unterkanten der Kleinbuchstaben
begrenzt ist, und zwei dazu parallel verlaufenden Außenlinien,
die die Ober- und Unterlängen der Buchstaben begrenzen.

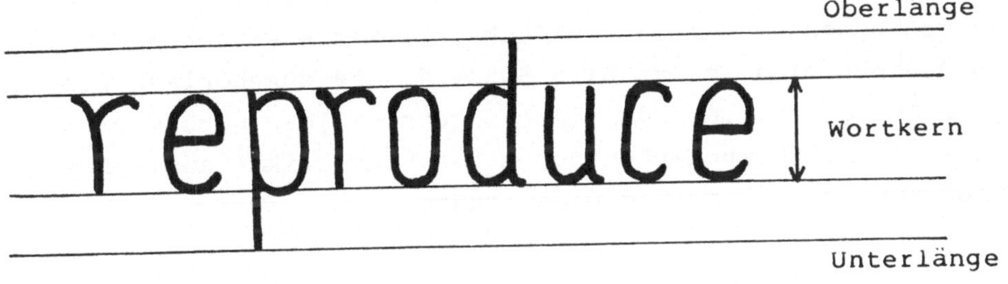

B 5.5.4
Begrenzungslinien eines Textbereiches

Für das praktische Experiment werden drei Kriterien verwendet,
um zwei benachbarte Objekte in G durch eine Kante BZ zu verbinden:
1. Das Größenverhältnis g der benachbarten Objekte.
2. Der relative horizontale Abstand a der Objekte voneinander.
3. Der relative vertikale Abstand b bzw. die Überlappung der
   Objekte in Y-Richtung.

Diese Regeln erfüllen im wesentlichen die Forderungen aus Kapitel 0, nach denen die Verfahren zur Dokumentanalyse sowohl
bei beliebiger Schriftgröße der Texte, Schwankungen der Drehlage und schwierigen Stör- und Nachbarschaftsverhältnissen
arbeiten sollen. Die genauen Verfahren sowie die gewählten
Versuchsparameter sind in Kapitel 6 noch näher aufgeführt.

5.6 Praktische Ergebnisse zum Graphknoten W und der Kante BZ

Das geschilderte Verfahren wurde ebenfalls auf die Textvorlage
in Bild B 5.4.1 angewandt. Als Ergebnis sind die Knoten W des
Dokumentgraphen in Bild B 5.4.4 veranschaulicht.

Aus jeder schwarz markierten Fläche ist der Bereich der unter
dem Wortknoten zusammengefaßten Objekte klar ersichtlich. Die
einzelnen Objekte, die in der Buchstabenkette an den Wortknoten angehängt sind, zeigt Bild B 5.4.5, die zugehörigen Deskriptorkreise B 5.4.6. Für diese Ergebnisbilder wurden die
Grafik- und Bildkomponenten durch das Klassifikationsverfahren aus Kapitel 7 bereits ausgeblendet.

Vergleicht man diese Ergebnisbilder mit dem Original, so erkennt man, daß das Verfahren Text unterschiedlicher Schrift-
zeichengröße einwandfrei verarbeitet hat. Wie die Ergebnisse
in Kapitel 7 zeigen, werden auch Textteile, die nicht exakt
parallel zur Abtastrichtung liegen, fehlerfrei verarbeitet.
Auch die unmittelbare Nachbarschaft von Text-, Grafik- und
Bildkomponenten führt selbst bei einer Verdrehung zu keinen
Schwierigkeiten. Weitere Beispiele und Erläuterungen sind in
Kapitel 7 aufgeführt.

5.7 Ausblick auf höhere Strukturierungen

Analog zu den Wortknoten können nun auch Knoten für Textzeilen
und Textblöcke im Dokumentgraphen definiert und die Bildungs-
regeln festgelegt werden. Über einen kurzen Versuch, Worte
zu Textzeile zu ordnen und diese mit einfachen Methoden der
Bilderkennung wieder in logisch zusammenhängende Sätze zu zerlegen, wurde in /WS281/ berichtet. Die Zeilen bilden sich hier
nach ähnlichen Regeln wie die Worte. Bei höheren Knoten zeigt
es sich jedoch, daß einfache Regeln bei kompliziert aufgebauten Dokumenten verstärkt zu Fehlern führen. Ursache sind im
allgemeinen komplizierte Nachbarschaftsverhältnisse von Text

und Grafik. Die Bilder B 5.9.3 d und e des folgenden Kapitels
verdeutlichen eine der Fehlerquellen. Aus diesem Grund ist
es sinnvoll, vor einer Definition höherer Textknoten die Nachbarschaft unterschiedlicher Dokumentbereiche näher zu durch-
leuchten und durch relevante Beziehungen im Dokumentgraphen
darzustellen. Die nachfolgenden Versuche wurden deshalb auf
der Ebene der Wortknoten durchgeführt.

5.8 Zuordnung zwischen Text und Grafik

Beziehungen zwischen Dokumentbereichen unterschiedlichen Typs
können äußerst vielfältiger Natur sein. Sie wandeln sich je
nach Aufgabenstellung und Dokumentart. Ein einfaches Beispiel
für eine Text-Grafik-Beziehung ist die Zuordnung einer Maß-
zahl zu ihrem Vermaßungspfeil in einer Konstruktionszeichnung.
Ein anderes Beispiel für eine Text-Bild-Beziehung ist die Zuordnung einer Bildunterschrift zu ihrem Graubildfeld. Vergleichbar zu den in Kapitel 5.5 angestellten Überlegungen über Textbereiche ist auch bei Beziehungen zwischen unterschiedlichen
Dokumentmustern zu prüfen, inwieweit praktische Messungen am
Dokumentmuster Rückschlüsse auf eine logische Verbindung zu-
lassen.

Als beispielhaft für die Vielzahl derartiger Beziehungen soll
im Rahmen dieser Arbeit die Zuordnung von Textteilen zu umschließenden Grafikelementen diskutiert werden. Bild B 5.8.1
zeigt hierzu ein Beispiel. Das dargestellte Muster besteht
aus Grafiklinien und dazwischen eingebetteten Textkomponenten.
Es könnte sich hier um einen beliebigen Ausschnitt aus einem
ausgefüllten Formular oder um den Erklärungsteil eines Planes
handeln. Die umgebenden Linien unterteilen das Dokumentmuster
und grenzen die Textbereiche logisch voneinander ab. Je nach
Dokumentart geben sie den Textfeldern eine bestimmte Bedeutung
innerhalb des Gesamtdokuments wie z.B. Adresse oder Datum.
Diese Zugehörigkeit eines Textbereiches zu bestimmten Grafikelementen soll im Dokumentgraphen ebenfalls durch eine Kante

mit fester Bedeutung dargestellt werden. Diese Layout-Kante
ist als Voraussetzung für eine logische Analyse gedacht. Wie
Testbilder im folgenden Abschnitt beweisen, können hierdurch
im gleichen Dokument sinnreiche und sinnlose Beziehungen aufgezeigt werden.

Bild B 5.8.2 zeigt die einzelnen Muster aus der Formulardar-
stellung in Bild B 5.8.1 als einzelne, voneinander isolierte
Graphkomponenten. Wie in Kapitel 5.5 besprochen, formen die
einzelnen Textelemente Wortknoten mit Buchstabenketten. Auch
die Grafik bildet einen Wortknoten. Ihm ist jedoch nur das
Objekt O_G mit den umschließenden Innenrändern zugeordnet.

Demgegenüber sind in Bild B 5.8.3 die bisher gleichberechtig-
ten Wortknoten der Grafik untergeordnet. Sie sind nun über
die Kante IZZ, welche die innere Zuordnung zu einem Rand wiedergibt, dem jeweils umschließenden Innenrand zugewiesen. Sind
mehrere, isoliert stehende Textelemente vom gleichen Innenrand umschlossen, so formen ihre Wortknoten und Zuordnungs-
kanten eine Kette, die im folgenden als WIZ-Kette bezeichnet
wird. Der Wortknoten der in Bild 5.8.1 dargestellten Grafik
ist nun nicht nur der Repräsentant der Grafikinformation, sondern über ihn ist auch die umschlossene Textinformation er-
reichbar.

Dadurch, daß das Dokument zeilenweise bearbeitet wird, sind
außer der Kante IZZ noch weitere Hilfskanten erforderlich.
Sie sind in Kapitel 6 näher erläutert.

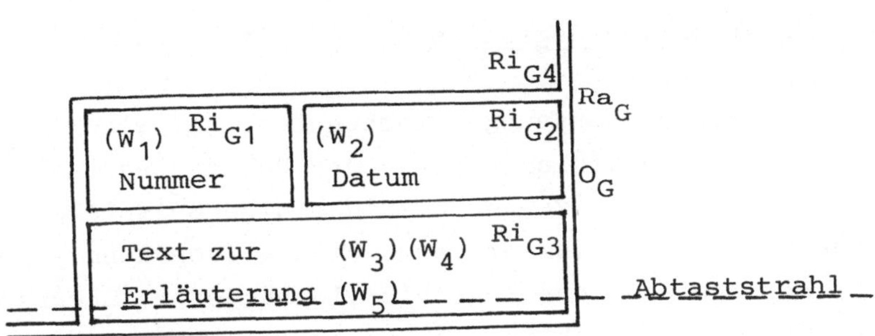

B 5.8.1
Ausschnitt aus einem Formular oder Plan. Die vorgegebenen Käst-
chen geben den umschlossenen Textfeldern eine bestimmte Bedeutung.

B 5.8.2
Grafik- und Textelemente als voneinander isolierte Graphkomponenten

B 5.8.3
Die Kante IZZ stellt eine Beziehung zwischen Text und Graphik
her. Sie zeigt, welches Wort von welchem Innenrand umschlossen ist. Mehrere, voneinander isolierte Wortknoten innerhalb
des gleichen Innenrandes bilden eine Kette.

5.9 Diskussion von Ergebnissen zu Kapitel 5.8

Die geschilderte Zuordnung zwischen Text und einer umschließenden Grafik ist in vielen praktischen Dokumenten enthalten. Die folgenden Seiten zeigen hierzu einige Beispiele aus völlig verschiedenen Dokumenttypen. Um die Zuordnung visuell darzustellen, wurde in den Ergebnisbildern jeder Innenrand, der in der WIZ-Kette umschlossene Muster enthält, schwarz gefüllt. Sie zugeordneten Worte sind weiß eingezeichnet.

Die Ergebnisbilder zeigen, daß es nicht nur sinnvoll ist, Textbereiche einem umschließenden Innenrand zuzuordnen. Auch Bild- und andere Grafikelemente müssen mit einbezogen werden. So zeigt Bild B 5.9.1a die bereits bekannte Kleinreklame auf der Titelseite einer Tageszeitung. Das Grafikmuster der linken Bildhälfte umschließt nicht nur Text, sondern auch das Abbild der angepriesenen Sektflasche. Die Kanten IZZ fassen dieses Werbemuster auch im Dokumentgraphen zu einer Einheit zusammen. Im Vorgriff auf die in Kapitel 7 näher erläuterten Klassifikationsverfahren sind in den Bildern B 5.9.1 b und c die Text- und Bildkomponenten der WIZ-Kette dargestellt.

Anhand von Bild B 5.9.2b werden die Grenzen des momentan implementierten Verfahrens deutlich. Während der Textbereich in der unteren Bildhälfte ordnungsgemäß dem umschliessenden Rechteck zugeordnet wurde, ist keine Zuordnung des Gesamtmusters zu den alles eingrenzenden Linien möglich. Die Gründe hierfür liegen in den Störungen des Linienmusters am linken oberen Rand. Es existiert somit kein umschließender Rand. Hierdurch war es nicht möglich, das gesamte Reklamemuster auch im Graphen zu einer logischen Einheit zusammenzufassen.

Ein interessantes und auch praxisnahes Beispiel ist Bild B 5.9.3a. Die markierten Flächen der Innenränder in B 5.9.3b und c überlappen sich hier teilweise. Dies ist darauf zurückzuführen, daß die Darstellungsprogramme die komplizierten Rand-

verläufe nur näherungsweise darstellen. Die Ergebnisbilder
zeigen, daß eine Fülle von Bezeichnungselementen auf diese
Weise ihren Schaltsymbolen zugeordnet werden. Wie jedoch die
Konfiguration im oberen linken Teil des Testbildes verdeutlicht, bilden auch Kombinationen von Schaltelementen und Verbindungslinien umschließende Bereiche aus, denen keine unmittelbare Bedeutung als Schaltelement zugeordnet werden kann.
Vergleichbare Kombinationen sind von richtigen Zuordnungen
erst dann automatisch zu unterscheiden, wenn auf einer logischen Ebene die Symbole selbst als solche klassifiziert werden.
Die gegenwärtige Arbeit zeigt nur, wie hierfür unterstützende
Kanten im Dokumentgraphen gebildet werden.

Anhand des obigen Bildbeispiels läßt sich noch eine weitere
Anwendung der Kante IZZ im Hinblick auf die in den Kapiteln
5.5 und 5.7 angesprochenen Textknoten demonstrieren. Bild
B 5.9.3d zeigt die als Text klassifizierten Wortknoten durch
ihre Hüllflächen. Von den als Grafik klassifizierten Graphkomponenten ist der Randverlauf ebenfalls ins Ergebnisbild
eingetragen. Wie die Flächen im rechten unteren Bildteil beweisen, können sich unter ungünstigen Umständen Textbereiche
mit unterschiedlicher Bedeutung durch die Grafik hindurch zu
einem zusammenhängenden Wort verbinden. Wertet man nun die
Kante IZZ der einzelnen Objekte, aus denen sich ein Wort zusammensetzt, aus, so kann der betreffende Textbereich in die
logisch richtigen Teile aufgespalten werden. Bild B 5.9.3e
zeigt hierzu das Ergebnis.

B 5.9.1a

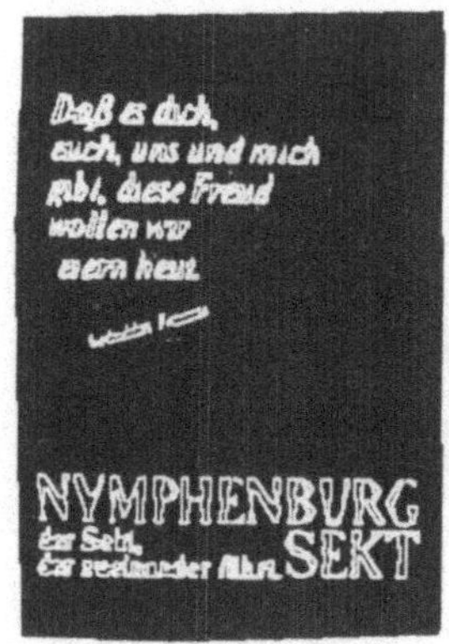

B 5.9.1b   B 5.9.1c

Die umschlossenen Textelemente in (b) sowie die Bildelemente
in (c) sind der umschließenden Grafik zugeordnet. Das gesamte
Reklamemuster bildet im Graphen eine Einheit.

B 5.9.2a   B 5.9.2b

Obwohl das gesamte Reklamemuster umrahmt ist, wird nur der
innerste Textbereich seiner Umrahmung zugeordnet. Der Grund
hierfür liegt in den Störungen des Außenrahmens.

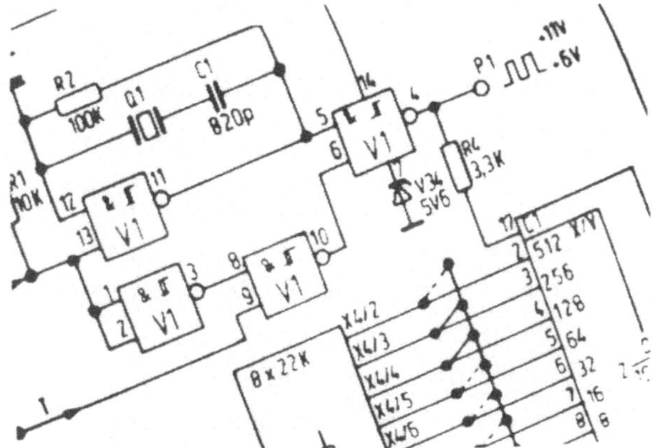

B 5.9.3a

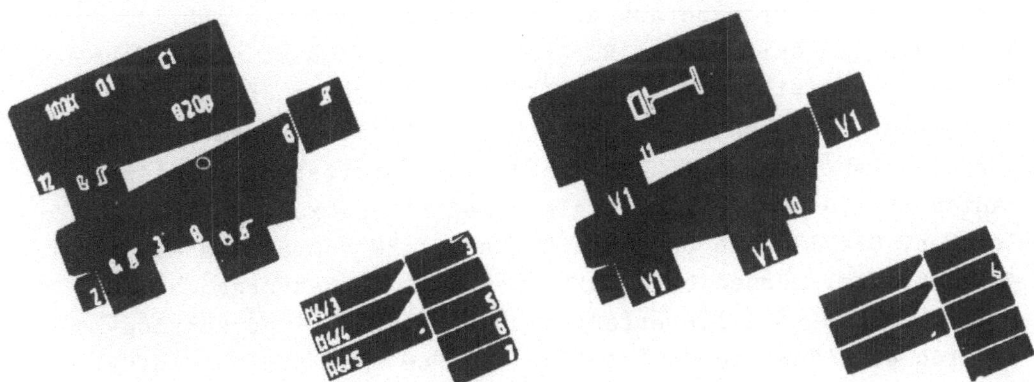

B 5.9.3b   B 5.9.3c

Sinnvolle und sinnlose Zuordnungen zwischen Text und Grafik.
Die Bezeichnungen innerhalb der Schaltelemente werden diesen
richtig zugeordnet.

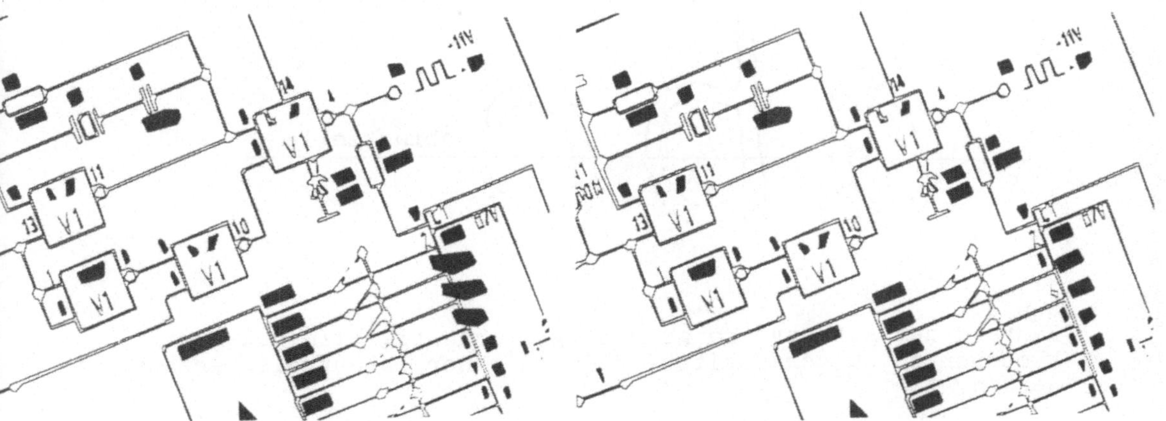

B 5.9.3d   B 5.9.3e

(d) zeigt im unteren rechten Teil unzulässige Textkombinationen
(e) zeigt die richtig getrennten Textelemente. Hierzu wurde
geprüft, ob alle Objekte in der Buchstabenkette eines Wortes
vom gleichen Innenrand umschlossen sind.

6. Bottom-Up-Verfahren zum Berechnen der Graphkomponenten aus dem Bildsignal

Für die praktischen Experimente wurde ein Bottom-Up-Verfahren implementiert. Es prüft die Aussage der Produktionen der Grammatik GB im Bildsignal und errechnet aus den terminalen Symbolen für jedes Dokumentmuster eine individuelle Graphkomponente. Aus Gründen der Übersichtlichkeit wird das Verfahren zur Deskriptorextraktion erst am Schluß dieses Kapitels beschrieben.

Das praktische Verfahren extrahiert die geschilderten Graphknoten und -kanten so aus dem Bildsignal, daß das Schriftstück kontinuierlich ohne Rückschritte abgetastet wird. Hierfür werden jeweils nur zwei aufeinanderfolgende Abtastzeilen bearbeitet. Bild B 6.0.1 veranschaulicht diese Vorgehensweise. Der momentane Abtaststrahl erfaßt ein Schriftstück in seiner ganzen Breite und schneidet gleichzeitig die Muster vieler Zeichen, Grafikteile usw.. Da Rückschritte vom System nicht erlaubt sind, müssen bereits während des Abtastvorgangs die Graphkomponenten aller erfaßten Muster erzeugt und kontinuierlich erweitert werden. Aufgabe ist es nun, die in Kapitel 5 beschriebenen Knoten und Kanten unter den vorgegebenen Randbedingungen zu berechnen.

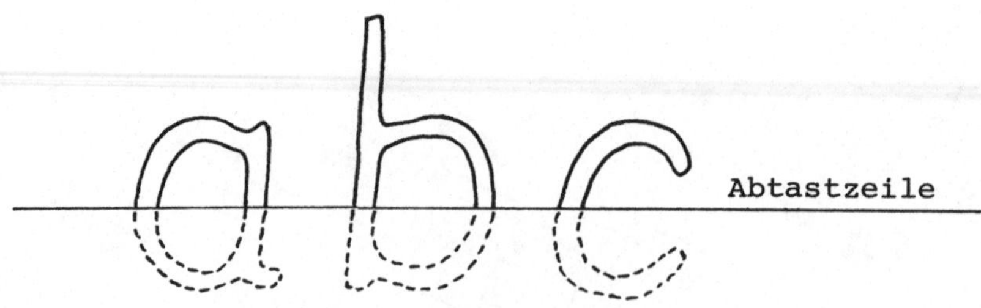

B 6.0.1
Während des Abtastvorgangs sind gleichzeitig alle Dokumentkomponenten zu verarbeiten, die von einer Abtastzeile erfaßt werden.

Dieses Vorgehen stellt hohe Anforderungen an die interne Verwaltung der Graphkomponenten. Die Vorteile, ein Dokument zeilenweise zu bearbeiten, sind jedoch vielseitig:

- Die Abtastung entspricht der Fernsehnorm bzw. der Arbeitsweise der meisten Abtastgeräte. Sie kommt auch dem schnellen Erfassen von Dokumentstapeln wie auch dem Erkennen von Stückbeschriftungen auf industriellen Fertigungsbändern entgegen.
- Die angelieferten Daten werden ohne aufwendige Zwischenspeicherung der Bildmatrix verarbeitet. Im Hinblick auf sinkende Speicherpreise stehen weniger die Speicherkosten als vielmehr die effektive Verarbeitung großer Bildmengen im Vordergrund.
- Die notwendigen Methoden sind leicht durch Parallel- und Piplineprozessoren zu verwirklichen. Dies gewährleistet eine hohe Auswertegeschwindigkeit.
- Alle Muster eines Dokumentes werden automatisch ohne komplizierte Suchstrategien erfaßt.

Bild B 6.0.2 zeigt hierzu das gesamte Verfahren als Blockschaltbild. Durch das gewählte Bottom-Up-Verfahren ist eine ausgeprägte Modularisierung möglich. Die einzelnen Module sind als Pascalprozeduren realisiert und auf dem Rechner des Bildverarbeitungssystems in B 4.1 implementiert. Das von der Kamera abgetastete Bildsignal wird durch eine Schwelle in ein Schwarz/Weißsignal umgewandelt und im Bildspeicher BS abgelegt. Das so gespeicherte Bildsignal wird zeilenweise ausgegeben und ohne Informationsverlust in die Listen L1 bis L4 eingetragen. Die nachfolgenden Module DM bis WM prüfen die Aussage der Produktionen r_6, r_5, r_4, r_3 und r_2 in Gl. 5.8 und erzeugen die unterschiedlichen Knoten und Kanten des Dokumentgraphen bis zu den Wortknoten. Der Graph wird in Form von Datenstrukturen im Speicher SP aufgebaut und kontinuierlich verwaltet. Ist ein Wortknoten fertiggestellt, so wird er in den Modulen MERK bis KLAS als "Text", "Grafik" oder "Bild" klassifiziert. Anstelle der hier eingezeichneten Ausgabe ist eine weitere Analyse der Knoteninformation denkbar. Modul LOE entfernt schließlich den bearbeiteten Knoten aus SP und entlastet somit die Datenhaltung.

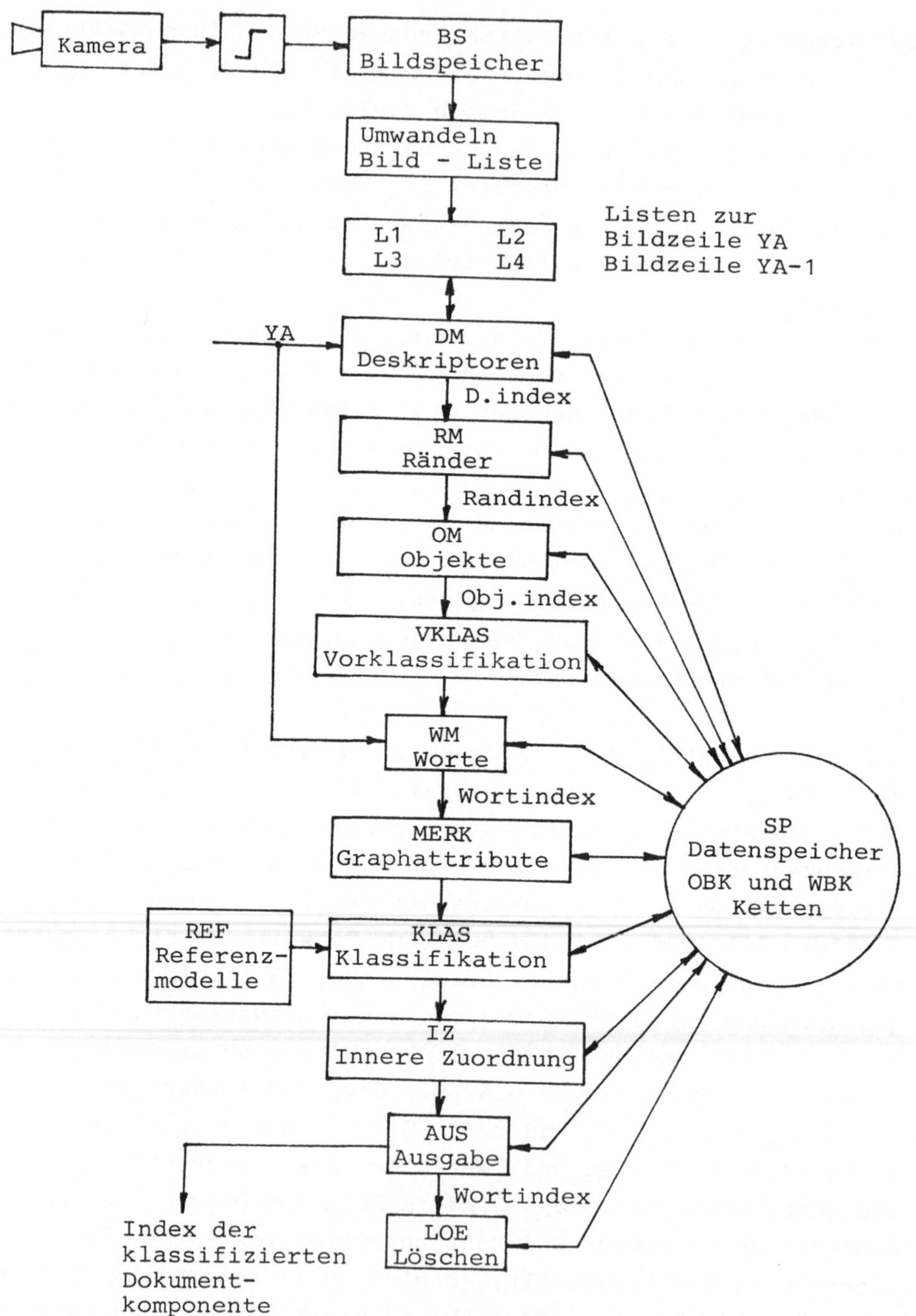

B 6.0.2
Blockbild des Bottom Up Verfahrens zum Umwandeln des Bildsignals
eines Dokuments in Graphkomponenten. Die Aufeinanderfolge der
Module DM bis WM entspricht einem Kontrolldiagramm zum Prüfen
der Produktionen in Gl.5.8. Modul MERK errechnet die Attributvektoren der Wortknoten, KLAS entscheidet über die Klassenzugehörigkeit.

6.1 Berechnen der Ränder

6.1.1 Die Objektbildungskette

Um die einzelnen Graphkomponenten während des Abtastvorgangs
gleichzeitig nebeneinander zu bearbeiten, werden sie im Datenspeicher SP zu einer Kette verbunden. Diese Kette wird im folgenden als Objektbildungskette OBK bezeichnet. Sie enthält
Information über alle Teilmuster des Dokuments, die vom Abtaststrahl überstrichen werden. Ihr vollständiger Aufbau ist
in Bild B 6.1.1 dargestellt. Die Kette besteht aus den Komponenten R_a und R_i. Diese sind durch Kanten vom Typ RZ miteinander verbunden. Diese Kante dient lediglich dem Aufbau der
Kette. Sie besitzt keine praktische Bedeutung für den Dokumentinhalt. R_a und R_i sind die vorläufigen Randknoten aller
vom Abtaststrahl momentan erfaßten Musterränder. Mit R_a sind
die vorläufigen Musteraußenränder gekennzeichnet, mit R_i die
vorläufigen Innenränder. An R_i und R_a werden durch die Kanten
DZ die Deskriptorpolygone angehängt. Im Zuge der Abtastung
werden geschlossene Innenränder R_i aus der Kette entnommen.
Durch Kanten vom Typ IRZ werden sie mit ihrem umschließenden
Außenrand R_a verbunden. Mehrere Innenränder bilden die Innenrandkette IRK an R_a. Ist ein Außenrand R_a geschlossen, so übernimmt R_a die Funktion des Objektknotens O. Der fertige Knoten
O wird aus OBK entnommen.
Die Funktionen, die nötig sind, die Kette aufzubauen und zu
aktualisieren, laufen in den Modulen RM bis OM ab. Ist ein
Rand fertig, so wird die Speicherposition des Randknotens in
SP als Index an den Modul OM weitergegeben. Der Index des fer-
tigen Objekts wird von OM an WM übermittelt. Das Blockschaltbild des Moduls RM ist in Bild B 6.1.2 gezeigt. Vergleichbare
Datenhaltungsoperationen sind in der Literatur z.B. in /NI81/,
/SP81/, /PAV82/, /CA84/ aufgeführt. Die Verfahren werden hier in
ihrer spezifischen Anwendung in der Dokumentanalyse geschildert.

6.1.2 Erzeugen eines Randknotens

Berührt der Abtaststrahl die Musteroberkante eines Objekts,
so entsteht im Modul DM ein T2-Deskriptor. Dieser Deskriptor
wird als Kern eines neuen Außenrandes R_a in SP abgelegt. Der
Modul "Erzeugen" in RM fügt an die Objektbildungskette einen
neuen Randknoten an. Der T2-Deskriptor selbst wird durch eine
DZ-Kante mit seinem Randknoten verbunden.

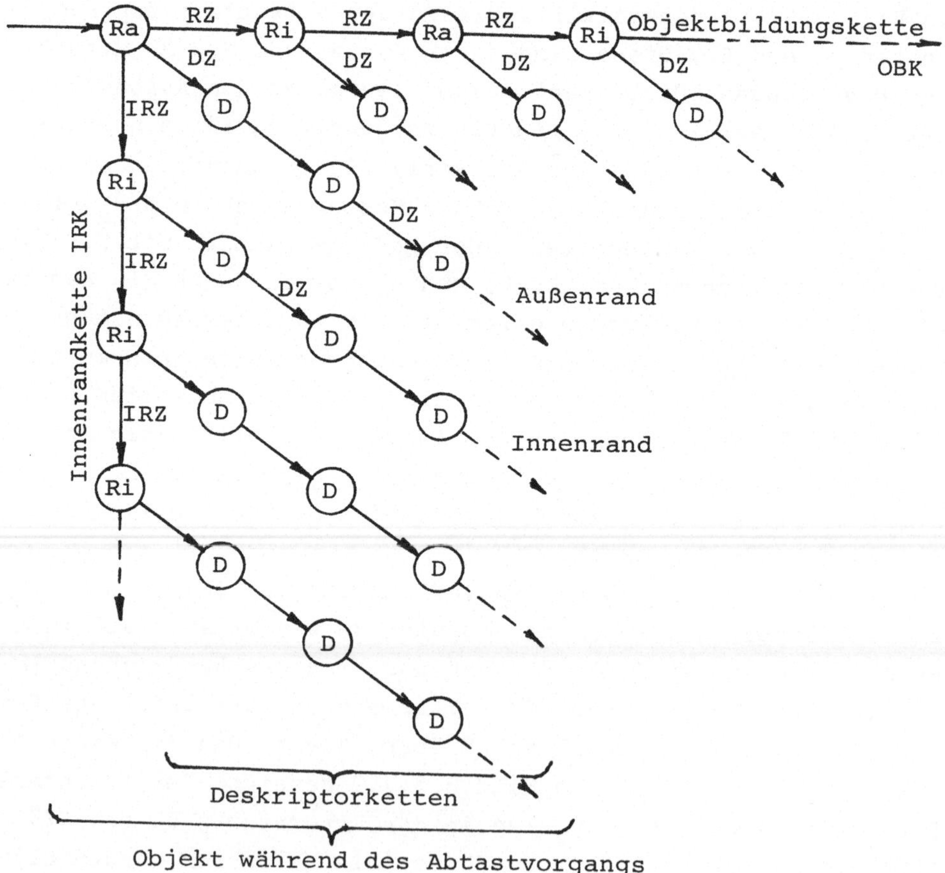

B 6.1.1
Aufbau von Rändern und Objekten in der Objektbildungskette OBK

Während jeder Außenrand mit einem T2-Deskriptor startet, spielt sich ein vergleichbarer Vorgang beim Abtasten der Innenränder eines Musters ab. Erreicht der Abtaststrahl zum ersten Mal die Randoberkante, so erzeugt der entstehende F2-Deskriptor einen neuen Knoten R_i in OBK, an den der F2-Deskriptor angehängt wird. Dieser erste Deskriptor kennzeichnet einen Rand als vorläufigen Außenrand R_a bzw. Innenrand R_i. Die Datenstruktur eines Randknotens R ist in B 6.1.3 aufgeführt. Sie wird sowohl für die Knoten

R_i eines Innenrandes in OBK,

R_a eines Außenrandes in OBK und

O eines fertigen Objektes

verwendet. Anfang und Ende der Deskriptorkreise markieren die Positionen 3 und 4. Zur Kennzeichnung eines Außenrandes R_a bzw. Innenrandes R_i ist in Position 6 die Codierung für einen T2- bzw. F2-Deskriptor eingetragen. Die Positionen 11 - 13 kennzeichnen die Innenrandkette. Der Zeiger RZ findet sich in Position 14.

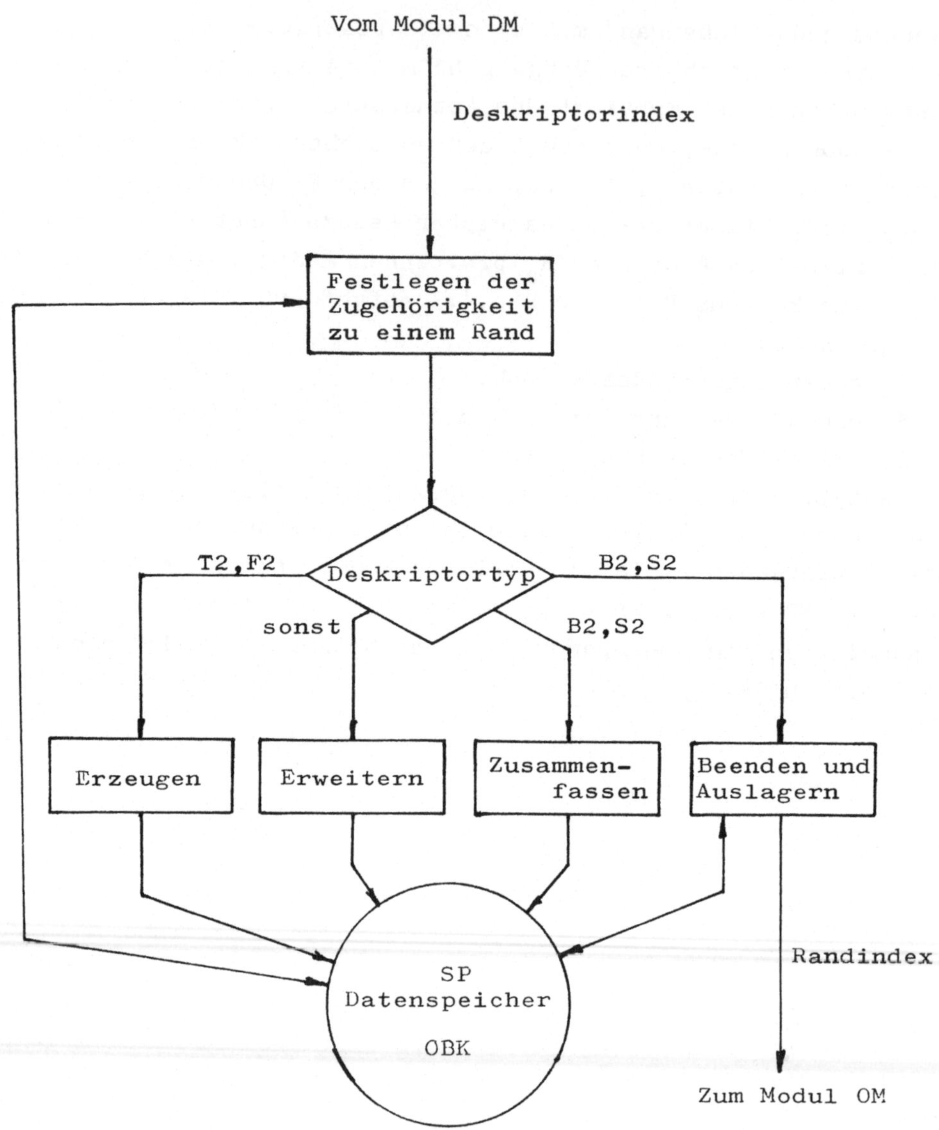

B 6.1.2
Blockbild des Moduls RM zum Bilden der Ränder aus Deskriptoren

1   Abschnittsnummer im Zyklussinn

2   Abschnittsnummer gegen den Zyklussinn

3   Zeiger zum Anfang der Deskriptorkette (DZ)

4   Zeiger zum Ende der Deskriptorkette

5   Anzahl der Deskriptoren

6   Außen/Innenrand

7   linke Grenzkoordinate des Randes

8   rechte Grenzkoordinate des Randes

9   obere Grenzkoordinate des Randes

10   untere Grenzkoordinate des Randes

11   Anzahl der Innenränder

12   Zeiger zum Anfang der Innenrandkette IRK (IRZ)

      Zeiger zum nächsten Innenrand in IRK (IRZ)

13   Zeiger zum Ende der Innenrandkette

14   Zeiger zum nächsten Rand in OBK (RZ)

      Zeiger zum nächsten Objekt der Buchstabenkette BK (BZ)

15   Zeiger IZ

16   Zeiger IZE, ROI

17   Zeiger IZZ

18   Zeiger IZZE, ROW

B 6.1.3
Datenstruktur der Randknoten R_a, R_i und des Objektknotens O

6.1.3 Die Graphkante DZ

In Kapitel 5 ist jeder Musterrand im Graphen als geschlossener Kreis einzelner Graphkanten DZ geschildert. Sie ordnen
die richtige Aufeinanderfolge und Stellung der einzelnen Deskriptorknoten innerhalb eines Musterrandes. Wird das Dokument zeilenweise abgetastet, so ist es nicht möglich, die einzelnen Kanten sequentiell zu errechnen. Um sie richtig zu ordnen, wird jeder Randabschnitt mit einer eindeutigen Nummer
verfolgt. Diese Nummer ist ein unverwechselbares Kennzeichen
jeder Kante DZ. Sie wird im folgenden als Randabschnitts- bzw.
Abschnittsnummer bezeichnet. Bild 6.1.4 verdeutlicht den Vor-

gang. Im Prinzip können die Kanten völlig willkürlich gekennzeichnet werden. Wird die Abschnittsnummer jedoch geschickt
gewählt, so läßt sich die Effizienz des Verfahrens erheblich
steigern. Kapitel 6.6 bringt hierzu einen Vorschlag.

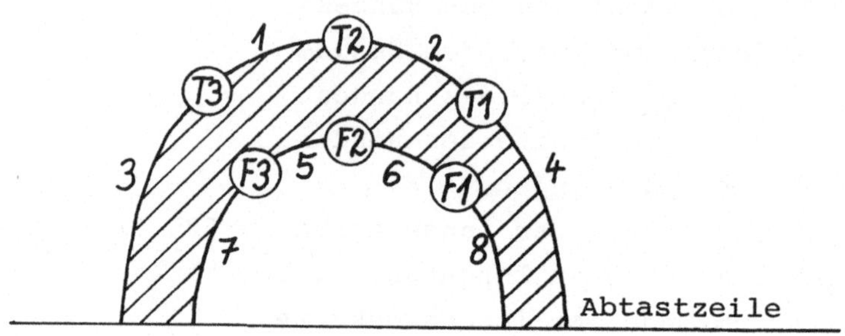

B 6.1.4
Abschnittsnummern kennzeichnen eindeutig die Kanten DZ zwischen den Deskriptoren

Die eindeutig gekennzeichneten Kanten erlauben eine klare Zuordnung der Deskriptoren untereinander. Berücksichtigt man
diese Zusatzinformation, so ist jeder Deskriptorknoten gemäß
Bild B 6.1.5 aufgebaut. Neben dem Deskriptortyp und den Koordinaten in den Positionen 1 - 3 sind in 4 und 5 die Abschnittsnummern gespeichert.

    1   Art bzw. Typ des Deskriptors
    2   X-Koordinate
    3   Y-Koordinate
    4   Abschnittsnummer im Zyklussinnn
    5   Abschnittsnummer gegen den Zyklussinn
    6   Zeiger zum nächsten Deskriptor des Randes (DZ)
    7   Abschnittsnummer linker Nachbarrand

B 6.1.5
Datenstruktur eines Deskriptorknotens D

Die Kante DZ wird durch den Zeiger in Position 6 verkörpert.
Die Positionen 1 - 5 und 7 errechnet Modul DM. Position 6 wird
in RM beim Erweitern der Graphkomponenten festgelegt.

6.1.4 Erweitern des Graphen

Jeder neue Deskriptor wird in einen freien Platz des Daten-
speichers SP eingetragen. Anhand der Abschnittsnummer wird
der zugehörige Randknoten in OBK gefunden. Er enthält in den
Positionen 1 und 2 ebenfalls die Abschnittsnummern der freien
Randenden. Durch Umlegen der Zeiger DZ in R und D wird der
neue Deskriptor ins Randpolygon eingegliedert. Die Abschnittsnummer des Knotens R wird für das betroffene Randende aktualisiert.

6.1.5 Zusammenfassen von Graphkomponenten

Erreicht der Abtaststrahl wie in Bild B 6.1.6 und B 6.1.7 einen
lokalen Sattel oder eine lokale Unterkante des Musters, so
entsteht an diesen Stellen im Modul DM ein S2- bzw. B2-Deskrip-
tor. Diese verbinden im Graphen zwei bislang getrennte Rand-
komponenten. Hierzu werden in der Objektbildungskette OBK die
beiden Teilränder anhand der Abschnittsnummern des Deskriptors
bestimmt. Dieser wird im Speicher SP eingetragen und über die
Zeiger DZ so mit den beiden Randhälften verkettet, daß sich
eine durchgehende Kanten- und Knotenfolge ergibt. Der überflüssige Randknoten wird aus OBK entfernt. Der verbleibende Knoten
wird aktualisiert.

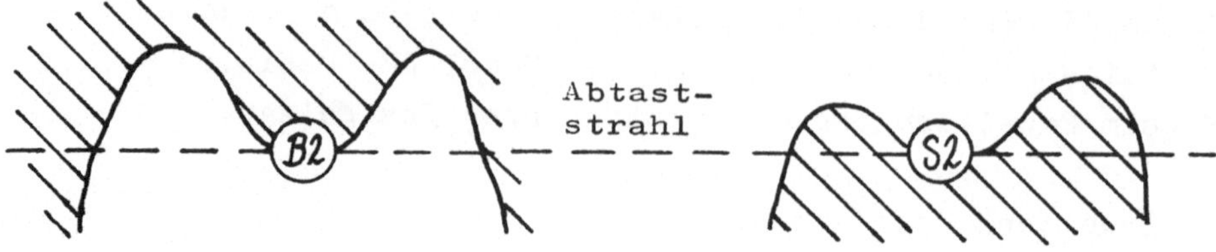

B 6.1.6   B 6.1.7
Bei einer lokalen Unterkante, gekennzeichnet durch einen B2-
Deskriptor, oder einem Sattel mit einem S2-Deskriptor werden
die beiden Teilränder zu einem Rand zusammengefaßt.

6.1.6 Beenden und Auslagern geschlossener Ränder

Den Knotenkreis eines Innenrandes oder eines ganzen Objektes
schließt ebenfalls ein S2- bzw. B2-Deskriptor. Ein geschlossener Kreis ist im OBK dadurch gekennzeichnet, daß nach Be-
reinigung aller Einträge die Positionen 1 und 2 des Randknotens identische Abschnittsnummern aufweisen. Ist ein Rand geschlossen, so werden die Einträge im Randknoten vervollständigt.
Position 5 zeigt die Länge der Deskriptorkette. Aus Position
6 ist nun endgültig ersichtlich, ob es sich um einen konvexen
Außenrand oder einen konkaven Innenrand eines Musters handelt.
Die Positionen 7 - 10 geben grob die räumliche Ausdehnung und
Lage des ganzen Randes wieder (umschreibendes Viereck).

6.2 Durchführen der Objektbildung

6.2.1 Die Innenrandkette

Ist ein Innenrand R_i geschlossen, so wird seine Speicherposition in SP als Randindex an den Modul OM weitergegeben. Dieser stellt seine Zugehörigkeit zu einem Außenrand R_a fest. Der Innenrand wird durch Umlegen der Zeiger RZ aus der Objektbildungskette OBK entfernt und gemäß Bild B 6.1.1 über einen Zeiger IRZ an die Innenrandkette des Knotens R_a angehängt. Der Zeiger IRZ ist in Position 12 des Randknotens eingetragen. Im Knoten eines Außenrandes deutet dieser Zeiger auf den Anfang der Innenrandkette, der Zeiger in Position 13 auf ihr Ende. Die momentane Länge der Innenrandkette wird in Position 11 festgehalten. Die Länge der Innenrandkette kann bei komplexeren Objekten beachtlich sein. So erreichen Bildteile der Testbilder Kettenlängen mit über 500 Innenrändern.

Insbesondere bei großen und dicht beschriebenen Dokumenten ist es äußerst rechenaufwendig, einen Innenrand seinem Außenrand durch Vergleich der X-Y-Koordinaten zuzuordnen. Aus diesem Grund wird jedem Deskriptor bereits im Modul DM eine Zusatzinformation beigeordnet. Sie ist in der Position 7 in Bild B 6.1.5 eingetragen und enthält die Abschnittsnummer der Kante, die gemäß Bild B 6.2.1 links vom Deskriptor verläuft. Diese Information wird sofort ausgewertet, nachdem der Innenrand in OBK geschlossen ist. Die Zusatzinformation stimmt direkt mit der aktuellen Abschnittsnummer in Position 2 im Knoten des benachbarten Randes überein. Hierdurch ist eine eindeutige und Rechenzeit sparende Zuordnung möglich. Kapitel 6.6 gibt hierzu nähere Erläuterungen.

Die Ränder R_{i1} und R_{i3} in Bild B 6.2.1 finden so direkt den Außenrand. Wie jedoch R_{i2} verdeutlicht, kann ein Innenrand auch einem anderen Innenrand, wie hier R_{i1}, zugeordnet werden. Der Innenrand R_{i1} bildet hier selbst eine Innenrandkette, die jedoch ebenfalls mit dem Gesamtobjekt verbunden wird, sobald R_{i1} fertiggestellt ist.

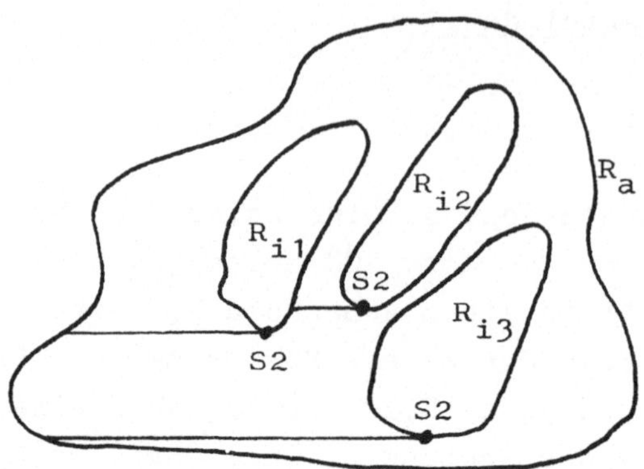

B 6.2.1
Zum Aufbau der Innenrandkette IRK:
Ist ein Innenrand geschlossen, so wird er über eine Zusatzinformation des S2-Deskriptors dem umschließenden Außenrand zugewiesen. Der verdeckte Innenrand R_{i2} wird erst an R_{i1} und
mit diesem sodann an R_a angehängt.

6.2.2 Auslagern eines Objektknotens

Ein Objekt O wird, sobald sein Außenrand geschlossen ist, durch
Umlegen der Zeiger RZ der Objektbildungskette entnommen. Die
Module RM und OM sind dadurch von unnötigen Verwaltungsauf-
gaben entlastet. Die Information der Randketten bleibt jedoch
nach wie vor im Datenspeicher SP bestehen. Die Position des
Außenrandes wird als Objektindex an den nächsten Modul weiter-
gegeben. Diesem steht nun die gesamte Objektinformation zur
Verfügung.

6.3 Wortknoten und Buchstabenkette

6.3.1 Die Wortbildungskette

Die einzelnen Objektindizes erreichen in willkürlicher Reihenfolge den Wortmodul WM. Seine Aufgabe ist es nun, im Sinne
der in Kapitel 5.5 definierten Wortknoten W die einzelnen Objektknoten wieder in Buchstabenketten zu ordnen. Als Arbeits-

ebene für diese Strukturierung des Dokumentgraphen baut hierzu Modul WM die Wortbildungskette WBK im Speicher SP auf. Wie die Objektbildungskette OBK wird auch sie von der gesamten Dokumentinformation durchlaufen. Um zu verhindern, daß bei einem komplexen Dokumentmuster Grafik- und Bildkomponenten wie Text behandelt werden, markiert die vorausgehende Vorklassifikation eindeutig erkannte Bild- und Grafikkomponenten. Die Arbeitsweise dieses Moduls wird in Kapitel 7.1 noch näher erläutert.

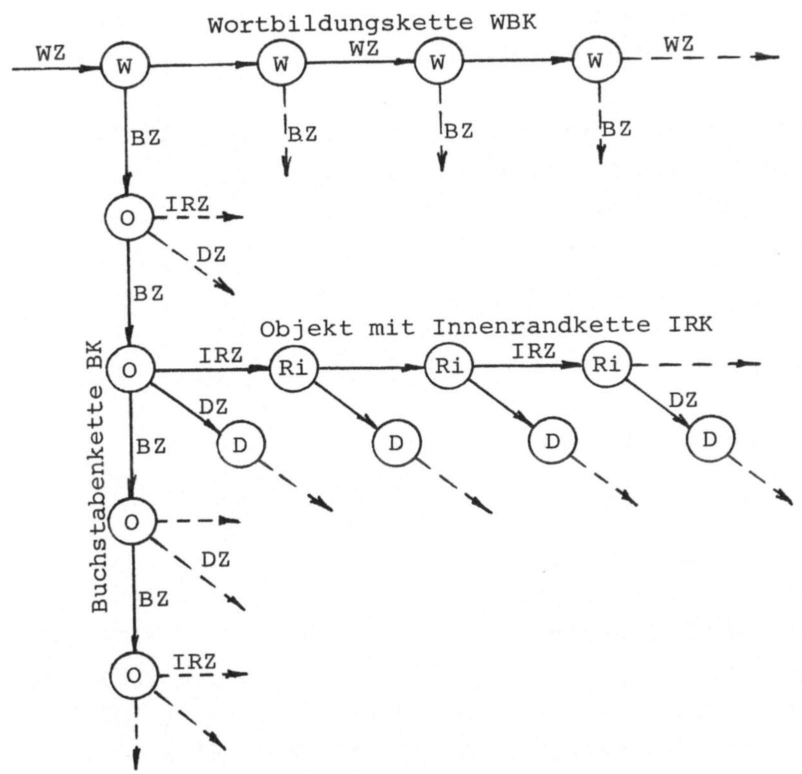

B 6.3.1
Die Wortbildungskette WBK ist die Arbeitsebene, auf der schrittweise die einzelnen Objekte eines Textbereiches zu Worten zusammengesetzt werden. Die Objekte O ordnen sich in Buchstabenketten unter den einzelnen Wortknoten W. Auch Grafik- und Bildelemente sind in WBK durch einen Knoten W vertreten. Diesen ist jedoch nur jeweils ein Objekt untergeordnet.

Bild B 6.3.1 zeigt den Aufbau der Wortbildungskette. Die Wortknoten W sind durch Kanten WZ miteinander verbunden. Wie die
Kante RZ ist auch diese eine Hilfskante ohne Bedeutung für
den Dokumentinhalt. An die einzelnen Wortknoten sind Buchstabenketten BK angehängt. Die Kante BZ verbindet die Kette mit dem
übergeordneten Knoten. Sie ordnet auch die einzelnen Objekte
O innerhalb der Kette in ihrer richtigen Reihenfolge. An den
einzelnen Objekten hängen wiederum deren Innenrandketten. Während die Länge der Buchstabenketten eines Textgebildes im allgemeinen der Buchstabenzahl entspricht, besitzt die Kette einer
Bild- oder Grafikkomponente nur einen Objektknoten in BK. Die
Kante BZ wird an Stelle der nicht mehr benötigten Hilfskante
RZ in Position 14 in B 6.1.3 eingetragen.

Für die Wortknoten wurde ein eigenes Datenelement definiert.
Es ist in Bild B 6.3.2 aufgelistet. Erwähnenswert ist hier
nur, daß in Position 3 ein Merkmal für die spätere Klassifikation schrittweise errechnet wird.

    1   Wortnummer

    2   Anzahl der Buchstaben im Wort

    3   Anzahl der Innenränder im Wort

    4   Zeiger zum Anfang der Buchstabenkette BK (BZ)

    5   Zeiger zum Ende der Buchstabenkette BK (BZ)

    6   Zeiger zum nächsten Wort (WZ)

    7   Zeiger zum T2 Deskriptor der linken Wortseite (DZ)

    8   Zeiger zum B2 Deskriptor der linken Wortseite (DZ)

    9   Zeiger zum B0 Deskriptor der linken Wortseite (DZ)

   10   Zeiger zum T2 Deskriptor der rechten Wortseite (DZ)

   11   Zeiger zum B2 Deskriptor der rechten Wortseite (DZ)

   12   Zeiger zum T0 Deskriptor der rechten Wortseite (DZ)

B 6.3.2
Datenstruktur eines Wortknotens W

6.3.2 Prinzip der Wortbildung

Die Vorgehensweisen zum Zusammenlagern einzelner Objektknoten
zu Worten zeigt Bild B 6.3.3. Es zergliedert Modul WM in weitere
Unterbausteine. Der im Bild mit Irrelevanzreduktion bezeichnete
Block extrahiert aus der Objektinformation nur die zur Bildung
von Nachbarschaftsbeziehungen erforderlichen Kriterien. Er
verarbeitet hierzu nur den Außenrand eines Objektes. Modul
ZUW vergleicht diese reduzierte Objektbeschreibung eines neuen
Objekts mit allen Knoten der Wortbildungskette. Als Ergebnis
dieses Vergleiches werden 4 unterschiedliche Funktionsmodule
angestoßen. Sie verketten das neue Objekt mit bereits beste-
henden Knoten in WBK. Die reduzierte Objektbeschreibung besteht, wie aus Bild B 6.3.4 ersichtlich, aus der linken und
der rechten Objektseite. Jede der Seiten wird durch den äußer-
sten T2- und B2- sowie T0- bzw. B0-Deskriptor beschrieben.
Die gleiche Information ist auch in jedem Wortknoten enthalten.
Laut B 6.3.2 sind die äußerste linke und die äußerste rechte
Objektseite als Wortseiten in den Positionen 7 - 12 gespeichert.
Aus dieser Information lassen sich die Zeichenhöhen h_1 und
h_r des Einzelbuchstabens, die Abstände d_{xl} und d_{xr} zum linken
und rechten Nachbarn sowie das Maß der vertikalen Überlappung
d_{yl} und d_{yr} zum linken und rechten Nachbarn berechnen.

Im Prinzip könnten anstelle der reduzierten Objektbeschreibung
auch die Koordinaten des umschreibenden Rechtecks verwendet
werden. Die verwendete Beschreibung liefert jedoch bei verklebten und gleichzeitig verdrehten Textelementen bessere Ergebnisse.

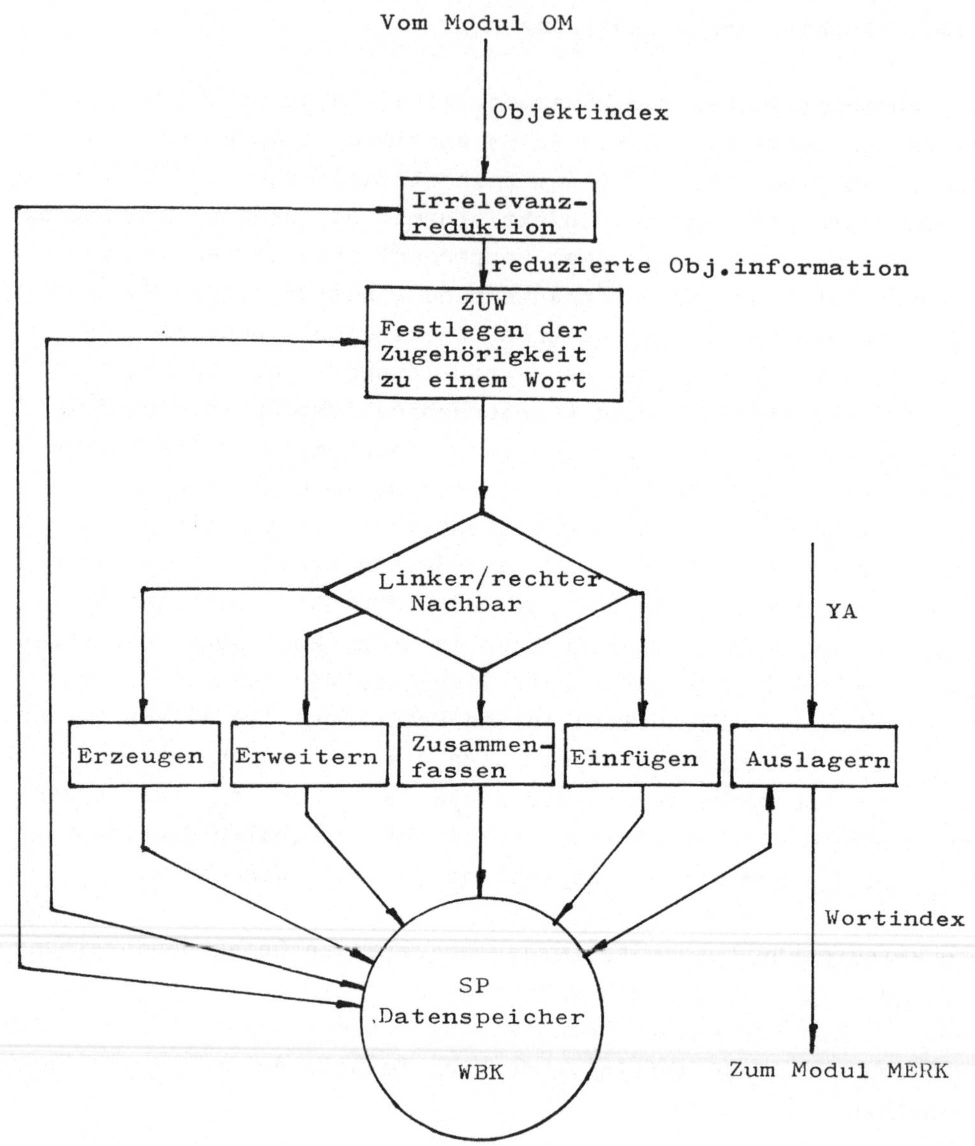

B 6.3.3
Blockbild des Moduls WM
Zusammenlagern der Objekte zu Worten

6.3.3 Kriterien und Funktionen zum Aufbau der Buchstabenketten

Aus der reduzierten Objektinformation werden die Kriterien
für eine Kante BZ errechnet. Anhand der Seiteninformation von
Objekt und Worten vergleicht Modul ZUW nun das neue Objekt
mit allen Einträgen der Wortbildungskette WBK. Er prüft, ob
das Objekt als linker oder rechter Nachbar einen der Einträge
in WBK erweitern kann. Hierzu werden die folgenden Kriterien
errechnet:

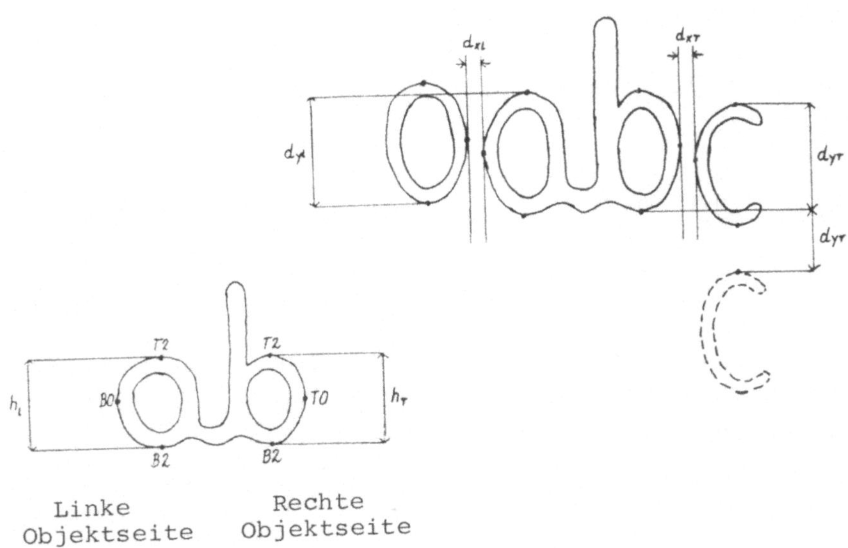

B 6.3.4
Reduzierte Objektbeschreibung und Vermaßung für die Bildung
von Worten

1. Das Größenverhältnis g

$$g_l = h_{l\ Objekt} / h_{r\ Wort} \quad \text{bzw.} \qquad \text{Gl. 6.1}$$

$$g_r = h_{r\ Objekt} / h_{l\ Wort} \qquad \text{Gl. 6.2}$$

g_l ist das Größenverhältnis der linken Objektseite zu einer rechten Wortseite, für g_r gilt entsprechendes.

2. Der relative horizontale Abstand a zwischen Objekt und Wort

$$a_l = d_{xl} / h_l \quad \text{bzw.} \qquad \text{Gl. 6.3}$$

$$a_r = d_{xr} / h_r \qquad \text{Gl. 6.4}$$

3. Die relative vertikale Überlappung b zwischen Objekt und Wort

$$b_l = d_{yl} / h_l \quad \text{bzw.} \qquad \text{Gl. 6.5}$$

$$b_r = d_{yr} / h_r \qquad \text{Gl. 6.6}$$

Für h_l bzw. h_r wird unter Punkt 2 und 3 jeweils die grössere der gegenüberstehenden Seiten eingetragen. Gilt beim Betrachten einer linken Objekt- und einer rechten Wortseite

$$(0{,}55 < g_l < 1{,}8) \wedge (a_l < 0{,}5) \wedge (0{,}35 < b_l \leqslant 1) \qquad \text{Gl. 6.7}$$

bzw. bei einer rechten Objekt- und einer linken Wortseite

$$(0{,}55 < g_r < 1{,}8) \wedge (a_r < 0{,}5) \wedge (0{,}35 < b_r \leqslant 1), \qquad \text{Gl. 6.8}$$

so gelten Objekt und Wort als benachbart. Die Funktionen, die anhand dieser Kriterien Wortknoten erzeugen und deren Buchstabenkette erweitern, geben dem Modul WM eine gewisse Ähnlichkeit mit Modul RM in Bild B 6.1.2.

Erzeugen:
Werden die Seiten eines neuen Objekts mit den entsprechenden
Seiten aller bereits im Speicher eingetragenen Worte verglichen und das Objekt ist zu keinem der Worte gemäß obiger Bedingung benachbart, so wird das Objekt als neuer Wortkern in
WBK eingetragen.

Erweitern:
Ist die Nachbarschaftsbedingung aus Gl. 6.7 bzw. Gl. 6.8 für
ein Wort erfüllt, so lagert sich das Objekt an dieses Wort
linksseitig bzw. rechtsseitig an. Hierbei wird z.B. bei rechtsseitiger Anlagerung an das Wort die rechte Seite im Wortknoten
durch die rechte Objektseite überschrieben.

Zusammenfassen:
Falls die Nachbarschaftsbedingung sowohl für die linke als
auch für die rechte Objektseite erfüllt ist, stellt das Objekt
einen fehlenden Buchstaben zwischen zwei Worthälften dar. Zusammen mit diesem Objekt werden die Wortteile zu einem Wortknoten zusammengefaßt. Der überflüssige Wortknoten wird gelöscht.

Einfügen:
Insbesondere bei Druckbuchstaben mit geringer horizontaler
Ausdehnung kann es vorkommen, daß ein Objekt nachträglich ins
Innere einer Buchstabenkette eingefügt werden muß. Der Modul
sucht die richtige Position in BK und fügt durch Umlegen der
Kanten BZ das neue Objekt in die Kette ein.

Auslagern:
Dieser Modul prüft bei jeder neuen Abtastzeile YA die Differenz zwischen YA und den Wortunterkanten. Überschreitet die
Differenz eines Wortes einen bestimmten Schwellwert SA, so
ist dieser Wortknoten fertig und wird markiert. Der Schwellwert SA errechnet sich für jedes Wort gemäß

$$SA = (h_{l\ Wort} + h_{r\ Wort})/2 \qquad\qquad Gl.\ 6.9$$

Die Position des fertigen Knotens wird als Index an die nachfolgende Klassifizierung weitergegeben. Der fertige Knoten
selbst wird im Modul LOE aus der Kette entnommen und gelöscht.

6.4 Graphkanten zur Zuordnung von Text und Grafik

6.4.1 Dynamische Veränderungen während des Abtastvorgangs

Dieses Kapitel soll einen Einblick in die dynamischen Verar-
beitungsprozesse geben, die nötig sind, um Text-Grafik- oder
Text-Bildbeziehungen eines Dokuments unmittelbar während des
Abtastvorgangs zu erfassen. Sollen Textelemente, wie in Kapitel
5.8 geschildert, einer umschließenden Grafik zugeordnet werden,
so kann dies sehr einfach durch einen Suchvorgang geschehen.
Soll die Suche jedoch vermieden und durch effektive Direktzugriffe
ersetzt werden, so müssen die Voraussetzungen für die in Kapitel
5.8 geschilderte Graphkante IZZ bereits während des Abtastvorganges
geprüft werden. Hierzu muß man berücksichtigen, daß sich im
Laufe der Verarbeitung sowohl die Art der Ränder als auch die
Zuordnungen zwischen den Rändern sehr dynamisch verändern.
Bild B 6.4.1 zeigt die hierbei auftretenden Probleme an einem
Testmuster.

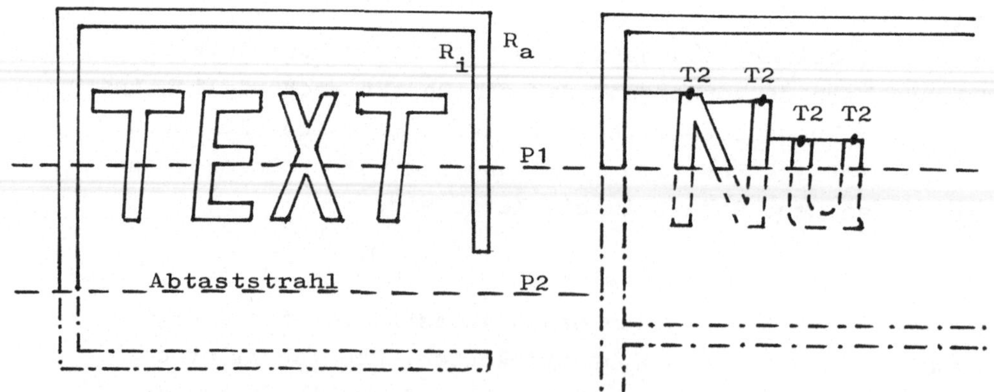

B 6.4.1

B 6.4.2

B 6.4.1 zeigt das Berechnen einer Text-Grafik-Beziehung während
des Abtastvorgangs. Es müssen Hypothesen dafür gebildet und
wieder verworfen werden, ob der Text von der Grafik umschlossen
ist oder nicht. B 6.4.2 zeigt die Zusatzinformation zum Berechnen der Kante IZZ.

Während in Abtastposition P1 der Textbereich noch vom Innenrand R_i umschlossen wird, stellt sich bei Übergang in die Ab-
tastpostition P2 heraus, daß R_i in Wirklichkeit ein Bestand-
teil des Außenrandes R_a ist. Der Text wird also von diesem
Muster nicht oder nur teilweise umschlossen. Text kann einer
umschließenden Grafik also erst dann sicher zugeordnet werden,
wenn der umschließende Innenrand vollständig abgetastet ist.
Soll die Berechnung der Graphkante IZZ der zeilenweisen Abtastung
angepaßt werden, so muß man Hypothesen über eine Zuordnung
erstellen. Im Laufe der Bearbeitung erhärten diese sich oder
sie werden wieder verworfen.

Um diese Hypothesen effektiv zu berechnen, ist es erforderlich,
nicht erst die fertigen Wortknoten, sondern bereits die einzelnen
Objekte einem Innenrand zuzuordnen, sobald sie vom Abtaststrahl
erfaßt werden. Das praktische Verfahren stützt sich auch hier
auf eine Zusatzinformation der Deskriptorknoten. Das Prinzip
zeigt Bild B 6.4.2. Dasselbe Prinzip wurde bereits bei der
Bildung von Objekten in Kapitel 6.2 erläutert. Die Position
7 im Knoten eines T2 Deskriptors gibt die aktuelle Abschnittsnummer des linken Nachbarrandes an. Wird ein Dokument nun zeilenweise abgetastet, so wird durch die Zusatzinformation jeder
Randknoten sofort dem umschließenden Innenrand zugewiesen (siehe
auch Kapitel 6.6). Diese Zuordnung kommt dadurch zum Ausdruck,
daß jeder neue Rand in eine Kette am umschließenden Innenrand
eingefügt wird. Diese Kette verbindet alle umschlossenen Objekte
sowohl im fertigen Zustand als auch in der Entstehungsphase.
Sie wird im folgenden als OIZ-Kette (Objektkette für die innere
Zuordnung) bezeichnet. Durch die zusätzlichen Zeiger sind die
Objekte während aller Verarbeitungsprozeduren mit dem Innenrand
verbunden. Die dazu nötigen Funktionen laufen in den Modulen
RM, OM und WM ab. Die bisher besprochenen Aufgaben der Module
werden jedoch in keiner Weise davon beeinflußt. Die OIZ-Kette
verbindet sowohl neu entstandene Außenränder in der Objektbildungskette wie auch die fertigen Objektknoten in der Buchstabenkette halbfertiger oder fertiger Worte.

6.4.2 Zuordnen der fertigen Worte

Unabhängig von den Zuordnungsvorgängen bilden sich die Wortknoten in der bereits besprochenen Art und Weise. Wird ein
Wort beendet, so wird es in den Modulen MERK und KLAS klassifiziert und steht einer weiteren Auswertung zur Verfügung.
Stellt jedoch Modul IZ anhand der OIZ-Kette fest, daß das Wort
vom Innenrand eines Objektes O_G umschlossen ist, so wird es
vom Modul IZ nicht an Modul AUS übergeben, sondern an einer
zweiten Kette des Innenrandknotens angehängt. Diese Kette wird
im folgenden als WIZ-Kette (Wortkette für die innere Zuordnung)
bezeichnet. Die hier eingespeicherten Worte liegen in Warte-
position bis das umschließende Objekt O_G fertig abgetastet
ist. Anschließend wird das gesamte Muster weiterverarbeitet.

Die Kanten, mit denen die einzelnen Wortknoten in der WIZ-Kette
verknüpft sind, entsprechen der Kante IZZ, wie sie in Kapitel
5.8 eingeführt wurde. Im Verlauf der Abtastung wird die WIZ-Kette
immer umfangreicher, bis sie schließlich alle vom Innenrand
umschlossenen Worte enthält.

Soll das Problem durch Direktzugriff gelöst werden, so macht
diese Arbeitsweise mehrere Hilfskanten im Dokumentgraphen erforderlich. Sie werden jedem Randknoten in Form von vier Zeigern hinzugefügt. Die praktische Bedeutung dieser Zeiger ist
in Bild B 6.4.3 näher erläutert.

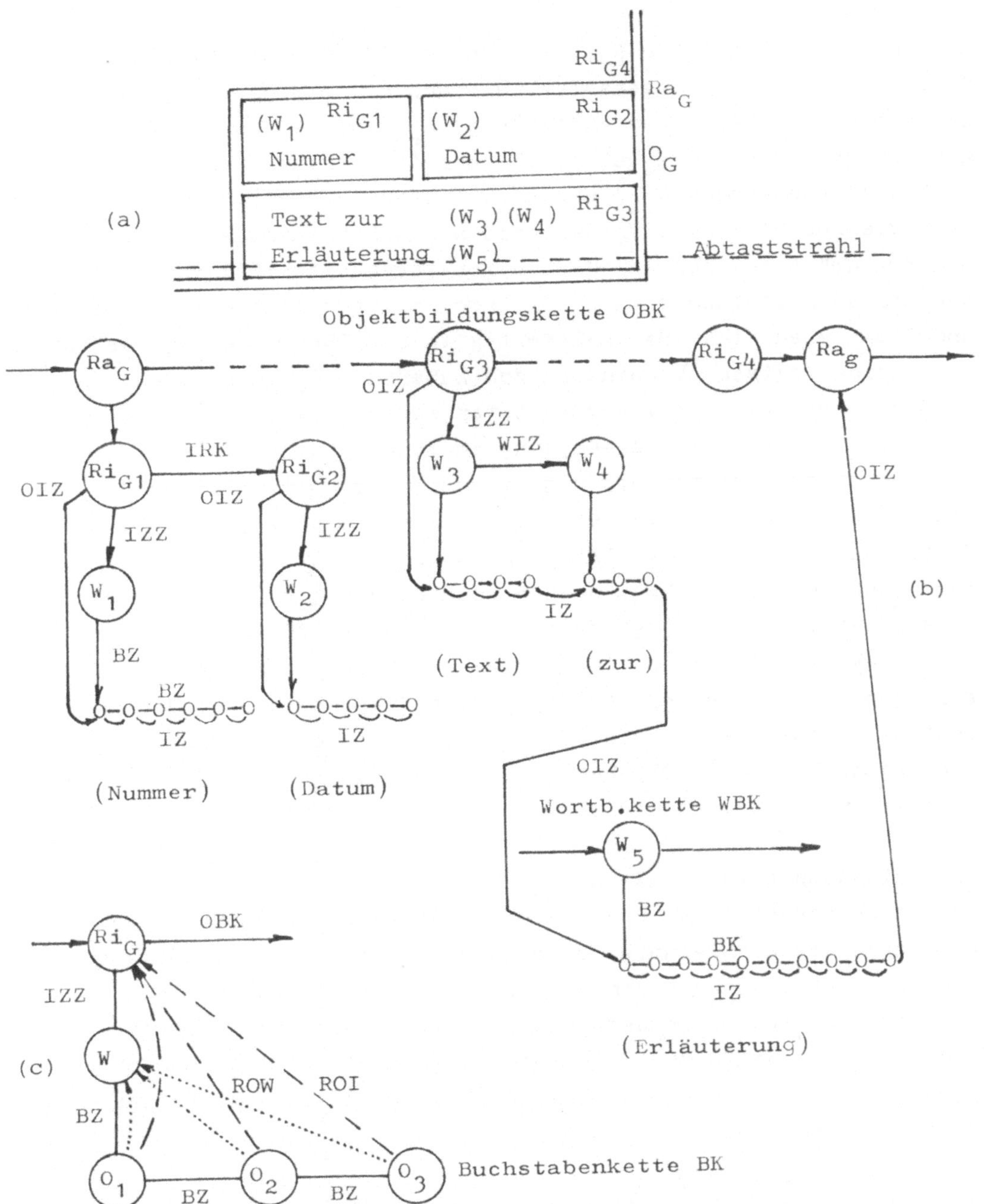

B 6.4.3
Berechnen einer Text-Grafik-Beziehung. Die von der Grafik umschlossenen Textteile in (a) werden während des Abtastvorgangs
den umschließenden Grafikelementen zugeordnet. Dieser Vorgang
wird gleichzeitig in den Modulen RM, OM und WM bearbeitet.
Die beteiligten Datenelemente sind im Datenspeicher SP sowohl
in den Ketten OBK wie auch in WBK enthalten. (b) zeigt hierzu
die Situation im Datenspeicher SP zum Abtastzeitpunkt. (c)
verdeutlicht zusätzliche Hilfskanten, die in (b) nicht eingezeichnet sind. Das Problem läßt sich ohne zeitraubende Such-
vorgänge lösen.

Zu dem in (a) gezeigten Abtastzeitpunkt ist die umschließende
Grafik nicht völlig abgetastet. Wie aus (b) ersichtlich, liegt
deshalb der Knoten ihres Außenrandes R_{aG} noch in halbferti-
gem Zustand in der OBK-Kette. Die bereits vollständig abgetasteten Innenränder R_{iG1} und R_{iG2} liegen in der Innenrandkette
IRK. Die Knoten W_1 und W_2 der beiden umschlossenen Worte "Nummer"
und "Datum" sind über IZZ Kanten mit ihren umschließenden
Innenrändern verbunden. R_{iG3} ist noch nicht vollständig abgetastet
und liegt ebenfalls erst halbfertig in der OBK-Kette. Es besteht
noch keine logische Verbindung zum Außenrand R_{aG}. Trotzdem
sind die bereits fertig abgetasteten Worte "Text zur" mit den
Knoten W_3 und W_4 über IZZ-Kanten dem Innenrand zugeordnet.
Das Wort "Erläuterung" mit dem Knoten W_5 ist ebenfalls noch
nicht vollständig abgetastet. Es wird erst noch in der
Wortbildungskette WBK vollständig aufgebaut. Es fehlt noch
der letzte Buchstabe "g", dessen Außenrand R_{ag} erst teilweise
abgetastet ist. R_{ag} liegt deshalb noch in der OBK-Kette. Durch
die OIZ-Kette sind sowohl die Objekte der fertigen Worte, die
fertigen Objekte des halbfertigen Wortes W_5 sowie auch das
erst teilweise abgetastete Objekt R_{ag} mit ihrem Innenrand R_{iG3}
verbunden. Durch die OIZ-Kette wird also die Text-Grafik-Beziehung
bereits vom Zeitpunkt der ersten Erfassung aufgezeigt.

Wird ein Rand erfaßt und in die OIZ-Kette eingegliedert, so
erhält er sofort einen Rückverweis auf den umschließenden Rand.
(c) zeigt diese ROI-Kante. Durch die ROI-Kanten der Buchstaben
kann ein fertiges Wort unmittelbar dem umschließenden Innenrand zugeordnet und in dessen WIZ-Kette eingegliedert werden.
Ebenfalls mit Hilfe von ROI-Kanten lassen sich falsch zusammen-
gelagerte Worte wieder aufspalten. Kapitel 6.4.3 gibt hierzu
nähere Information.

Die ebenfalls in (c) eingezeichnete Kante ROW dient als Rückverweis von den Objekten auf den Wortknoten. Diese Kante wurde
für die dynamischen Verwaltungsprozeduren eingeführt. Sie erlaubt, z.B. beim Bearbeiten der OIZ-Kette, den Zugriff auf

den übergeordneten Wortknoten eines Objekts.

Die einzelnen Zeiger sind in Bild B 6.1.3 unter den Positionen
15 - 18 aufgelistet. Je nach Randart besitzen sie unterschiedliche Bedeutung.

Innenränder (Codierung F2 in Pos. 6):
Der Zeiger IZ in Pos. 15 deutet auf den Anfang der OIZ-Kette,
der Zeiger IZE in Pos. 16 auf deren Ende. Der Zeiger IZZ in
Pos. 17 deutet auf den Anfang der WIZ-Kette, Zeiger IZZE in
Pos. 18 auf ihr Ende.

Außenränder (Codierung T2 in Pos. 6):
Zeiger IZ in Pos. 15 verbindet zwei Objekte der OIZ-Kette.
Die Zeiger ROI und ROW sind in Position 16 und 18 enthalten.
Position 17 wird nicht benutzt.

6.4.3 Aufspalten fehlerhaft zusammengelagerter Worte

Das Bildbeispiel B 5.9.3 d verdeutlicht, daß sich unter ungünstigen Umständen ein Wort über eine trennende Grafik hinweg bilden kann. In diesem Fall hat das Wort innerhalb der
Buchstabenkette unterschiedliche Rückverweise ROI. Um das Wort
aufzuspalten, wird die Buchstabenkette durchlaufen. Deuten
die Zeiger ROI zweier aufeinanderfolgender Objekte auf unterschiedliche Innenränder, so wird das Wort an dieser Stelle
getrennt. Bild B 5.9.3 e verdeutlicht diesen Vorgang.

6.4.4 Ablauf der Verarbeitung

Die OIZ-Kette wird bereits durch die Funktionen im Modul RM
aufgebaut. Die Funktion "Erzeugen" verzeigert einen neuen Außen-
rand R_a mit der OIZ-Kette des umschließenden Randes R_i. Die
Funktion "Zusammenfassen" verbindet die OIZ-Ketten von zwei
Randknoten, ordnet sie einem neuen Knoten zu oder löst die
Ketten auf.

Modul IZ prüft nach der Klassifikation der Wortknoten deren
Zugehörigkeit zu einem Innenrand. Hierzu wird der Wortknoten
der Kette WBK entnommen und an die WIZ Kette des betreffenden
Randes gehängt. Im selben Modul wird auch die Buchstabenkette
eines Wortes mit unterschiedlicher Zuordnung aufgespalten.

6.5 Deskriptorbildung in Modul DM

Die vorangegangenen Abschnitte haben den Einblick in Aufbau
und Datenhaltung von Rändern, Objekten und Worten vertieft.
In diesem Abschnitt wird nun näher diskutiert, wie die Grund-
bausteine des Dokumentgraphen, die Deskriptorknoten sowie die
Kanten DZ gebildet werden.

Grundlage der Deskriptorbildung ist ein Listensystem L1, L2,
L3, L4. Es ist im Blockbild in B 6.0.2 bereits eingezeichnet.
Jede dieser Listen gliedert sich in vier Unterlisten L11 - L14,
L21 - L24 usw. Sie sind in Bild B 6.5.1 dargestellt. Diese
Listen beschreiben die Muster in zwei aufeinanderfolgenden
Abtastzeilen. L1 und L2 stellen die Abtastzeile YA, L3 und
L4 die Zeile YA-1 des abgetasteten Bildes dar. L1 und L3 ent-
halten die Weiß/Schwarz-Übergänge der linken Musterkanten,
L2 und L4 die Schwarz/Weiß-Übergänge der rechten. Aus diesen
Listenkombinationen läßt sich der Verlauf jeder Musterkante
über das Dokument hinweg verfolgen.

Die Unterlisten L11 und L31 enthalten die x-Koordinaten aller
Weiß/Schwarz-Übergänge, L21 und L41 die x-Koordinaten aller
Schwarz/Weiß-Übergänge der aufeinanderfolgenden Bildzeilen.
Die Einträge mit dem gleichen Listenindex in L1 und L2 bzw.
L3 und L4 beschreiben also jeweils Anfang und Ende eines
Musterschnittes der neuen oder der vorhergehenden Abtastzeile.
Wird eine neue Bildzeile abgetastet, so wird vorher die In-
formation von L1 nach L3 und von L2 nach L4 umgespeichert.

L11 X-Koordinaten	L12 Rand·zustände	L13 Kantenlängen	L14 Abschn. nummern
L1: Linke Ränder, Abtastzeile YA			

L21 X-Koordinaten	L22 Randzustände	L23 Kantenlängen	L24 Abschn. nummern
L2: Rechte Ränder, Abtastzeile YA			

L31 X-Koordinaten	L32 Randzustände	L33 Kantenlängen	L34 Abschn. nummern
L3: Linke Ränder, Abtastzeile YA-1			

L41 X-Koordinaten	L42 Randzustände	L43 Kantenlängen	L44 Abschn. nummern
L4: Rechte Ränder, Abtastzeile YA-1			

B 6.5.1
Listensystem zum Berechnen der Deskriptoren entlang der Musterränder

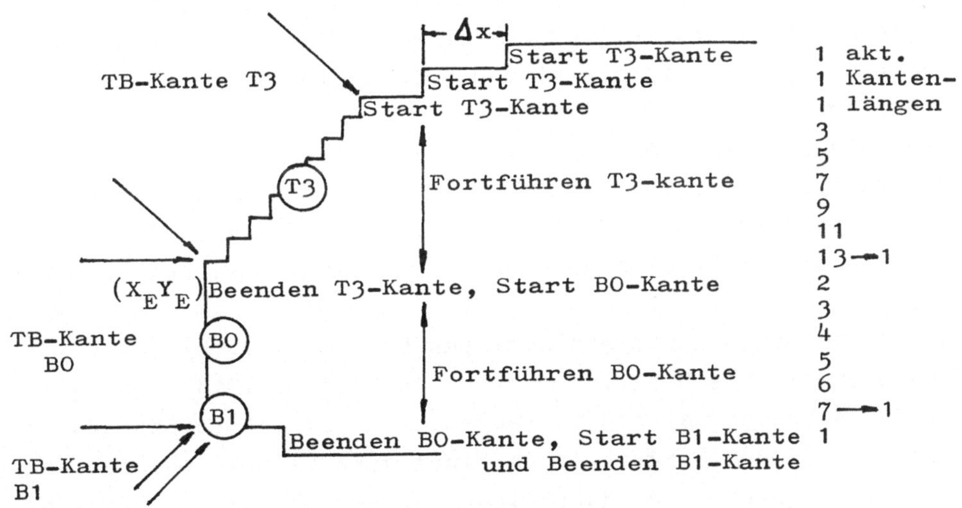

B 6.5.2
Bearbeiten der Musterkanten während des Abtastvorgangs. Aus den Endkoordinaten der TB-Kanten und der Kantenlänge läßt sich die Deskriptorposition errechnen

Außer den x-Koordinaten der Musterschnitte sind jedem Eintrag
noch Zusatzinformationen in den Listen L12 - L14, L22 - L24
usw. zugeordnet. Die Listen L14, L24 ... führen die bereits
bekannten Abschnittsnummern weiter, um die Kanten des Dokumentgraphen zu bestimmen. Die Listen L13, L23 ... enthalten die
aktuellen Längen der Randabschnitte zwischen den Deskriptoren,
welche für die Ortsbestimmung der Deskriptoren wichtig sind.
Die Listen L12, L22 ... enthalten Zusatzinformationen über
die Ränder. Der Randzustand legt fest, welcher Deskriptortyp
auf diesem Rand als nächster zu bilden ist.

Bild B 6.5.2 erläutert die Längeninformation, die in den Listen
L13, L23 ... errechnet wird. Wie zu sehen, sitzen in diesem
Beispiel die Deskriptoren T3, B0 und B1 jeweils in der Mitte
eines Randabschnittes, der zur vordefinierten Tangentenrichtung
parallel verläuft. Diese Randabschnitte werden im folgenden
als Tangentenberührungskante, kurz TB-Kante bezeichnet. Aufgrund der zeilenweisen Abtastung kann die Existenz sowie die
Länge einer TB-Kante erst dann bestimmt werden, nachdem sie
vollständig abgetastet wurde. Zur Bestimmung der genauen Mittel-
position des Deskriptors wird die TB-Länge in den Listen zeilenweise hochgezählt. Wie Bild B 6.5.2 und Tabelle T 6.5.1 zeigen,
sind die Zähldifferenzen zwischen zwei Abtastzeilen abhängig
von der Tangentenrichtung der Kante. Aus den Endkoordinaten
X_E Y_E einer TB-Kante, dem Deskriptortyp und dem Zählerstand
der TB-Länge läßt sich die genaue Deskriptorposition errechnen.

Zum Verständnis der Zustandslisten L12, L22 ... halten wir
uns nochmals die Deskriptorzyklen in Bild B 5.2.4 vor Augen.
Wird ein Muster zeilenweise abgetastet, so ist leicht ersichtlich, daß jeder Deskriptor in einer ganz bestimmten Richtung
überlaufen wird. Dies darf nicht mit dem Zyklussinn verwech-
selt werden. Bedingt durch die erlaubte Sprungfolge besitzt
jeder Deskriptor bei vorgegebener Abtastrichtung zwei erlaubte
Nachfolger: Einen auf dem gleichen und einen auf dem entgegen-
gesetzten Zyklus. Für jeden Deskriptor existieren also zwei

Alternativen als Nachfolger. Diese sind für jede Deskriptorart in Tabellenform gespeichert. In die Listen L12, L22 ...
wird jeweils die konvexe Alternative eingetragen. Dieser Eintrag steuert damit die Suche nach Art und Koordinaten des neuen
Deskriptors.

Ist der Typ eines gesuchten Deskriptors bekannt, so ist auch
die Richtung der Tangente und ihrer Normalen definiert. Die
Deskriptorsuche und die Bestimmung seiner TB-Kante beschränkt
sich nun darauf, ein lokales Maximum oder Minimum in einer
vorgegebenen Normalenrichtung zu suchen. Diese Suche unter-
gliedert sich in drei Phasen, die in Bild B 6.5.2 am Beispiel
des T3-, B0- und B1-Deskriptors gezeigt sind:

Start der TB-Kante
Fortführen der TB-Kante
Beenden der TB-Kante

Diese drei Phasen lassen sich durch die Differenz

$$\Delta x = x_{YA} - x_{(YA-1)} \qquad\qquad \text{Gl. 6.10}$$

der x- Koordinaten eines Randes in den Abtastzeilen YA und
YA-1 genau bestimmen. Hierzu ist hilfreich, daß den fest definierten Tangentenrichtungen jeder TB-Kante eine genaue Differenz Δx_{TB} zugeordnet werden kann. Diese Differenzen sind
in Tabelle T 6.5.1 eingetragen.

Unterschreitet nun beispielsweise Δx für einen T3-Deskriptor
den Wert -1, so folgt man der ansteigenden Flanke eines Maximums in Richtung 135°. Ist Δx gleich -1, so liegt man auf der
TB-Kante. Ist Δx größer -1, so ist die TB-Kante beendet.

Während der Anstiegsphase wird die TB-Länge in jeder Abtastzeile mit einem Anfangswert $l_0(T3)$ initialisiert. Dieser Wert
erhöht sich, solange die TB-Kante verfolgt wird, um den Wert

Deskriptorart	Δx_{TB}	alternativer Deskriptor	$\Delta 1$	Anfangswert $1_o=1$ in Neuzeile oder Vorzeile
T3	-1	S2	2	NZ
B0	0	S3	1	VZ
B1	1	F0	2	VZ
T1	1	S2	2	NZ
T0	0	S1	1	VZ
B3	-1	S0	2	VZ
.	.	.	.	.
.	.	.	.	.
.	.	.	.	.

Tabelle T 6.5.1

$\Delta 1$(T3). Ist die Kante beendet, so erhält L13 bzw. L23 die Ge-
samtlänge der Kante. Die x-, y-Koordinaten des T3-Deskriptors
errechnen sich aus den Endkoordinaten X_E, Y_E der TB-Kante und
der TB-Länge 1 gemäß

$$X = X_E + (1+1)/4 \qquad \text{Gl. 6.11}$$

$$Y = Y_E - (1+3)/4 \qquad \text{Gl. 6.12}$$

Jede der 16 Deskriptorarten benötigt zwei eigene Formeln zur
Berechnung der Koordinaten. Auf eine vollständige Angabe der
Berechnungsformeln wird hier verzichtet.

Die T2-, F2-, B2- und S2-Deskriptoren nehmen eine Sonderstellung ein. Bild B 6.5.3 zeigt ihre TB-Kanten. Da die Kanten
hier direkt mit dem Verlauf der Abtastzeilen zusammenfallen,
können Art und Koordinaten direkt aus den Listen L11 ... L41
errechnet werden.

Die T2- bzw. F2-Deskriptoren initialisieren die Listeneinträge
neu abgetasteter Ränder. So wird durch einen T2-Deskriptor

der entsprechende Listeneintrag in L12 mit der Codierung eines
T3-, der in L22 mit der eines T1-Deskriptors vorbelegt. Die
Kantenlängen der Einträge in L13 und L23 werden auf 1 gesetzt.
Die Abschnittsnummern in L14 und L24 werden eindeutig vorbelegt.
Ein B2- bzw. S2-Deskriptor schließt demgegenüber die Berechnung
zweier Randhälften ab.

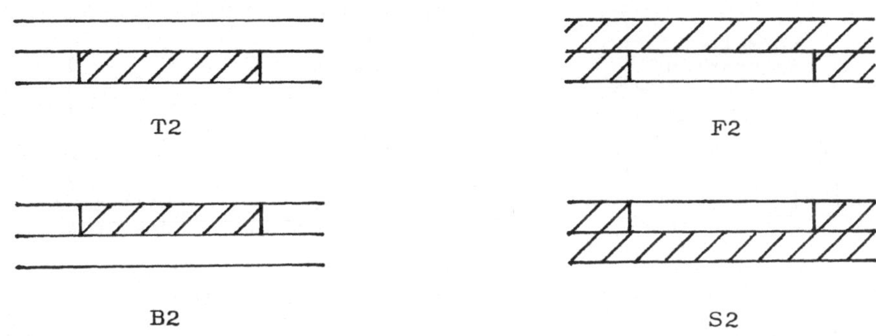

B 6.5.3
Grundmuster für T2-, F2-, B2- und S2-Deskriptoren. Diese Deskriptoren sind in Lage und Art aus der Information zweier
aufeinanderfolgender Abtastzeilen zu bestimmen. Diese Deskriptoren nehmen als Start- bzw. Endpunkte von Musterrändern eine
Sonderstellung ein.

Die Arbeitsweise von Modul DM ist in B 6.5.4 skizziert. Der
Modul greift auf die Listen L1 - L4 zu und wertet diese aus.
Die Reihenfolge der Einträge in den einzelnen Listen entspricht
der Reihenfolge der Muster von links nach rechts im Dokumentbild, wie sie vom Abtaststrahl geschnitten werden. Durch Setzen
von Listenindizes werden diese Einträge nacheinander angesteuert
und bearbeitet. B 6.5.4 zeigt die Entscheidungsvorgänge und
Berechnungen für einen Listeneintrag. Der Vorgang wiederholt
sich für alle Einträge. Sind alle Einträge bearbeitet, so wird
L1 nach L3 und L2 nach L4 umgespeichert. In L1 und L2 werden
die Daten einer neuen Bildzeile aus dem Bildspeicher BS eingelesen.

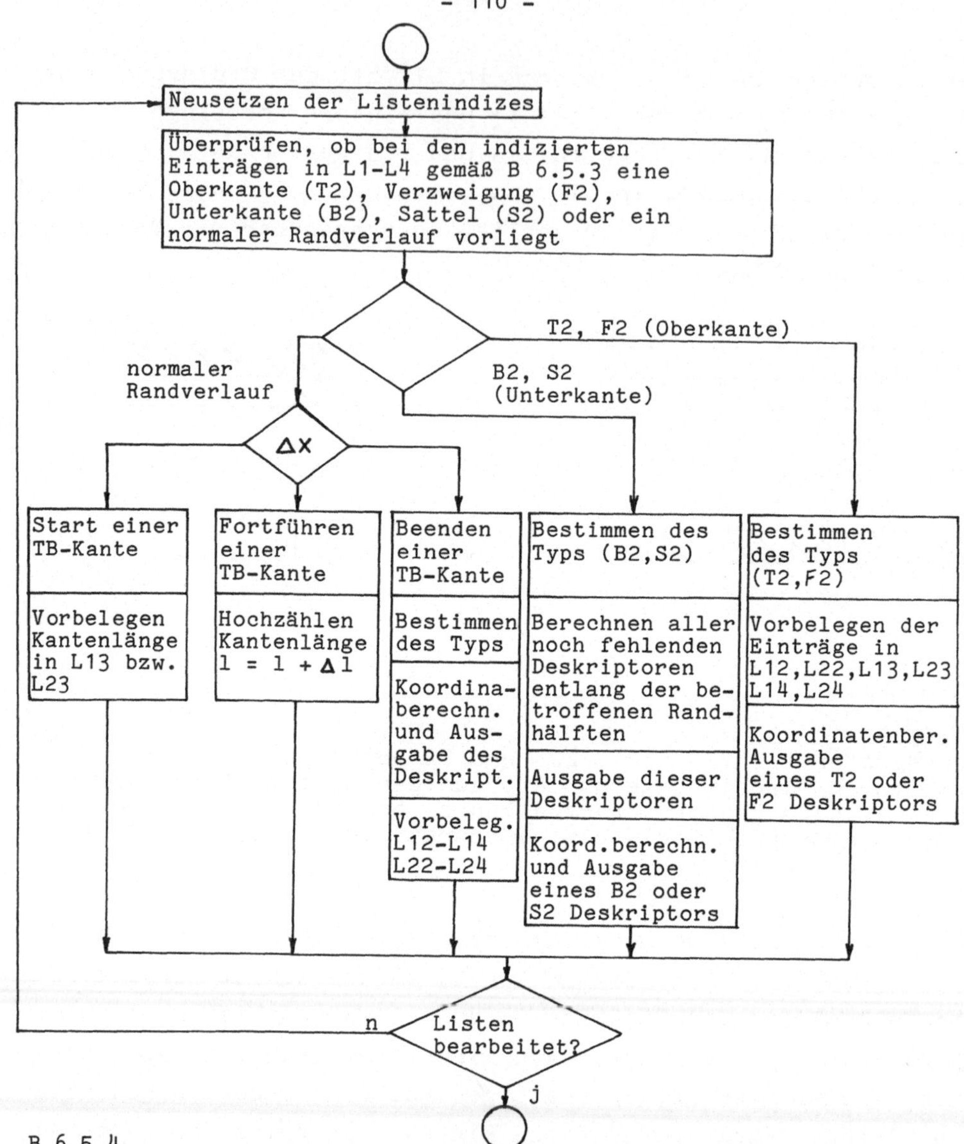

B 6.5.4
Arbeitsweise von Modul DM. Die Listeneinträge der Abtastzeile YA in L1 und L2 werden mit denen der Vorgängerzeile L3 und L4 verglichen und nacheinander verarbeitet. Obiges Schema wird für jeden Listeneintrag durchlaufen.

6.6 Effiziente Kennzeichnung der Graphkanten DZ

Die bereits durch Bild B 6.1.4 veranschaulichten Abschnittsnummern kennzeichnen die Graphkanten DZ in eindeutiger Weise.
Durch geschickte Auswahl dieser Nummern kann die Effizienz
des Verfahrens erheblich gesteigert werden. So ist zum Berechnen des Dokumentgraphen nur erforderlich, die Schnittstellen
der Muster mit der Abtastzeile eindeutig zu kennzeichnen. Führt
man so beispielsweise in den Listen L14, L24, L34, L44 anstelle einer willkürlichen Zahl den Speicherindex des Randknotens
bzw. den Index des letzten Deskriptors im Speicher SP mit,
so kann die Suche nach der richtigen Nummer durch einen Direktzugriff ersetzt werden. Wie ein hier nicht näher beschriebener
Versuch beweist, können die Randbildung im Modul RM (siehe
Kap. 6.1), die Objektbildung in OM (siehe Kap. 6.2) wie auch
die Verfahren zur inneren Zuordnung (siehe Kap. 6.4) erheblich

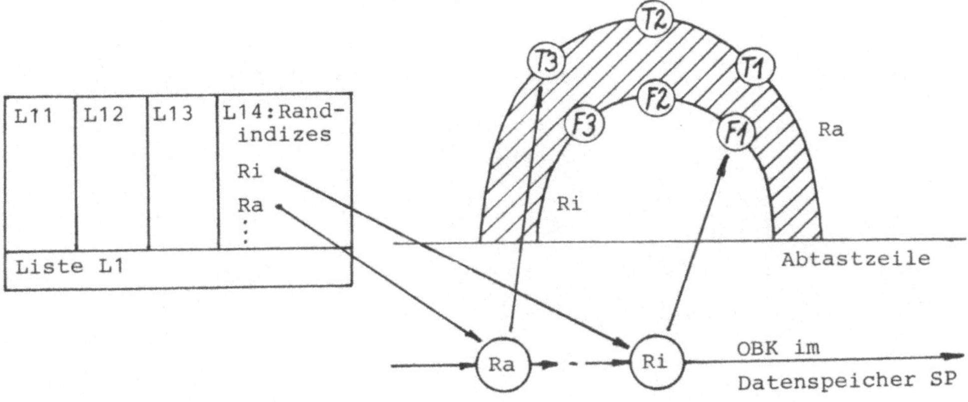

Bild 6.6.1
Wird zum Kennzeichnen der Kanten DZ (siehe B 6.1.4) anstelle
einer beliebigen Abschnittsnummer der Speicherindex des zugehörigen Randknotens mitgeführt, so kann ein neuer Deskriptor
durch Direktzugriffe an das entsprechende Randende angefügt
werden. Obiges Beispiel zeigt die Verweise zwischen den linken
Randhälften eines Musters, den Einträgen in der Liste L14 sowie
den Randknoten R_a und R_i in der Objektbildungskette OBK.

beschleunigt werden. Für die hier beschriebenen Versuche sind
jedoch die Deskriptorbildung des Moduls DM und die Module
RM ... WM usw. in getrennten Programmen realisiert (siehe Kapitel 4). Hierdurch ist ein Rückeintrag der Rand- und Deskriptor-
positionen im Speicher SP in die Listen L1 - L4 nicht möglich.

7. Dokumentmodelle und Erkennungsverfahren

Das in Kapitel 5 und 6 beschriebene Analyseverfahren parst
die digitalisierte Bildinformation eines Dokumentes gemäß dem
syntaktischen Anteil der Produktionen der in Kapitel 5.1 vor-
gestellten Grammatik GB. Als Analyseergebnis wird das Dokumentbild in einzelne, isolierte Komponenten des Dokumentgraphen umgewandelt. Die Knoten und Kanten dieser Komponenten
zeigen allgemein gültige Begriffe und Beziehungen innerhalb
der Dokumentmuster auf. Die Entscheidung über die Klassenzugehörigkeit der Komponenten zu den Klassen "Text", "Grafik"
und "Bild" wird jedoch durch den semantischen und stochastischen Anteil der Produktionen getroffen. Kapitel 7.1 faßt hierzu Kennwerte des Graphen zu den Attributvektoren $\vec{q}$ aus Gl. 5.8
zusammen. Die Wahrscheinlichkeiten p_T, p_G und p_B werden mit
ihrer Hilfe durch ein Graphenvergleichsverfahren errechnet.
Über die Klassenzugehörigkeit wird durch gängige Klassifikatoren entschieden. Um die Breite des Verfahrens zu verdeutlichen, erläutert Kapitel 7.2 wie mit den gleichen Graphele-
menten auch völlig anders geartete Aufgaben zur Dokumentanalyse gelöst werden können. Als Beispiel für die Erkennung fest
vorgegebener Symbole werden Schriftzeichen durch Homomorphie-
vergleich erkannt. Anhand der beiden Erkennungsbeispiele werden
unterschiedliche Erkennungsstrategien sowie die dazu erforderlichen Modelle aufgezeigt. Die Leistungsfähigkeit der Verfahren
demonstriert eine Vielzahl praktischer Versuche.

7.1 Erkennen von Text-, Grafik- und Bildkomponenten
Der semantische und stochastische Teil der Grammatiken

Ein unbekanntes Muster wird dadurch erkannt, daß es mit bekannten, bereits im Automaten gespeicherten Referenzmodellen
verglichen wird. Wird ein unbekanntes Muster zu Analysezwecken
in die symbolische Beschreibung eines Graphen umgewandelt,
so kann es auch in diesem Fall durch Vergleich mit Referenz-
graphen in eine bekannte Klasse eingeordnet werden. In der

Literatur sind bereits Verfahren beschrieben, isomorphe bzw.
homomorphe Graphen miteinander zu vergleichen und den Grad
ihrer Übereinstimmung zu prüfen (z.B. /BA83/).

Will man unbekannte Graphkomponenten durch Vergleich mit Re-
ferenzgraphen in die drei Klassen "Text", "Grafik" und "Bild"
einordnen, so ist dies mit üblichen Vergleichsverfahren nicht
möglich. Hinter jeder der drei Klassen ist eine nahezu unbe-
grenzte Fülle von Mustern völlig unterschiedlicher Gestalt
verborgen. Muster der gleichen Klasse besitzen hier praktisch
niemals zueinander homomorphe oder gar isomorphe Graphstruk-
turen.

Um unbekannte Graphkomponenten mit bekannten Vertretern der
obigen Klassen vergleichen zu können, wurde ein eigenes Vergleichsverfahren entwickelt. Der Grundgedanke hierzu läßt sich
z.B. aus /WY83/ ableiten und wurde für die vorliegende Aufgabe
weiterentwickelt. Bild B 7.1.1 zeigt das Prinzip. Das Verfahren
beschreibt jede Graphkomponente durch einen Attributvektor $\vec{q}$
(siehe Gl. 5.8). Die einzelnen Attribute werden aus den Knoten und Kanten der Graphkomponenten errechnet. Jedes Attribut
stellt einen Kennwert dar, der so gewählt ist, daß er auch
bei unterschiedlich aufgebauten Komponenten der gleichen Klasse einen möglichst stabilen Zahlenwert darstellt. Die Attribute
können gemäß /IIA74/ auch als ein Invariantensystem des Dokumentgraphen aufgefaßt werden.

Der Attributvektor $\vec{q}$ einer Graphkomponente kann nun als Merkmalsvektor $\vec{c}$ gängiger numerischer Erkennungsverfahren aufgefaßt
werden. Hierdurch wird der Vergleich der unterschiedlichen
Graphen auf ein bereits gelöstes Problem zurückgeführt. Das
Hauptproblem der Aufgabe besteht nun darin, die Graphen durch
möglichst stabile Kennwerte zu beschreiben.

Im folgenden wird ein heuristisches Invariantensystem mit 13
Kenngrößen vorgestellt. Die Grobzerlegung des Dokumentes wird
an den Beispielen eines nichtparametrischen Erkennungsverfah-

rens sowie eines Trennflächenklassifikators durchgeführt und diskutiert. Die Beziehung zwischen den Wahrscheinlichkeiten p_T, p_G und p_B aus Gl. 5.8 und den gewählten Klassifikatortypen wird in Kapitel 7.1.3 erläutert. Die Berechnungsvorschrift der Attributvektoren $\vec{q}_X$ anhand der Funktionen f_i wird in Kapitel 7.1.2 aufgezeigt.

Die Kennwerte oder auch Merkmale des Vektors $\vec{c}$ spannen einen mehrdimensionalen Merkmalsraum auf. Jedes Merkmal verkörpert eine Dimension dieses Raumes. Die Gesamtzahl der Merkmale bildet jede Graphkomponente in einen Punkt des Merkmalsraumes ab. Ähnlich wie bei bekannten Verfahren der Schriftzeichen- oder Werkstückerkennung sollen die Punkte einer einheitlichen Klasse in einem möglichst eng begrenzten Bereich des Raumes ein Cluster bilden. Die Interklassenabstände sollen möglichst groß sein.

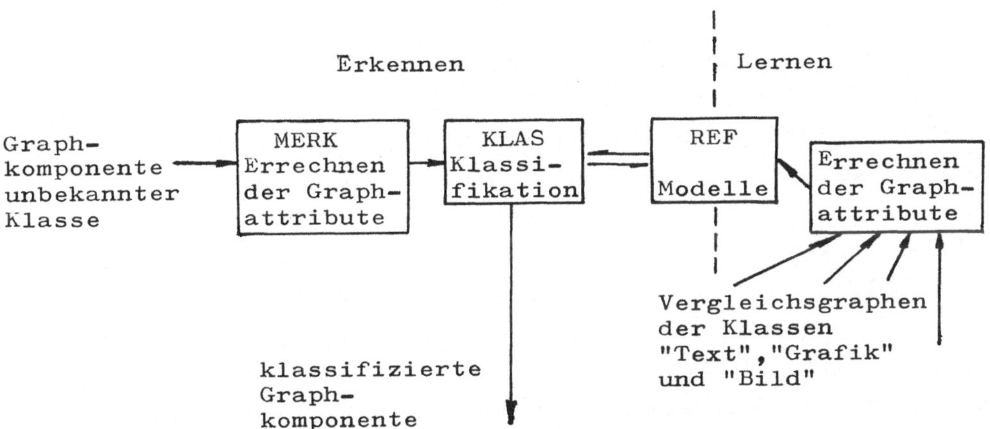

B 7.1.1
Prinzip des Graphvergleichsverfahrens zum Erkennen von Text-, Grafik- und Bildkomponenten eines Dokuments. Die Attributvektoren einer Lernstichprobe von Vergleichsgraphen werden in REF als Modelle gespeichert. Aus den Knoten und Kanten der unbekannten Graphenkomponente werden ebenfalls Attributvektoren errechnet. Diese werden als Merkmalsvektoren eines numerischen Erkennungsverfahrens aufgefaßt. Hierdurch lassen sich die Graphen durch gängige Klassifikationsverfahren miteinander vergleichen. Einige Beispiele für Vergleichsgraphen und ihre Muster sind in B 7.1.9-20 dargestellt.

Für die Klassifikation sind in Modul REF Vergleichsmodelle
gespeichert. Die Kennwerte einer unbekannten Graphkomponente
werden im Modul MERK errechnet. Der Modul KLAS entscheidet
schließlich durch Vergleich der gemessenen Kennwerte mit den
Modellparametern über die Klassenzugehörigkeit der Komponente.

Für die praktischen Versuche zur Dokumentzerlegung wurden zwei
verschiedene Arten von Modellen und Klassifikatoren getestet.
In einem ersten Vesuch wurde in KLAS ein Nearest Neighbour-
hood Klassifikator verwendet. In REF ist hierzu für jedes Modell ein Satz charakteristischer Referenzvektoren gespeichert.
Für den zweiten Versuch, der verbesserte Klassifikationsergebnisse zeigt, wurden interaktiv die Klassenbereiche im Merkmalsraum durch Trennflächen abgegrenzt und diese als Modelle
in REF abgelegt. Sowohl die Referenzvektoren wie auch die Parameter der Trennebenen wurden aus einer Lernstichprobe von
Vergleichsgraphen errechnet.

Eine Optimierung der Klassifikationsverfahren ist nach den
jetzigen Erkenntnissen durchaus möglich. Die vorliegenden Ergebnisse zeigen jedoch bereits nach dem derzeitigen Stand eine
hohe Sicherheit bei der Analyse eines Dokumentes.

7.1.1 Charakteristische Eigenschaften von Text, Grafik und
      Bild

Sollen Modelle für Text, Grafik und Bild definiert werden,
so müssen diese globale Kriterien beinhalten, welche für jede
der drei Klassen immer zutreffend sind. Bei der Modelldefini-
tion wirkt sich erschwerend aus, daß die Klasse Grafik den
Text als Sonderform umschließt und beide wiederum als Sonderform eines Bildes gewertet werden können. Trotz dieser Schwierig-
keit ist es möglich, die Klassen voneinander abzugrenzen und
mit hoher Sicherheit zu erkennen. Im folgenden werden die prüf-
baren Eigenschaften von Text, Grafik und Bild kurz diskutiert.

Für Text können sehr klare Konventionen angegeben werden. Der block- und zeilenförmige Aufbau ist für Text ein typisches Kriterium. Innerhalb des Textblockes sind die Zeilenabstände konstant. Die Textzeilen besitzen in ihrem Block fluchtende Vorderkanten. Jede Textzeile gliedert sich, wie Bild B 5.5.4 zeigt, in einen Wortkern mit Ober- und Unterlängen. Durch die einzelnen Buchstaben besitzt Text ein zerhacktes und stark verwinkeltes Erscheinungsbild.

Für die vorliegende Arbeit wurde ein vereinfachtes Textmodell realisiert. Es enthält nur Angaben über die Nachbarschaft der Buchstaben, die zeilenförmige Struktur sowie den verwinkelten Aufbau von Text.

Die Grafik zeigt bei weitem nicht mehr so ausgeprägte Eigenheiten wie ein Textbereich. Die Klasse wurde für die vorliegende Arbeit so definiert, daß sie im wesentlichen alle Linienmuster mit langen, ausgeprägten Linien umfaßt. Da bei Bürodokumenten einfache Linien als Unterstreichung oder Trenner sowie rechtwinklig verlaufende Linienmuster wie Umrahmungen, Rubriken, Tabellen u.ä. eine große Rolle spielen, wurde hierauf besonderer Nachdruck gelegt. Zur Klasse Grafik werden auch die Linienmuster eines Schaltplanes, einer Bauzeichnung oder eines Diagrammes gerechnet.

Das Bild ist die allgemeinste der drei Musterklassen. Aufgrund der Vorverarbeitung des Dokumentmusters mit einer Bildschwelle können grundsätzlich Grauwertbilder und Flächengrafiken nicht unterschieden werden. Als zur Klasse Bild gehörig werden deshalb alle flächigen Gebilde verstanden, die aufgrund ihrer unregelmäßigen Struktur nicht in die Klassen Text und Grafik fallen. Auffällig ist, daß in vielen natürlichen Bildern die schwarze zusammenhängende Bildfläche eine hohe Anzahl weißer Einschlüsse umschließt.

7.1.2 Ein System von Graphinvarianten als Attributvektoren

7.1.2.1 Übersicht über das Invariantensystem

Zum Kennzeichnen der Graphen wurden für die praktischen Versuche 13 Merkmale aus den Graphkomponenten errechnet. Ihre Auswahl ist als beispielhaft anzusehen. Die Merkmale wurden rein heuristisch gefunden und sind nicht weiter optimiert. Durch die gewählten Merkmale können die Graphkomponenten unabhängig von der Größe der Muster sowie weitgehend unabhängig von ihrer Drehlage klassifiziert werden.

Merkmal 1:   Länge der Buchstabenkette BK (BUCHST.ZAHL)

Merkmal 2:   Summe der Längen aller Innenrandketten IRK im Wortknoten (INNENRAENDER)

Merkmal 3-9: Autokorrelationskoeffizienten über dem bewerteten Winkelhistogramm aller Kanten DZ einer Graphkomponente (AKF)

Merkmal 10 : Extremwertwinkel einer Komponente (ME)
              Die Merkmale 11 bis 13 charakterisieren die Fläche einer Graphkomponente

Merkmal 11 : Mittelwert des Flächenprojektionsverlaufes (MITP)

Merkmal 12 : Streuung des Flächenprojektionsverlaufes (STRP)

Merkmal 13 : Fläche/Hüllfläche (FL/FLEXT)

Die Funktionen f_0 bis f_6 in Gl. 5.8 geben an, wie sich die Attributvektoren $\vec{q}$ hierarchisch höher stehender Symbole aus den tieferstehenden berechnen. f_0 bis f_6 werden in den Modulen RM bis WM bereits während des Parsens der betreffenden Produktion wirksam. Die Merkmalszahlen der Vektoren $\vec{q}$ werden in den Datenstrukturen der Symbole mitgeführt (z.B. die Merkmale 1 und 2 in Position 11 in B 6.1.3 bzw. Position 2 und 3 in B 6.3.2). Für die meisten der oben genannten Merkmale ist es jedoch zweckmäßig, die Kennzahlen zu den Vektoren $\vec{q}$ erst am Schluß des Zerlegungsvorgangs zu berechnen. Für diese Merkmale führt der Modul MERK (siehe B 6.0.2) die Vorschriften aus f_0 bis f_6 erst an den fertigen Graphkomponenten aus. In MERK wird nur der für die Klassifikation wichtige Vektor $\vec{q}_{TB}$ (bzw. $\vec{q}_W$, siehe Kap. 5.7) berechnet.

7.1.2.2 Detaillierte Beschreibung der Erkennungsmerkmale

__Anzahl der Innenränder (M2), Buchstabenzahl (M1):__
Diese beiden Merkmale werden bereits bei der Objekt- und Wort-
verkettung in die Graphknoten eingetragen. Sie verändern sich
bei Störungen, Veränderung der Abtastrate oder des Abbildungs-
maßstabes. Es ergeben sich jedoch bei der statistischen Auswertung gute Cluster, die eine saubere Trennung erlauben. f_0
bis f_4 (M2) bzw. f_0 bis f_2 addieren die Merkmalszahlen der
jeweils zusammengefaßten Komponenten.

__Winkelhistogramm und Autokorrelationskoeffizienten (M 3-9):__
Um verwinkelte Text- und Bildmuster von Grafik zu unterscheiden, bietet sich die Bearbeitung der Winkelverteilung der Graphkanten DZ an. Hierzu werden die Ränder gemäß ihrem Zyklussinn
durchlaufen. Von jeder Kante wird die Länge sowie der Winkel
zur Horizontalen bestimmt. Die ermittelte Länge wird zu der
Speicherstelle eines Winkelhistogrammes hinzuaddiert, die dem
gemessenen Winkel entspricht. So ermittelte Histogramme für
Einzellinien, Rechteckmuster und Text zeigt B 7.1.2. Durch den
vorgegebenen Durchlaufsinn der Ränder sowie die eindeutigen
Richtungsverhältnisse ergeben sich eindeutige Periodizitäten
im Histogramm. Einzellinien sind 180° periodisch, während Rubriken durch ihre Rechteckstruktur ein 90° periodisches Ver-
halten aufweisen. Texthistogramme weisen keine oder geringere
Periodizitäten auf. Die Überprüfung des periodischen Verhaltens
erfolgt durch 8 Autokorrelationskoeffizienten AKF(i). Sie charakterisieren eine Graphkomponente unabhängig von der Mustergröße und Drehlage. Die Koeffizienten werden gemäß der Formel

$$AKF(i) = \sum_{w=0}^{359} h(w)*h(w+i*45) \qquad\qquad \text{Gl. 7.1}$$

für i = 0...7 errechnet. Hierbei ist h(w) das Winkelhistogramm
über dem Winkel w. Die 8 Koeffizienten von AKF(i) werden auf
die Leistung des Signals normiert, so daß AKF(0) = 1 ist. Dieser
Koeffizient wird deshalb bei der Klassifikation nicht berücksichtigt. Die einzelnen Koeffizienten bilden ein Maß für das

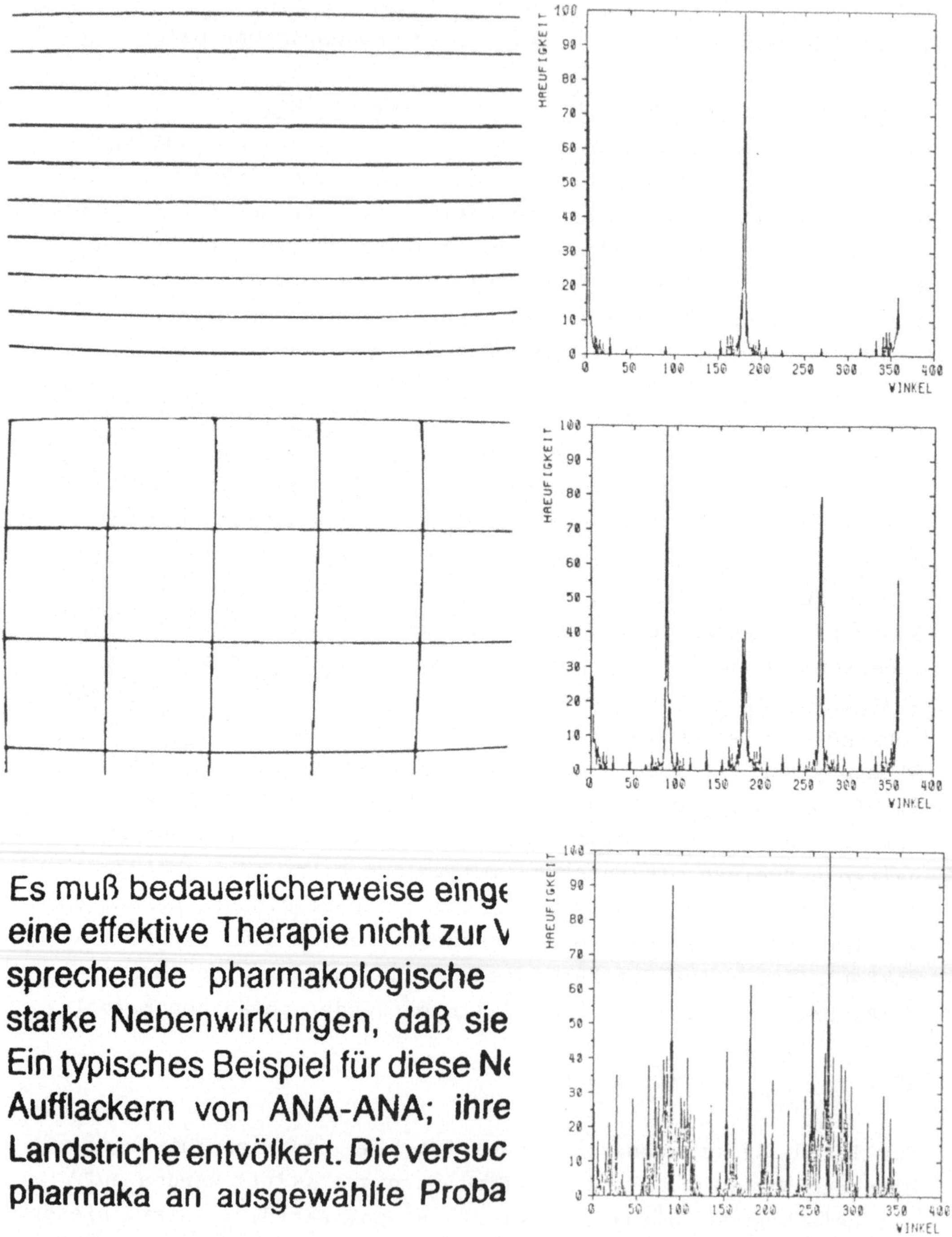

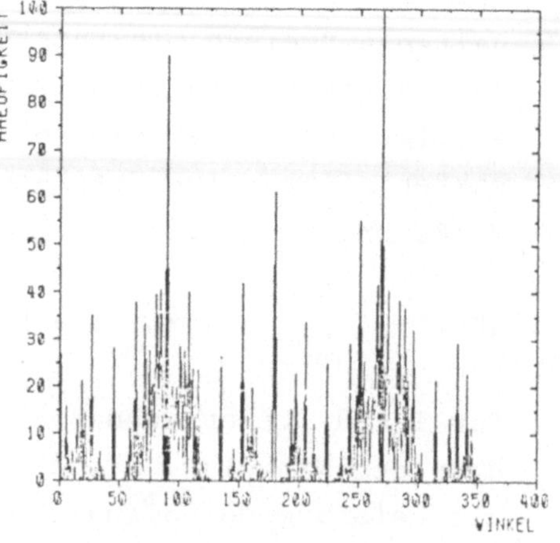

Es muß bedauerlicherweise eing€
eine effektive Therapie nicht zur V
sprechende pharmakologische
starke Nebenwirkungen, daß sie
Ein typisches Beispiel für diese N€
Aufflackern von ANA-ANA; ihre
Landstriche entvölkert. Die versuc
pharmaka an ausgewählte Proba

B 7.1.2
Winkelhistogramme der Graphkanten DZ verschiedener Testbilder

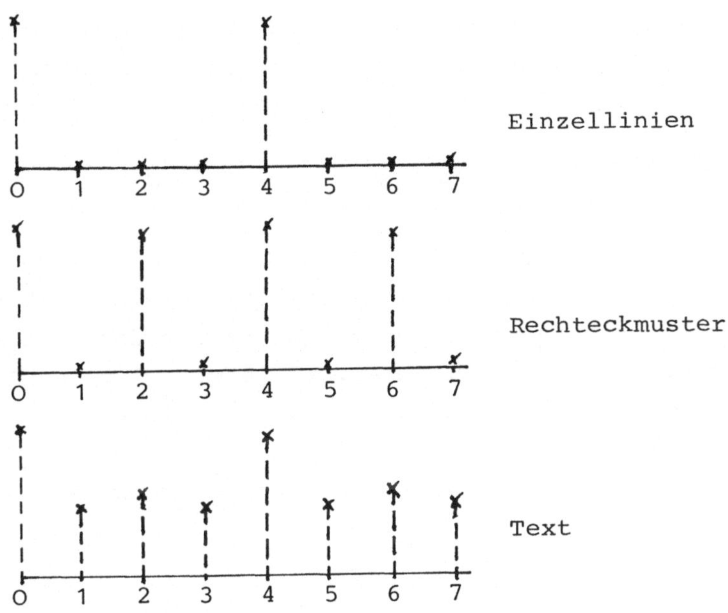

B 7.1.3
AKF-Koeffizienten zu B 7.1.2

periodische Winkelverhalten des Musters in Abständen von 0°,
45°, 90° ... usw.. Bild B 7.1.3 zeigt den AKF-Verlauf für die
einzelnen Testbilder. Das Linienmuster zeigt eine deutliche
Periodizität von 180°, das Rechteckmuster ist 90° periodisch.
Durch die vertikalen Buchstabenkanten finden sich auch 180°
Periodizitäten in Textbereichen, jedoch sind diese im Gesamthistogramm nicht so ausgeprägt vorhanden. Die Funktionen f_5
und f_6 addieren im Modul MERK die Teilbeiträge der Kanten DZ
(Relationen b) zum Gesamthistogramm der Graphkomponente. f_0
(in praktischen Versuchen f_2) errechnet M3 bis M9 gemäß Gl.
7.1.

Extremwertwinkel (M 10):
B 7.1.4 zeigt die Extremwertdeskriptoren eines Musterrandes.
Als Extremwertdeskriptoren gelten die Beschreibungselemente
eines Randpolygons, deren Projektion auf eine Gerade in 0°,
45°, 90°, 135° Richtung ein Maximum bzw. Minimum darstellt.
Die Verbindungslinien A0 bis A3 der jeweiligen Maximum- bzw.

Minimumdeskriptoren schneiden sich in der eingezeichneten Weise. Multipliziert man die Abstände A0 bis A3 mit dem jeweils kleineren der Zwischenwinkel W01 bis W30 gemäß der Formel

$$ME = \frac{A0*W01*A1 + A1*W12*A2 + A2*W23*A3 + A3*W30*A0}{(A0 + A1 + A2 + A3)^2} \qquad Gl.\ 7.2$$

so erhält man ein Maß, das bei Einzellinien minimal wird. Die Funktionen f_0 bis f_6 errechnen die Extremwertdeskriptoren aus den untergeordneten Symbolbäumen. f_0 (bzw. f_2) errechnet die Abstände A, die Winkel W sowie ME nach Gl. 7.2.

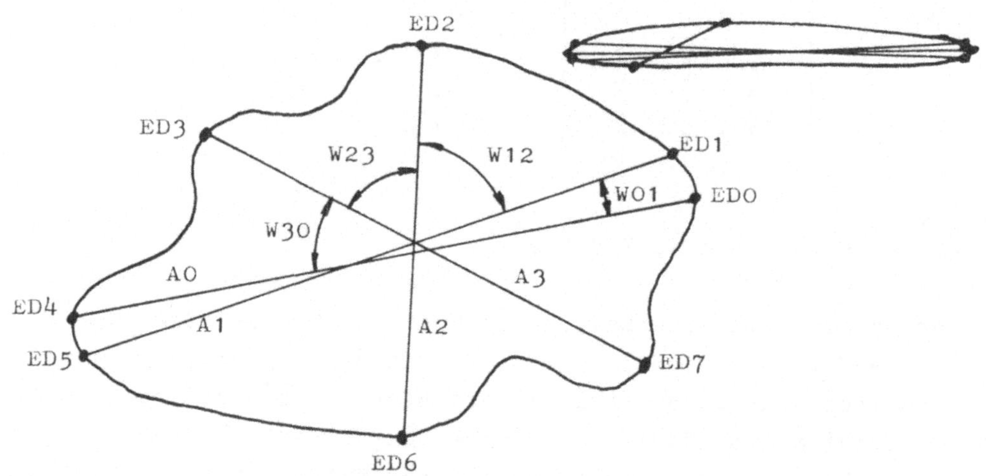

B 7.1.4
Zur Berechnung des Extremwertwinkels ME. Die Extremwertdeskriptoren ED0 - ED7 bilden einen Polygonzug, der die Fläche FLEXT aufspannt (M13).

Flächenmerkmale (M 11 - 13):

Aus den Projektionen eines Musters lassen sich leicht aussagekräftige Merkmale errechnen. Verfahren hierzu sind bereits in /BE84/ beschreiben. Wird das Muster durch seine Ränder beschrieben, so geht die direkte Information über seine flächenhafte Ausdehnung verloren. Durch die Verkettung von Innen- und Außenrändern ist es möglich, Flächenprojektionen zu errechnen und die wahre Fläche eines Objektes sowie dessen Flächenverteilung aus dem Bildgraphen zu bestimmen. Das Prinzip

für die Flächenprojektion einer Graphkomponente zeigt Bild
B 7.1.5. Diese Projektionen werden für α = 0°, 45°, 90° und
135° errechnet. Die Gestaltcharakteristiken dieser Projektionen werden durch Mittelwert und Streuung der Projektionswerte
beschrieben. Diese Merkmale sind für sich alleine betrachtet
nicht größenunabhängig. Es wird jedoch durch eine geeignete
Clusterdefinition eine größenunabhängige Klassifikation erreicht.

Um Projektionen der Musterfläche aus der vorgegebenen Datenstruktur zu gewinnen, projiziert man die einzelnen Graphkanten
DZ des Musters in der in Bild B 7.1.5 gezeigten Art und Weise
auf eine Gerade $\vec{g}$ mit der Gleichung

$$\vec{g} = \vec{g}_0 + i \cdot \vec{n}_0. \qquad\qquad \text{Gl. 7.3}$$

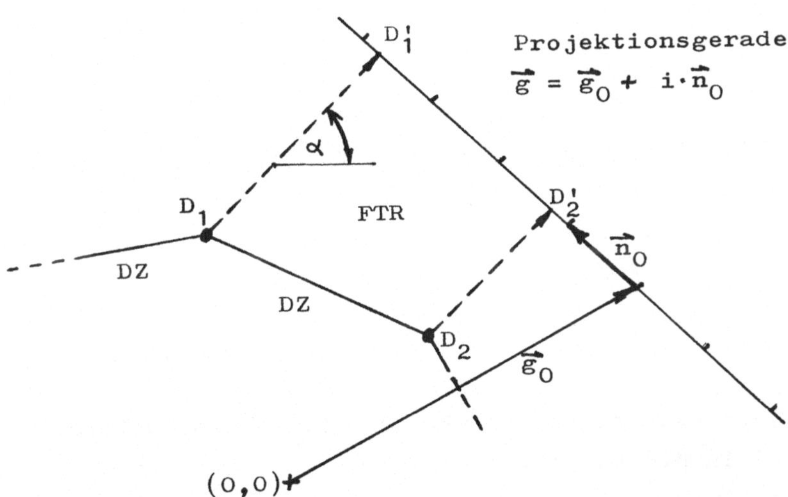

B 7.1.5
Prinzip der Flächenprojektion. Die einzelnen Graphkanten DZ
projizieren Trapezflächen FTR auf die Gerade $\vec{g}$. Summiert man
die positiven und negativen Flächenanteile über jedem Teil-
stück $i*\vec{n}_0$, so entsteht über der Geraden $\vec{g}$ die Flächenprojektion
des durch DZ-Kanten begrenzten Musters.

Sie verläuft senkrecht zur Projektionsrichtung α . Für jede
Kante DZ werden nun die Projektionspunkte D_1' und D_2' errech-
net. Sie begrenzen die Projektion der Kante auf $\vec{g}$ und umspannen
zusammen mit den Deskriptorknoten D_1 und D_2 eine Trapezfläche
FTR zwischen der Kante DZ und der Geraden $\vec{g}$. Die Fläche FTR
wird nun anteilmäßig auf die einzelnen Einheiten i auf der
Geraden $\vec{g}$ verteilt. Jedem i ist ein Zähler in einem Zählerfeld
ZF(i) zugeordnet, der nun um diesen Anteil hochgezählt wird.
Der gleiche Vorgang wiederholt sich für alle Kanten eines Musters.
Erfolgt die Projektion auf der dem Muster zugewandten Seite
von DZ, so wird der Anteil positiv aufaddiert; liegt das Pro-
jektionstrapez auf der abgewandten Seite, so wird der Beitrag
negativ aufaddiert. Als Ergebnis steht in ZF die Flächenprojektion
des Musters.

In vergleichbarer Weise werden auch die Randübergänge selbst
projiziert. Hierzu ist ZF ein Zählerfeld ZÜ parallel geschal-
tet.

In jeder Speicherstelle i von ZÜ(i) ist die Anzahl von Rand-
übergängen der Schnittgeraden gespeichert, die von $i*\vec{n}_0$ ausgehend unter dem Winkel α das Muster schneidet.

Für jede Einheit i wird nun

$$fl(i) = ZF(i)/Z\ddot{U}(i) \qquad\qquad \text{Gl. 7.4}$$

errechnet. fl(i) repräsentiert die mittlere Dicke des Musters
über dem Zähler i in Richtung α.

Der Verlauf der normierten Kurve fl(i) ist von hoher Aussage-
kraft über das ganze Muster. So zeigt B 7.1.7 Projektionskur-
ven des Rechteckmusters in Bild 7.1.2 für $\alpha_1=0^\circ$ und $\alpha_2=45^\circ$.
Charakteristisch für die Projektion eines solchen Linienmus-
ters ist der gleichmäßige Verlauf von fl(i) über der gesamten
Breite des Musters. Bei der Projektion für $\alpha_1=0^\circ$ wird der

gleichmäßige Verlauf von sehr hohen Spitzen unterbrochen. Diese
rühren von den Linien her, die parallel zur Projektion ver-
laufen. Projiziert man eine Bildkomponente, so zeigen die Pro-
jektionsfunktionen ganz andere Verläufe. In Bild B 7.1.6 ist
fl(i) für $\alpha_1=0^\circ$ und $\alpha_2=90^\circ$ dargestellt. Die unregelmäßige Struktur
der Bildkomponente drückt sich in einem ungleichmäßigen Verlauf
der Kurve aus.

Für eine Textkomponente ist in Bild B 7.1.8 aus der Projektion
für $\alpha_1=0^\circ$ die Lage des Wortkerns sowie die Begrenzung für die
Ober- und Unterlänge der Buchstaben ersichtlich. Die 90° Projektion
gibt die Buchstabenstruktur wieder. Alle Projektionsbilder
sind auf ihre Spitzenwerte normiert.

Um den Projektionsverlauf fl(i) durch einfache Zahlenwerte
zu charakterisieren, werden Mittelwert $\overline{fl}$ und Streuung S der
Zahlenfolge fl(i) gemäß

$$\overline{fl} = \frac{1}{N} \sum_i fl(i) \quad \text{und} \qquad \text{Gl. 7.5}$$

$$S = \frac{1}{N-1} \sum_i (fl(i) - \overline{fl})^2 \qquad \text{Gl. 7.6}$$

errechnet. N ist hier die Breite der Projektion auf der Geraden $\vec{g}$. Als Merkmale MITP und STRP werden die Minimalwerte für
$\overline{fl}$ und S aus den 4 Projektionsrichtungen verwendet.

$$MITP = MIN(\overline{fl}_0, \overline{fl}_{45}, \overline{fl}_{90}, \overline{fl}_{135}) \qquad \text{Gl. 7.7}$$

$$STRP = MIN(S_0, S_{45}, S_{90}, S_{135}) \qquad \text{Gl. 7.8}$$

Die Minimalwerte verhindern, daß z.B. die Projektionsspitzen
einer Grafik wie in Bild B 7.1.7 überbewertet werden. Die Funktionen f_5 und f_6 in GL. 5.8 errechnen Flächen- und Randbei-
träge der einzelnen Kanten DZ für die unterschiedlichen Projek-
tionswinkel α und addieren diese Beiträge vorzeichenrichtig
auf die Zählerfelder ZF und ZÜ der zugehörigen Graphkomponente.
f_0 (bzw. f_2) errechnet die Merkmale M11 und M12 gemäß Gl. 7.4
bis Gl. 7.8.

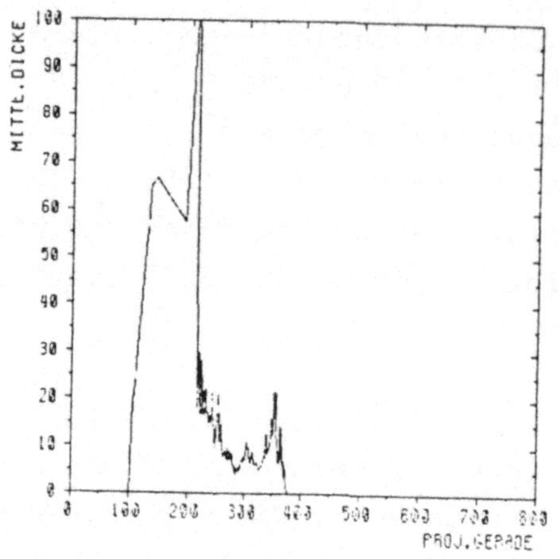 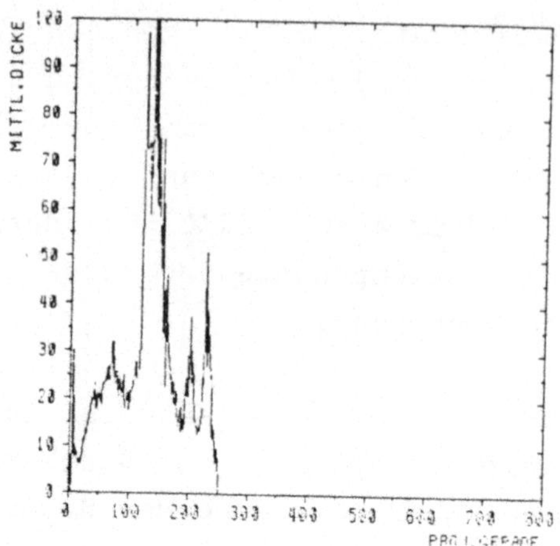

B 7.1.6
Flächenprojektion der linken Bildkomponente in Testbild B 7.1.37
für $\alpha_1=0^\circ$ und $\alpha_2=90^\circ$

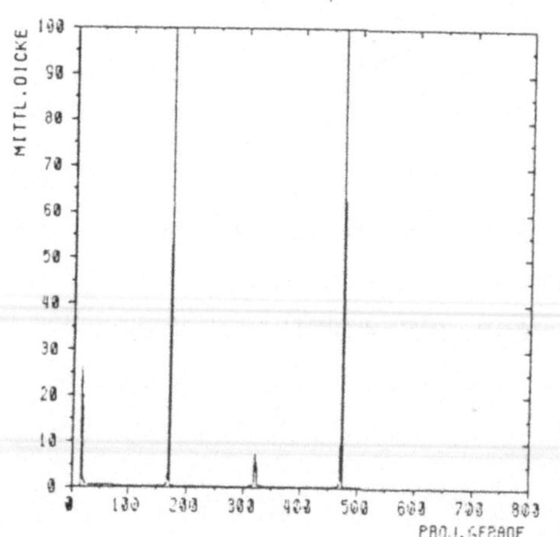 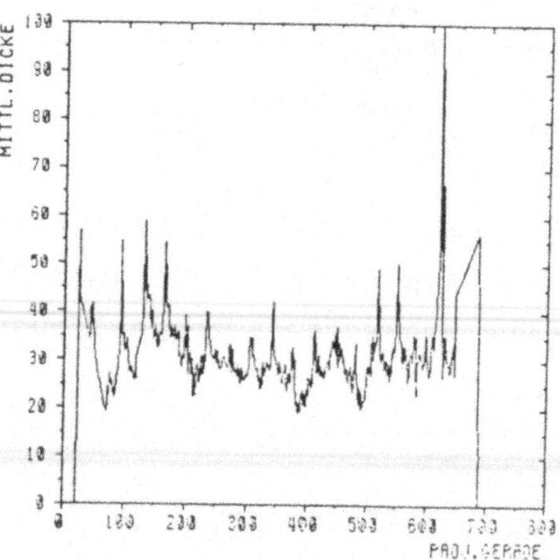

B 7.1.7
Flächenprojektion des in B 7.1.2 gezeigten Rechteckmusters
für $\alpha_1=0^\circ$ und $\alpha_2=45^\circ$. Die Diagramme sind unterschiedlich
normiert!

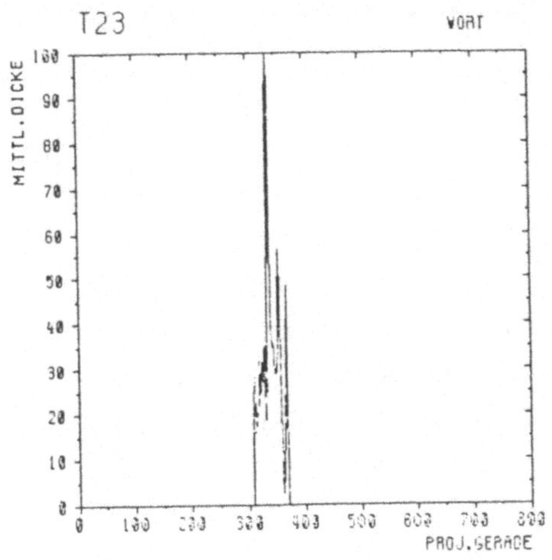
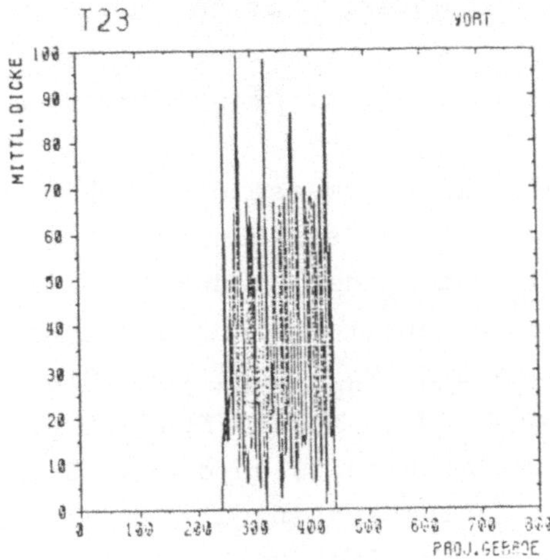

B 7.1.8
Flächenprojektion einer Textkomponente für $\alpha_1 = 0^\circ$ und $\alpha_2 = 90^\circ$.
Projiziert wurde das Wort "Schwedentrunk" in Testbild B 7.1.38.

FL/FLEXT (M13):

Die Summe $FL = \sum_i ZF(i)$ über einer Projektion in beliebiger
Richtung α ergibt die Fläche FL der gesamten Graphkomponente.
Diese Fläche wird in Relation gesetzt zur Hüllfläche FLEXT
der Komponente. Diese wird durch die bereits anhand von Bild
B 7.1.4 diskutierten Extremwertdeskriptoren aufgespannt. Der
resultierende Zahlenwert FR = FL/FLEXT wird sehr klein für
Grafikkomponenten mit sehr dünnen Linien, die jedoch eine große
Fläche überdecken. Der Wert wird groß für kompakte Muster.
Die Funktion f_0 (bzw. f_2) errechnet M13 aus Zwischenergebnissen
der Merkmale M10 bis M12.

7.1.3 Klassifikation

7.1.3.1 Die Vorklassifikation

Die Wirkungsweise der Vorklassifikation ist aus Gl. 5.8 nicht
unmittelbar ersichtlich. Sie begrenzt lediglich den Grad g_{TB},
g_{TL} und g_W der Produktionen r_0, r_1, r_2 auf 1, greift jedoch
der eigentlichen Entscheidung durch die Wahrscheinlichkeiten
P_{OT}, P_{OG}, P_{OB} nicht vor. Sie ist nach der Objektbildung im
Modul OM im Modul VKLAS eingefügt. Ihre praktische Aufgabe
ist es, bereits an dieser Stelle eindeutig erkennbare Grafik-
und Bildkomponenten zu markieren. Diese werden hierdurch im
Modul WM nicht weiter auf ihre Nachbarn hin überprüft. Derart
markierte Elemente können sich also nicht mehr in einer Buchstabenkette zusammenlagern. Diese Vorgehensweise ist wichtig,
da sich auch benachbarte Bilder und Grafiken zu unerwünschten Gebilden zusammenlagern können. Gefährdete Musterkonstella-
tionen zeigen die Test- und Ergebnisbilder im Abschnitt 7.1.7.
Die Arbeitsweise des Moduls wird dort nochmals diskutiert.

Die Vorklassifikation ist für die Versuche recht einfach aufgebaut. Ist die Bedingung

$$((\text{DMAX} > 100) \wedge (\text{ME} < 1{,}5) \wedge (\text{INNENRAENDER} = 0)) \vee$$
$$(\text{INNENRAENDER} > 10) \qquad \text{Gl. 7.9}$$

erfüllt, so gilt das Objekt als Grafiklinie und wird markiert.
Die Wirkung der Vorklassifikation beschränkt sich auf Objekte
mit einem Maximaldurchmesser (DMAX) größer als 100 Pixel. Ebenfalls markiert werden Objekte, deren Innenrandkette länger
als 10 ist. Sie gelten als größere Grafiken bzw. Bilder. Die
markierten Komponenten werden ebenso wie alle anderen im Modul
KLAS endgültig klassifiziert.

7.1.3.2 Ein Klassifikator nach der Nächster-Nachbar-Regel

Gemäß Gl. 3.1 lassen sich p_{OT}, p_{OG} und p_{OB} aus Gl. 5.8 als
a posteriori Wahrscheinlichkeiten eines statistischen Klassifikators auffassen. Das Maximum entscheidet über die Zugehörigkeit
zu einer der Klassen "Text", "Grafik" oder "Bild". Für Versuche
zur Klassifikation der Dokumentkomponenten wird im Modul KLAS
ein NN-Klassifikator eingesetzt. Wie in /NI83/ abgeleitet, läßt
sich für diesen Klassifikatortyp das Maximum der a posteriori
Wahrscheinlichkeit durch das Minimum des Abstandes zum nächsten
Nachbarn im Merkmalsraum ausdrücken. Um dies zu bestimmen,
mißt der Klassifikator die Abstände der Merkmalsvektors $\vec{c}$ einer
unbekannten Graphkomponente zu allen bekannten Referenzvektoren
$\vec{c}_k$ einer klassifizierten Lernstichprobe. Auf die unbekannte
Graphkomponente wird die Klasse K des Referenzvektors $\vec{c}_k$ übertragen, welcher $\vec{c}$ im Merkmalsraum am nächsten benachbart ist.
Der Abstand d zwischen $\vec{c}$ und $\vec{c}_k$ errechnet sich gemäß

$$d(\vec{c},\vec{c}_k) = \sqrt{\sum_{\nu=1}^{m}(c_\nu - c_{\nu k})^2} \qquad\qquad \text{Gl. 7.10}$$

Hierbei ist c_ν die ν-te Komponente des m-dimensionalen Merkmalsvektors $\vec{c}$. k ist der Index für die Referenzvektoren. Für
die praktischen Versuche wurde m = 13 gewählt. Anstelle von
$\vec{c}$ wurde der Attributvektor $\vec{q}_W$ aus Gl. 5.8 eingesetzt (siehe
auch Kap. 5.7). Für die Experimente gilt somit abweichend von
Gl. 5.8:
$$p_T = p_{2T} = p(\vec{q}_W/T), \quad p_G = p_{2G} = p(\vec{q}_W/G), \quad p_B = p_{2B} = p(\vec{q}_W/B).$$

Die Cluster der Lernstichproben für die Klassen Text, Grafik
und Bild sind in den Bildern B 7.1.21a bis B 7.1.28a durch
Projektionen veranschaulicht.

7.1.3.3 Ein geometrischer Klassifikator

Zu Vergleichszwecken wurde neben dem NN-Klassifikator auch
ein einfacher geometrischer Klassifikator getestet. Anstelle
des Maximums der a posteriori Wahrscheinlichkeiten entscheidet hier die Zugehörigkeit des Vektors $\vec{c}$ zu abgegrenzten Be-

reichen des Merkmalsraumes über die Klassenzugehörigkeit. Um
die Trennflächen dieses Klassifikators festzulegen, wurden
die Cluster der Lernstichproben auf mehrere Ebenen projiziert.
Anhand dieser Projektionen wurden stückweise lineare Trennebenen im Merkmalsraum definiert und in Form von Polygonzügen
interaktiv eingegeben. Die Bilder B 7.1.21b bis B 7.1.28b
zeigen die hierzu eingegebenen Polygonzüge im Vergleich zu
den Clustern in (a). Sie geben gleichzeitig eine Vorstellung
über die Teilbereiche des Merkmalsraumes, die auf diesem Wege
für die Klassen Text, Grafik und Bild eingegrenzt wurden. Um
nun zu prüfen, ob ein unbekannter Merkmalsvektor $\vec{c}$ innerhalb
eines der eingegrenzten Bereiche liegt, muß $\vec{c}$ gemäß Gl. 3.2
in die Gleichungen aller Trennebenen eingetragen werden. Anhand der Vorzeichen läßt sich feststellen, in welche Klasse
$\vec{c}$ einzuordnen ist.

Dieses Verfahren wurde für die hier durchgeführten Tests ver-
einfacht. Bei den folgenden Versuchen wird lediglich geprüft,
in wie viele der eingegrenzten Clusterprojektionen der Bilder
B 7.1.21b - 28b ein unbekannter Vektor $\vec{c}$ fällt. Es gilt die Klasse als erkannt, welche die meisten Treffer erhält. Die Klasse
Text kann maximal 8, Grafik 8 und Bild 7 Treffer enthalten.
Anstelle von $\vec{c}$ wurde wieder der Attributvektor $\vec{q}_W$ eingesetzt.

Für die folgenden Versuche wurde abwechselnd der NN- und der
geometrische Klassifikator im Modul KLAS installiert. Für den
NN-Klassifikator wurden im Modul REF als Modelle insgesamt
245 Vektoren einer Lernstichprobe gespeichert. Für den geo-
metrischen Klassifikator wurden in REF die Polygonzüge der
Trennflächen abgespeichert.

7.1.4 Modelle für Dokumentkomponenten

Für den beschriebenen NN-Klassifikator, der im Modul KLAS implementiert wurde, sind gemäß B 7.1.1 in REF Lernstichproben
aus den Modellgraphen für die Klassen Text, Grafik und Bild
gespeichert. Ein Ausschnitt der als Modellgraphen verwendeten
Muster ist in den Bildern B 7.1.9 - 20 aufgezeigt. Die Origi-

nalbilder sind mit a bezeichnet. Sie wurden in den Dokumentgraphen umgewandelt. Von diesen Graphkomponenten, aus denen
die Lernstichprobe durch Bilden der Graphattribute errechnet
wird, sind die Musterränder in den mit b bezeichneten Bildern
aus dem Graphen rekonstruiert. Die mit c bezeichneten Bilder
markieren durch zusammenhängende schwarze Flächen die zu einem
Wortknoten gehörigen Elemente, aus denen jeweils ein Attributvektor für die Lernstichprobe gebildet wurde. Die Flächen
sind mit der von den Extremwertdeskriptoren aufgespannten Fläche
FLEXT in B 7.1.4 identisch. Das Textmodell wurde aus den Graphkomponenten der Bilder B 7.1.9 bis B 7.1.12 gebildet. Es umfaßt einen Stichprobenumfang von insgesamt 162 Merkmalsvektoren. Die vier Bilder berücksichtigen den Einfluß unterschiedlicher Schriftgrößen sowie verminderter Auflösung.

Das Grafikmodell umfaßt insgesamt 69 Teilmodelle und deren
Merkmalsvektoren. Die Bilder B 7.1.13 bis B 7.1.16 zeigen einige der Trainingsmuster. Zusammenhängende Komponenten mit
einem gemeinsamen Außenrand bilden einen Vektor. Die Muster berücksichtigen die vielfältigen Formen rechtwinkliger Muster eines Dokumentes sowie Einzellinien. Sowohl beim Grafik- wie auch
beim Bildmodell wurde auf die Flächendarstellung c verzichtet.

Acht Trainingsmuster des Bildmodells zeigen B 7.1.17 bis
B 7.1.20. Das Modell setzt sich aus insgesamt 14 Vektoren zusammen. Bei der Auswahl der Stichprobe wurde auf möglichst
zusammenhängende Komponenten geachtet.

7.1.5 Cluster im Merkmalsraum

Um eine gewisse Vorstellung von der Lage der Referenzcluster
im Merkmalsraum zu erhalten, zeigen die Diagramme in B 7.1.21a
bis B 7.1.28a die Projektionen der Cluster auf zweidimensionale Ebenen. Die Ebenen werden von jeweils zwei verschiedenen
Merkmalsachsen aufgespannt. Der Merkmalsname ist an den Achsen
vermerkt. In den Diagrammen ist jede eintrainierte Textkomponente als "+", jede Grafikkomponente als "△" und jede Bildkomponente als "▯" markiert.

B7.1.9
Eintrainierte Modellgraphen
der Klasse Text

Es muß bedauerlicherweise einge
eine effektive Therapie nicht zur V
sprechende pharmakologische
starke Nebenwirkungen, daß sie
Ein typisches Beispiel für diese Ne
Aufflackern von ANA-ANA; ihre
Landstriche entvölkert. Die versuc
pharmaka an ausgewählte Proba

(a)　　　　　　　　　(b)

(c)

B7.1.10
Eintrainierte Modellgraphen
der Klasse Text
(a)　Orginal
(b)　Rekonstruktion anhand der
　　　Kanten DZ
(c)　Zusammenhängende Bereiche der
　　　Wortknoten

(a)

(b)

(c)

B7.1.11
Eintrainierte Modellgraphen
unterschiedlicher Schriftarten

(a)

(b)

(c)

B7.1.12
Eintrainierte Modell-
graphen der Klasse Text

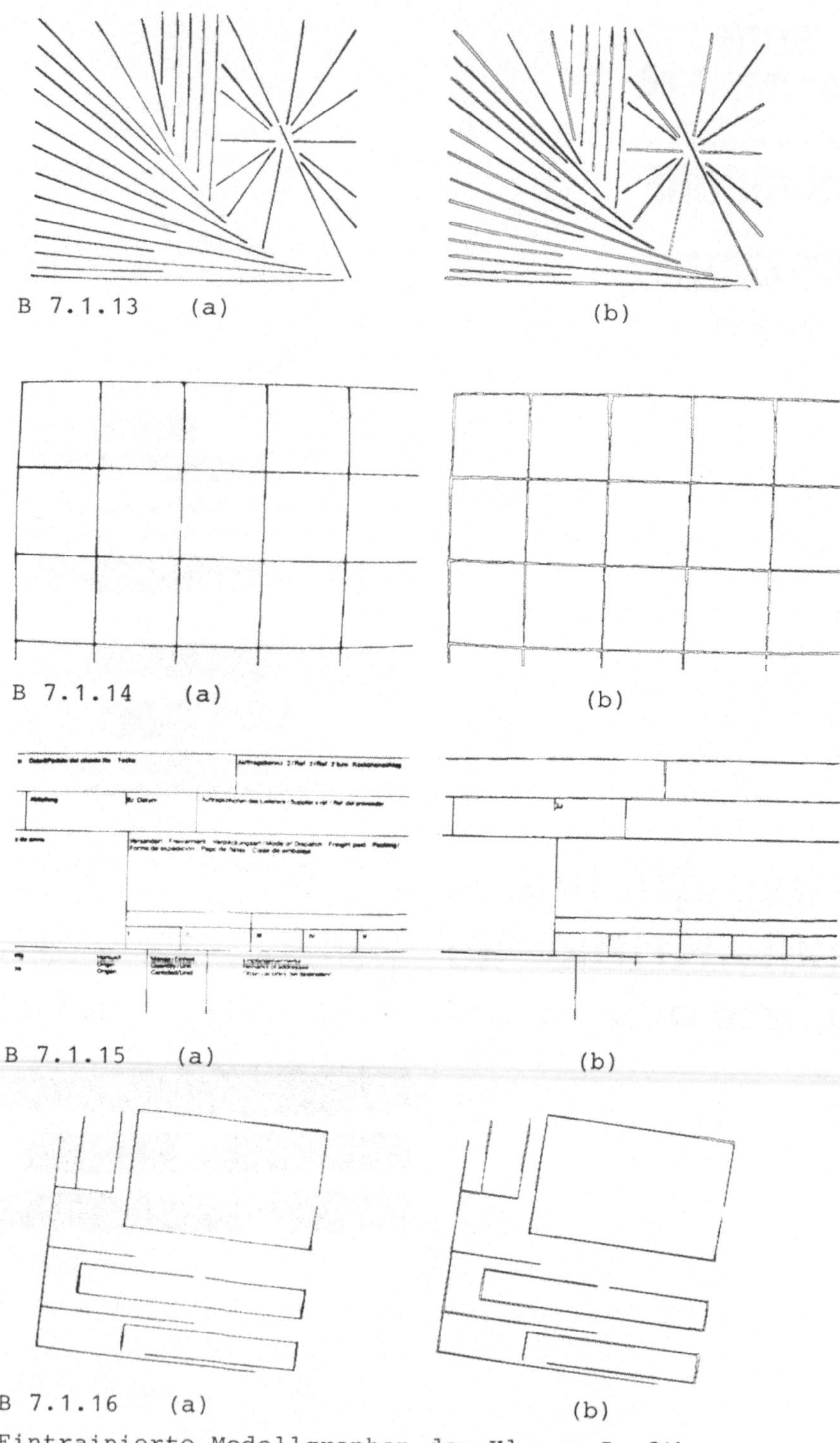

B 7.1.13   (a)   (b)

B 7.1.14   (a)   (b)

B 7.1.15   (a)   (b)

B 7.1.16   (a)   (b)

Eintrainierte Modellgraphen der Klasse Grafik

B 7.1.17   (a)   (b)

B 7.1.18   (a)   (b)

B 7.1.19   (a)   (b)

B 7.1.20   (a)   (b)

Eintrainierte Modellgraphen der Klasse Bild

Trotz der scharfen Konventionen, die für Textbereiche gültig sind, streut das Textcluster stärker als die der anderen Dokumentklassen. Dies ist darauf zurückzuführen, daß nach dem vorgegebenen Stand Textblöcke nicht als Ganzes erfaßt, sondern die einzelnen Wortknoten isoliert für sich gemessen werden. Diese Wortknoten umfassen große und kleine Textelemente. Vereinzelt sind auch nur Einzelbuchstaben oder Satzzeichen durch einen eigenen Wortknoten repräsentiert. So zeigt die Projektion P1 eine durchhängende Kurve für das Textcluster. Einzelbuchstaben und Interpunktion sind im Bereich geringer Buchstabenzahlen und großer Extremwertwinkel ME angesiedelt. Große Wortkomponenten mit einer langen Buchstabenkette besitzen dagegen bereits Liniencharakter und sind bei kleinen Werten des Maßes ME am linken oberen Rand des Diagrammes zu finden. Bei stark verklebten Buchstaben verringert sich die gemessene Buchstabenzahl. Lange Wortkomponenten sind in diesem Fall weiter unten links im Diagramm anzutreffen.

Vergleichbares läßt sich für die Projektion P2 aussagen. Je größer eine Textkomponente, desto mehr verringert sich der Extremwertwinkel und desto höher ist im Mittel die Anzahl der Innenränder in der Komponente. Durch Unterabtastung verkleben viele Zeichen zu einem einheitlichen Block, so daß auch in diesem Fall die mittlere Zahl der Innenränder sinkt.

Im Grafikcluster sind zwei verschiedene Cluster zu einer Klasse vereint. Das sehr scharfe Cluster der Einzellinien ist in P1 und P2 entlang der ME-Achse für Werte kleiner gleich 1 zu finden. Die rechteckigen Muster komplexerer Liniengrafik sind bei höheren Werten angesiedelt. Die Buchstabenzahl ist, bedingt durch die Vorklassifkation, durchgehend 1, die Anzahl der Innenränder für Einzellinien 0. In P2 zeigt die Grafik ebenfalls wie Text ein durchhängendes Cluster. Eine größere Anzahl von Innenrändern tritt jedoch verbunden mit großen Werten des Merkmals ME auf. Hierdurch ergibt sich eine gegenläu-

fige Kurve zu Text und damit eine gute Trennung, insbesondere
bei komplexeren Grafikmustern. Eine saubere Trennung zwischen
Text und Grafik erlaubt auch das Merkmal FL/FLEXT, wie es in
P3 gezeigt ist. Rechteckmuster bilden ein schlauchförmiges
Cluster entlang der INNENRAENDER-Achse für Werte von FL/FLEXT
kleiner 0.15. Das Cluster der Einzellinien überlagert sich
hier mit Text entlang der FL/FLEXT- Achse.

In P4 projizieren sich Text und Grafik direkt übereinander.
Hier nicht näher erläuterte Versuche mit extrem fett gedruckten Lettern zeigen, daß sich das Textcluster in diesem Fall
in diagonaler Richtung fortsetzt. Bildkomponenten besitzen
durch die flächenhaften Muster höhere Mittelwerte und durch
ihre irreguläre Struktur auch sehr viel höhere Streuungen in
ihrem Projektionskurven.

Das auffallendste Trennkriterium bei der eingelernten Stichprobe Bild ist die hohe Anzahl von Innenrändern. Hier wurden
von 20 bis über 500 Innenränder in Bildkomponenten gemessen.
Dies hebt das Bildcluster in P2 und P3 deutlich von Text und
Grafik ab. Bei der Bildkomponente mit nur 14 Innenrändern
handelt es sich um den Jungen in Bild B 7.1.20. Das Auto in
B 7.1.17 ergab 15 Innenränder.

Um eine Vorstellung über die wahren Cluster im 7(8)-dimensio-
nalen Raum der Autokorrelationskoeffizienten zu erhalten, wird
ein einfaches Abbildungsverfahren gewählt. Hierzu werden 3
ausgewählte Punkte im Raum vorgegeben. Zu diesen Punkten werden die Abstände aller Vektoren der 3 Stichproben errechnet
und in den Diagrammen P5 - P7 festgehalten. Als ausgewählte
Punkte wurden die gemittelten Schwerpunkte für Text (T), für
Einzellinien (E) und Rechteckmuster (R) verwendet. Ihre AKF-
Koeffizienten wurde bereits in B 7.1.3 dargestellt. Der Abstand d_K einer Komponente zum Schwerpunkt K errechnet sich
aus

$$d_K = \sqrt{\sum_{i=1}^{7} (AKF(i) - AKF_K(i))^2} \qquad K = T,E,R \qquad \text{Gl. 7.11}$$

$AKF_K(i)$ bezeichnet hier die i-te Komponente des gemittelten
Schwerpunktvektors.

Entlang der Achsen der Diagramme sind die Abstände zu den Schwer-
punktvektoren aufgetragen. Hierbei bezeichnet

AKF T   den Abstand zu T,
AKF E   "   "   " E,
AKF R   "   "   " R.

Für das Prinzipbild in B 7.1.25 wurde auf den Achsen AKF E und
AKF T aufgetragen. Die Lage der Schwerpunte T und E ist eingezeichnet. Aus den Autokorrelationskoeffizienten errechnet sich
der Abstand d(T,E) = 1,14. Analog ergibt sich d(E,R) = 1,27
und d(T,R) = 0,89. Punkte auf der Verbindungslinie zwischen
T und E im Merkmalsraum liegen auf der im Diagramm eingezeichneten Geraden $\overline{TE}$. Verlängert man diese Verbindungslinie im
Merkmalsraum über T und E hinaus, so liegen die Punkte hinter
T auf der Geraden $\overline{TX}$ und die hinter E auf $\overline{EX}$. Bei den gege-
benen Abstandsverhältnissen zwischen T und E können also die
schraffiert gezeichneten Flächen von unbekannten Graphkomponenten nicht erreicht werden. Die im Diagramm eingezeichnete Diagonale kennzeichnet die Trennebene im Merkmalsraum mit
gleichen Abständen zwischen T und E. Sind die Merkmale günstig
gewählt, so werden sich Textkomponenten vorwiegend unterhalb
der Diagonalen nahe bei T, Einzellinien darüber nahe bei E
aufhalten.

Augenfällig ist, daß sich Text- und Bildcluster der Lernstichprobe in allen drei Diagrammen P5 bis P7 kaum trennen lassen.
Lediglich bezüglich E weisen einige Bildkomponenten größere
Abstände als Text auf. Diese mangelnde Trennbarkeit ist auf
die verwinkelten Ränder der Text- wie auch der Bildkomponenten
zurückzuführen.
Ein sehr scharfes Cluster formen die Einzellinien. Dies ist in P5
und P6 nahe E und in P7 um die Koordinaten (1.3, 1.15) zu sehen.
Die Rechtecke bilden ein langgestrecktes Cluster zwischen den

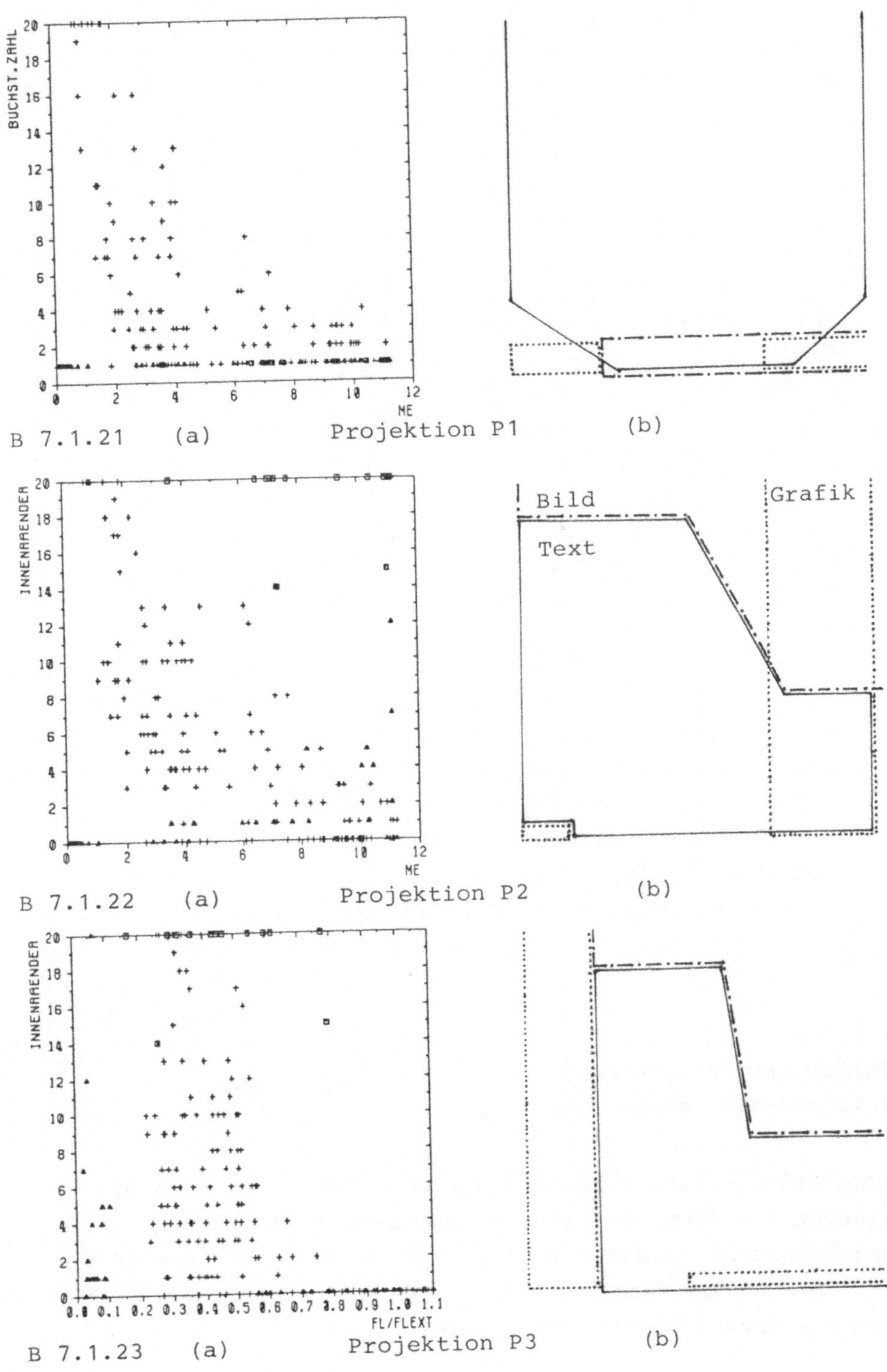

BUCHST.ZAHL
ME
B 7.1.21   (a)   Projektion P1   (b)
INNENRAENDER
ME
B 7.1.22   (a)   Projektion P2   (b)
Bild
Grafik
Text
INNENRAENDER
FL/FLEXT
B 7.1.23   (a)   Projektion P3   (b)

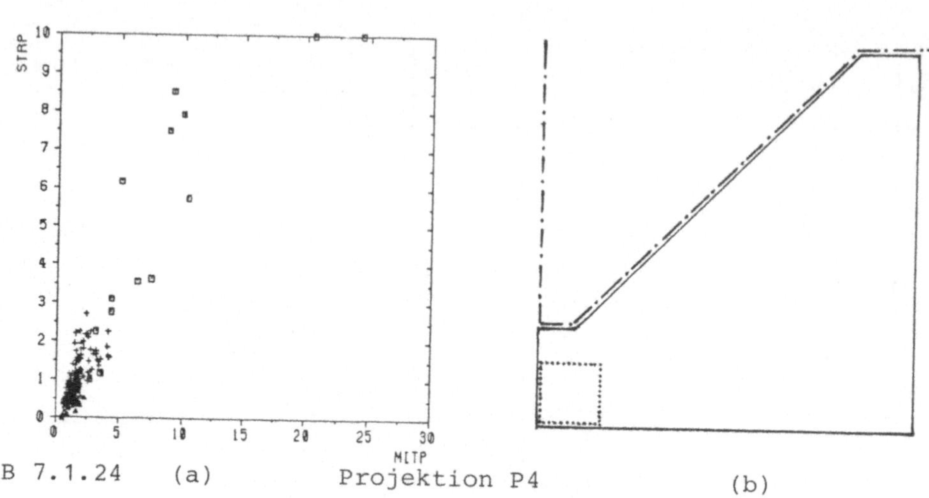

B 7.1.24   (a)   Projektion P4   (b)

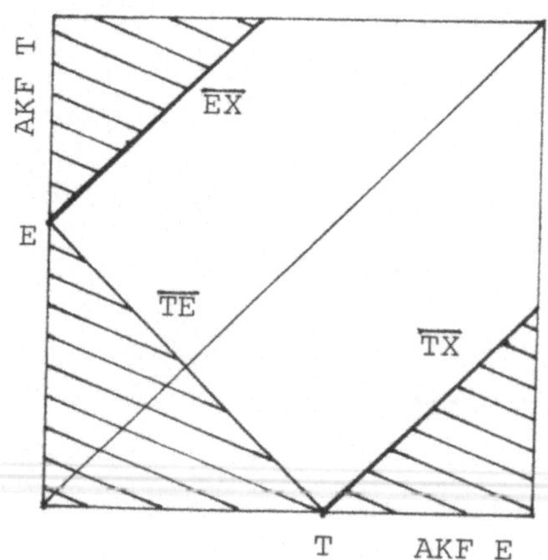

B 7.1.25
Prinzipbild zu den Projektionen P5, P6 und P7.
Erläuterungen siehe Text.

Die Bilder B 7.1.21-28a zeigen Projektionen der Trainings-
cluster des NN-Klassifikators auf unterschiedliche Ebenen.
Textkomponenten sind mit "+", Grafik- und Bildkomponenten
mit "▲" und "▣" bezeichnet. (b) verdeutlicht die Trenne-
nen des Klassifikators in Kapitel 7.1.3.3

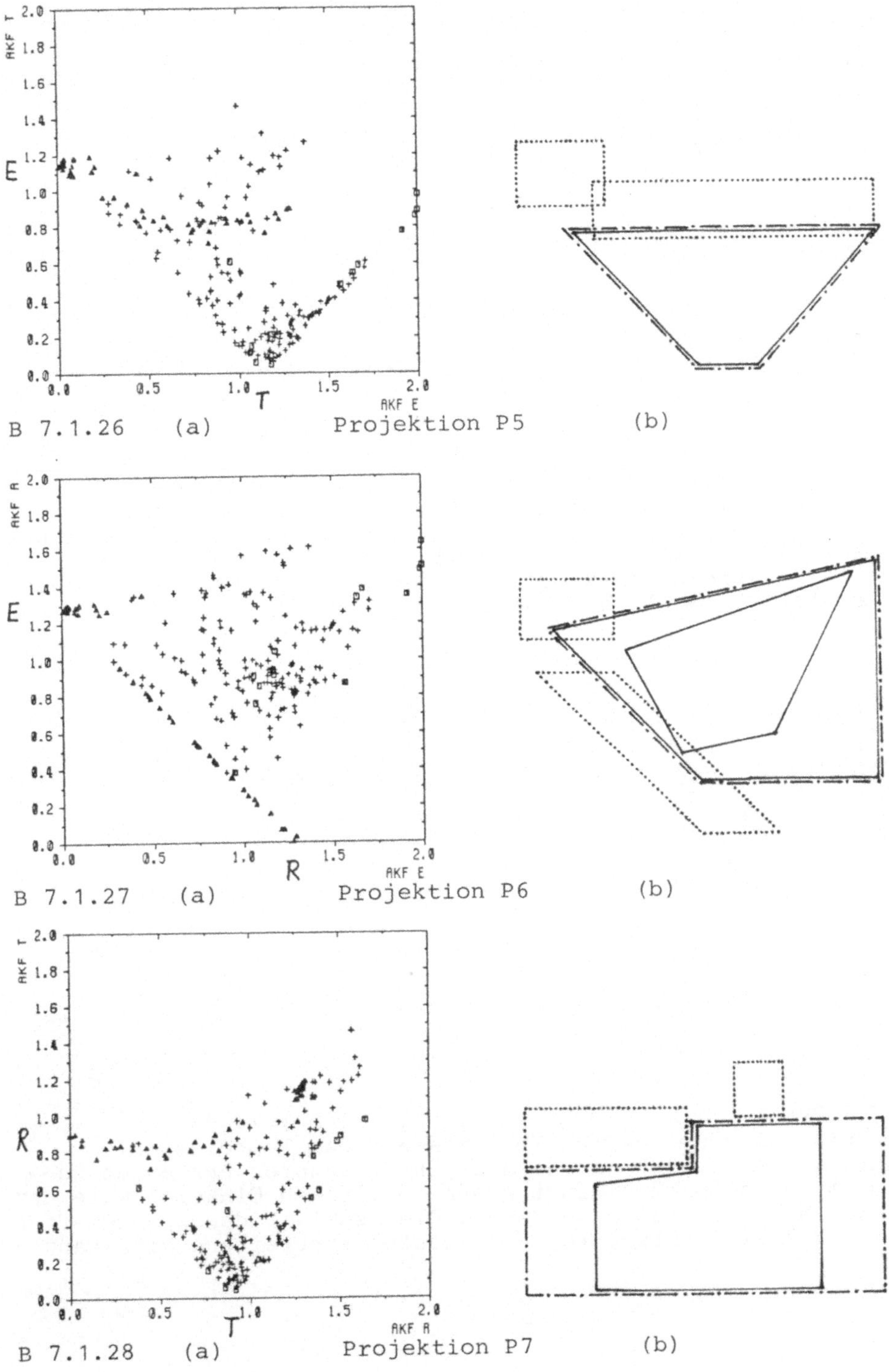
AKF T
2.0
1.8
1.6
1.4
1.2
1.0
0.8
0.6
0.4
0.2
0.0
E
0.0   0.5   1.0   1.5   2.0
T
AKF E
B 7.1.26   (a)   Projektion P5   (b)

AKF R
2.0
1.8
1.6
1.4
1.2
1.0
0.8
0.6
0.4
0.2
0.0
E
0.0   0.5   1.0   1.5   2.0
R
AKF E
B 7.1.27   (a)   Projektion P6   (b)

AKF T
2.0
1.8
1.6
1.4
1.2
1.0
0.8
0.6
0.4
0.2
0.0
R
0.0   0.5   1.0   1.5   2.0
T
AKF R
B 7.1.28   (a)   Projektion P7   (b)

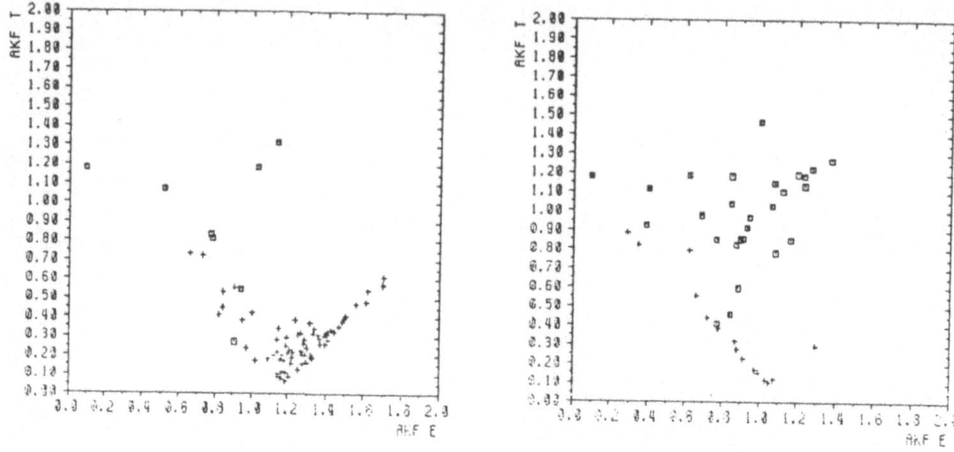

B 7.1.29a

B 7.1.30a

Der Einfluß kleiner Textelemente auf das Textcluster.
B 7.1.29 zeigt die Projektion P5 des Textbildes B 7.1.9,
B 7.1.30 die von Textbild B 7.1.10. Komponenten mit einem Durch-
messer kleiner als 15 Pixel sind durch ein "▣", größere durch
ein "+" gekennzeichnet. Die Clusterverbreiterung durch kleine
Elemente ist deutlich zu sehen.

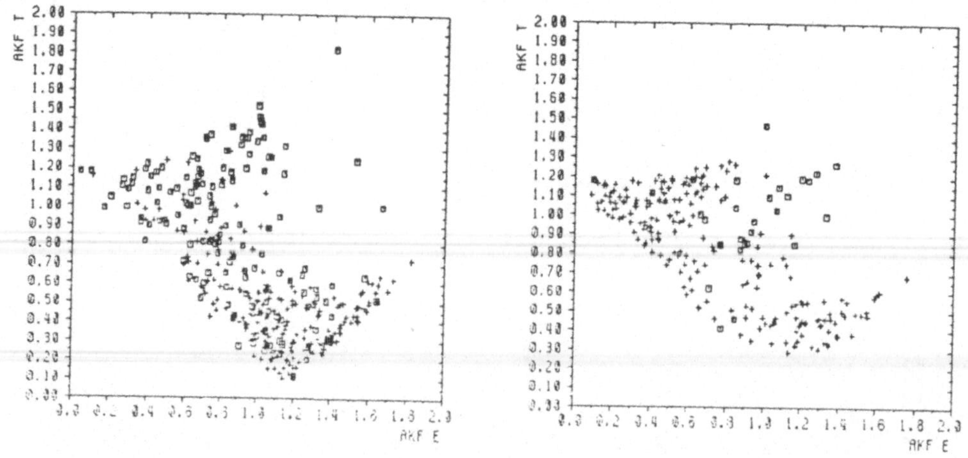

B 7.1.29b

B 7.1.30b

Der Einfluß verminderten Kontexts auf das Textcluster.
Während die Cluster in (a) aus den Wortknoten errechnet wurden, sind in (b) die Cluster der isolierten Einzelobjekte der
gleichen Textvorlagen zu sehen. Dies erklärt den sprunghaften
Anstieg kleiner Elemente. Die Cluster verbreitern sich ganz
erheblich.

Punkten R und E im Raum. Dies wird insbesondere in P6 deutlich. Ausgehend vom Punkt R, der das quadratische Linienmuster
in Bild B 7.1.2 verkörpert, zieht sich das Cluster entlang
der Linie $\overline{ER}$ zum Punkt E. Diese Linie ergibt sich, wenn ein
Quadrat durch Verändern des Seitenverhältnisses in ein Rechteck und schließlich in eine Einzellinie übergeht. Dieser fla-
che Clusterverlauf ist in abgeschwächter Form auch in P5 und
P7 zu beobachten.

7.1.6 Der Einfluß des Kontexts sowie kleiner Textelemente auf das Textcluster

Das Textcluster setzt sich aus den Attributvektoren isolierter
Wortknoten zusammen. Diese wurden aus den Trainingsbildern
für Text errechnet und ohne Vorauswahl eintrainiert. Die Wortknoten umfassen im Text größere Buchstabeneinheiten. Jedoch
repräsentieren die Knoten, die aus den Trainingsbildern B 7.1.9
– 12 entstanden sind, keineswegs nur Textgebilde mit größeren
Buchstabenketten. Interpunktion, i-Punkte, Störungen und ähnliche Kleinmuster, die eine vorgegebene Schmutzschwelle (Durch-
messer größer als 5) überschreiten, bilden eigene Wortknoten,
denen nur ein einziger Rand zugeordnet ist.

Um zu demonstrieren, wie kleine Elemente das Textcluster erweitern, zeigen die Bilder B 7.1.29a und B 7.1.30a deren Einfluß anhand der Projektion P5 des AKF-Raumes (siehe B 7.1.26a).
B 7.1.29a zeigt den Clusterbeitrag des Trainingsbildes B 7.1.9,
B 7.1.30a den aus B 7.1.10. Textkomponenten mit einem Durch-
messer größer als 15 Pixel sind durch "+", kleinere durch "▯"
gekennzeichnet. Die Bilder geben eine Vorstellung, wie sich
das in REF gespeicherte Referenzcluster für Text zusammensetzt.
Deutlich ist der große Streubeitrag kleiner Elemente auszu-
machen. Beseitigt man die kleinen Elemente aus dem Referenzcluster, so sind, wie durch Vergleich mit B 7.1.26a ersichtlich, Text- und Grafikcluster eindeutig zu trennen.

Die Bilder B 7.1.29b und B 7.1.30b demonstrieren für die gleichen Trainingsbilder den Einfluß einer verminderten Kontext-
auswertung auf das Textcluster. Die Attributvektoren sind hier
nicht aus den Wortknoten, sondern aus den isolierten Objektknoten der Trainingsbilder errechnet. Deutlich zeigt sich hier
der sprunghafte Anstieg kleiner Textelemente und damit verbunden auch eine wesentliche Verbreiterung des Clusters.

7.1.7 Ergebnisse zur Dokumentzerlegung

Um das Verfahren praktisch zu erproben, wurden damit mehr als
30 Bilder unterschiedlichster Dokumenttypen analysiert. Die
wichtigsten Ergebnisse werden im folgenden anhand von 10 Bildbeispielen aufgezeigt und diskutiert. Alle Testbilder sind
Ausschnitte aus normalen Druckvorlagen. Wie bereits anhand
der Bildfolge B 5.4.1 - B 5.4.8 demonstriert, wird jedes Testbild in isolierte Wortknoten des Dokumentgraphen umgewandelt
und durch einen 13-dimensionalen Attributvektor charakterisiert. Die Komponenten werden sowohl mit dem beschriebenen
NN- als auch mit dem Trennebenenklassifikator in die Klassen
Text, Grafik und Bild eingeteilt.

Anhand der beiden Klassifikatoren sind unterschiedliche Grund-
richtungen aufgezeigt. Für den NN-Klassifikator wurde die gesamte Lernstichprobe, insbesondere bei Text, eintrainiert.
Dieser Klassifikator zeigt deshalb beispielhaft Vorteile und
Fehlerquellen eines Erkennungssystems, das auch auf alle text-
spezifischen Kleinelemente wie Interpunktion ausgerichtet ist.

Der Trennebenenklassifikator ist demgegenüber darauf ausge-
legt, bevorzugt tragende Text-, Grafik- und Bildelemente zu
erkennen. Die interaktiv eingegrenzten Clusterbereiche im Merkmalsraum vermeiden den Einfluß unbedeutender Text-, Grafik-
und Bildteile. Die Ergebnisse der beiden Verfahren sind im
folgenden einander gegenübergestellt.

In der Tabelle T 7.1.1 sind wichtige Graphparameter der einzelnen Testbilder aufgelistet. Die Parameter D, R, O, W geben die Anzahl der Deskriptor-, Rand-, Objekt- und Wortknoten wieder.

B 7.1.31 - 40 zeigen 10 Ergebnisbildfolgen. In den Ergebnisbildern ist mit O jeweils das zu analysierende Originalbild bezeichnet. Die Bilder sind von 01 bis 010 durchnummeriert. Die Bilder W verdeutlichen Ergebnisse des Verfahrens zur Wortbildung aus den Kapiteln 5.5 und 6.3.3. Die Flächen markieren die Elemente in den Buchstabenketten der Wortknoten. Grafik- und Bildkomponenten sind in W mit Hilfe der Trennebenenklassifikation bereits ausgeblendet. Die mit T, G und B gekennzeichneten Bilder zeigen die klassifizierten Text-, Grafik- und Bildkomponenten. Sie sind anhand der Kanten DZ aus den Graphkomponenten rekonstruiert. Mit NN sind die Ergebnisse des NN-Klassifikators, mit TR die des Trennflächenklassifikators gekennzeichnet. In den Bildern T, G und B sind die Ergebnisse der beiden Klassifikationsverfahren direkt gegenübergestellt.

Die Testbilder 01 und 02 zeigen nahezu reine Textdokumente. Lediglich einzelne Trennlinien sind zwischen den Textblöcken eingelagert. Die Bilder zeigen Textelemente völlig unterschiedlicher Buchstabengrößen in unmittelbarer Nachbarschaft zueinander. Verschiedene Textteile sind so klein, daß sie aufgrund von Quantisierungseffekten nahezu unleserlich sind. Die Klassifikationsergebnisse verdeutlichen die größenunabhängige Arbeitsweise sowohl der Klassifikationsverfahren, wie auch des Verfahrens zur Berechnung der Graphkomponenten. Die Quantisierungseffekte werden gut verarbeitet.

02 zeigt in einem Werbeprospekt zusätzlich zu unterschiedlichen Schriftgrößen auch noch sehr stark verdrehte Textzeilen. Auch diese wurden in ihrem Verlauf richtig erkannt und bearbeitet.

Die Testbilder 03 bis 06 zeigen beschriftete Grafiken für völlig unterschiedliche Aufgaben. Alle Bilder demonstrieren die unmittelbare Nachbarschaft zwischen Text- und Grafikelementen bei diesem Dokumenttyp. Ebenfalls wird hier aufgezeigt, daß es mit dem Verfahren möglich ist, kleine isolierte Textkomponenten, die nicht im größeren Verband einer Textzeile oder eines Textblockes stehen, richtig zu bearbeiten. In der Literatur, wie z.B. in /BL82/, sind Verfahren aufgezeigt, welche mit Hilfe einer adaptiven Größenschwelle Text und Grafik unterscheiden. Mit diesen Verfahren ist es jedoch nicht möglich, gleichzeitig Bilder, wie z.B. B 5.4.1, zu bearbeiten.

04 demonstriert die Dokumentzerlegung am verdrehten Muster aus 03. Es ergeben sich auch hier keine wesentlichen Qualitätseinbußen.

Grafik aus gängigen Industriedokumenten setzt sich größtenteils aus rechtwinkligen Teilmustern zusammen. Dies wurde auch im Grafikmodell als Charakteristikum eintrainiert. Die Grafiken des Schaltplanes 05 sowie der Konstruktionszeichnung 06 besteht zwar im wesentlichen auch aus horizontalen und vertikalen Linien, jedoch existiert hier bereits ein gewisser Anteil an Kreisbögen und Linienelementen anderer Vorzugsrichtungen. Dies sowie die erhöhte Anzahl von Innenrändern bei einzelnen Grafikmustern bringen die zugehörigen Graphkomponenten in die Nähe des Text- bzw. des Bildclusters. Es ist in beiden Fällen jedoch eine gute Trennung zwischen Text und Grafik möglich.

Bei den Testbildern 07 bis 010 handelt es sich um Ausschnitte aus willkürlich ausgewählten Kleinanzeigen. Sie demonstrieren ein kompliziertes Nebeneinander von Textteilen sowohl mit Grafik- als auch Bildelementen. So sind in 07 zwei in etwa gleich große Bildteile unmittelbar benachbart. Bei einem größenunabhängig arbeitenden Verfahren besteht nun die Gefahr, daß sich diese beiden Bildelemente wie zwei benachbarte Buchstaben zu

einer Wortkomponente zusammenlagern. Eine vergleichbare Gefahr
droht auch bei vertikalen Trennlinien bzw. -balken, wie sie
sowohl 08 als auch 09 aufzeigen. Auch ist es möglich, daß sich
ein Trennbalken und ein benachbartes Bild zusammenlagern. Eine
Konstellation hierfür zeigt 08.

Die aufgezeigten Fälle werden von der Vorklassifikation im
Modul VKLAS richtig erkannt. Die Objektknoten der Trennlinien
wie auch der Bilder wurden eindeutig identifiziert und als
solche markiert. Der Trommler in 08 ist mit dem umgebenden
Text leicht verzahnt. Auch hier zeigt sich der Vorteil eines
syntaktischen Lösungsweges gegenüber anderen Lösungen. Der
Trommler könnte z.B. durch ein umschreibendes Rechteck in der
Bildmatrix nicht von störender Umgebung getrennt werden. Die
Buchstaben der vertikal verlaufenden Textzeile lagern sich
nicht in Buchstabenketten zusammen. Hier liegt die Grenze des
momentan implementierten Verfahrens.

Als Besonderheit zeigt 09 handschriftlichen Text. Hier ergeben sich extremere Größenunterschiede als bei Druckbuchstaben.
Der Schriftzug zwischen den Buchstaben ist teilweise durchgehend, teilweise unterbrochen. Mit einer Ausnahme zeigen sich
auch hier richtige Ergebnisse. Das Bild des Motorradhelms liegt
hier in der Größenordnung der Schriftzeichen. Zudem ist die
Anzahl der Innenränder dieser Bildkomponente nicht besonders
hoch. Trotzdem wurde die Komponente richtig als Bild klassifiziert.

010 zeigt neben Text und Grafik ein Bild, das sich aus mehreren
Einzelkomponenten zusammensetzt. Text, Grafik und die Haupt-
komponente des Bildes werden richtig erkannt. Drei der Gebäude-
fenster lagern sich jedoch wie ein Wort zusammen und werden
auch als Text klassifiziert.

Bildnummer	D	R	O	W
B 7.1.31 (01)	5480	267	119	48
B 7.1.32 (02)	4918	278	114	51
B 7.1.33 (03)	3094	166	62	35
B 7.1.34 (04)	2266	161	73	39
B 7.1.35 (05)	4442	251	162	63
B 7.1.36 (06)	2324	131	65	32
B 7.1.37 (07)	6498	473	204	27
B 7.1.38 (08)	10892	783	485	62
B 7.1.39 (09)	5586	292	154	50
B 7.1.40 (010)	7514	494	280	62

Tabelle T 7.1.1
Daten der Dokumentgraphen zu den Testbildern 01 - 010
D = Anzahl der Deskriptoren
R = Anzahl der Randknoten
O = Anzahl der Objektknoten
W = Anzahl der Wortknoten

Bildnummer	A	G/U	TR	NN
B 7.1.31 (01)	0	G	0	7
		U	2	1
B 7.1.32 (02)	3	G	1	2
		U	7	1
B 7.1.33 (03)	1	G	1	3
		U	1	5
B 7.1.34 (04)	2	G	0	3
		U	0	6
B 7.1.35 (05)	0	G	5	4
		U	3	0
B 7.1.36 (06)	0	G	4	10
		U	0	0
B 7.1.37 (07)	0	G	0	0
		U	4	3
B 7.1.38 (08)	0	G	0	6
		U	19	9
B 7.1.39 (09)	1	G	2	7
		U	0	0
B 7.1.40 (010)	1	G	0	3
		U	28	28
Gesamtfehler	8	G	11	45
		U	64	53

Tabelle T 7.1.2
Fehlertabelle zu den Testbildern 01 - 010
A = Anlagerungsfehler (falsches Trennen im Wort, falsche
G = Gravierende Fehler   Anlagerung)
U = Unbedeutende Fehler
TR = Fehlergebnisse des Trennflächenklassifikators
NN = Fehlergebnisse des NN-Klassifikators

Testbild 01

W1: Bereiche der Buchstabenketten

B 7.1.31
Testbild 01 und die als "Text", "Grafik" und "Bild"
klassifizierten Graphkomponenten (nächste Seite)

Die Bilder B 7.1.31 - 40 zeigen anhand der 10 Testbilder
01 - 010 die praktische Leistungsfähigkeit der beschriebenen Verfahren zur syntaktischen Dokumentanalyse. Die mit
W bezeichneten Ergebnisbilder kennzeichnen die Bereiche
zusammenhängender Buchstabenketten BK im Dokumentgraphen.
Die mit T, G und B bezeichneten Bilder zeigen die als
"Text", "Grafik" und "Bild" klassifizierten Graphkomponenten. Die unterschiedlichen Ergebnisse des NN- und Trenn-
ebenenklassifikators sind mit NN und TR bezeichnet. Weitere
Erläuterungen siehe Text.

NN1T   als "Text" klassifiziert   TR1T

NN1G   als "Grafik" klassifiziert   TR1G

zu B 7.1.31

Testbild 02

W2: Bereiche der Buchstabenketten

B 7.1.32
Testbild 02 und die als "Text", "Grafik" und "Bild"
klassifizierten Graphkomponenten (nächste Seite)

NN2T   als "Text" klassifiziert   TR2T

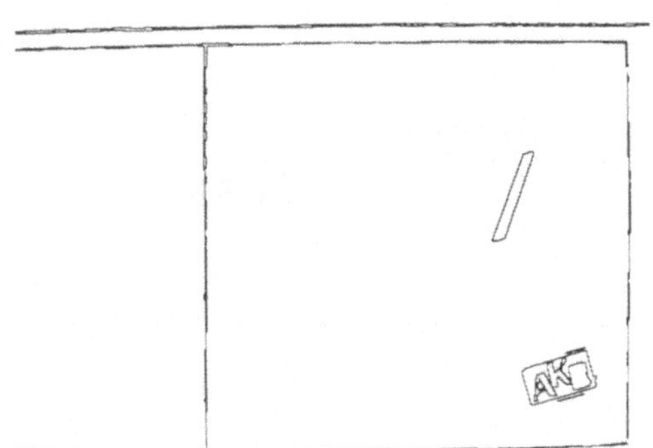 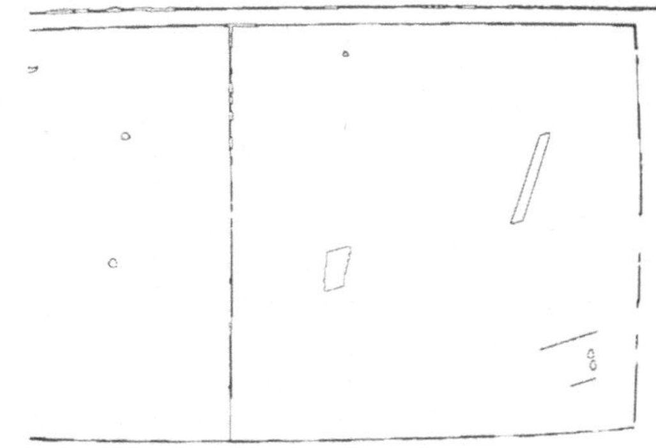

NN2G   als "Grafik" klassifiziert   TR2G

zu B 7.1.32

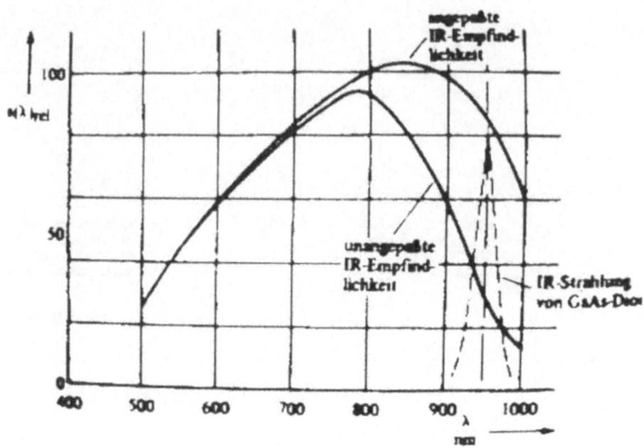

Testbild 03

W3: Bereiche der Buchstabenketten

B 7.1.33
Testbild 03 und die als "Text", "Grafik" und "Bild"
klassifizierten Graphkomponenten (nächste Seite)

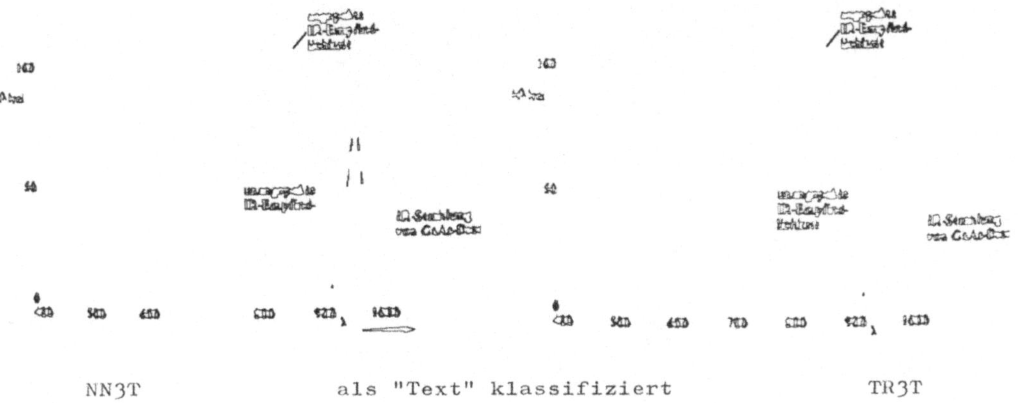

NN3T   als "Text" klassifiziert   TR3T

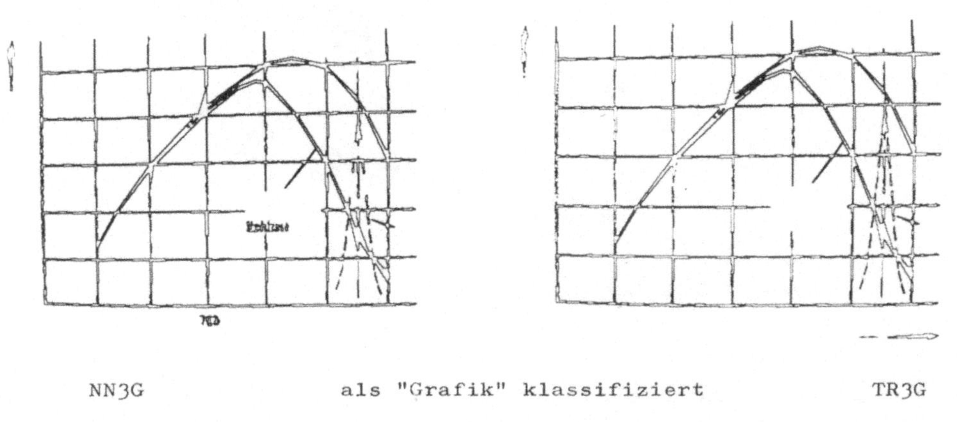

NN3G   als "Grafik" klassifiziert   TR3G

zu B 7.1.33

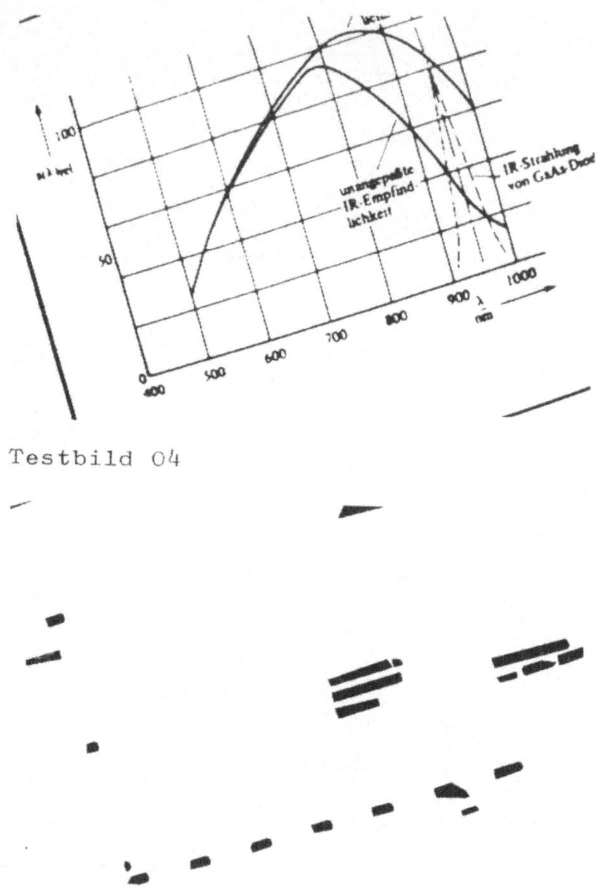

Testbild O4

W4: Bereiche der Buchstabenketten

B 7.1.34
Testbild O4 und die als "Text", "Grafik" und "Bild"
klassifizierten Graphkomponenten

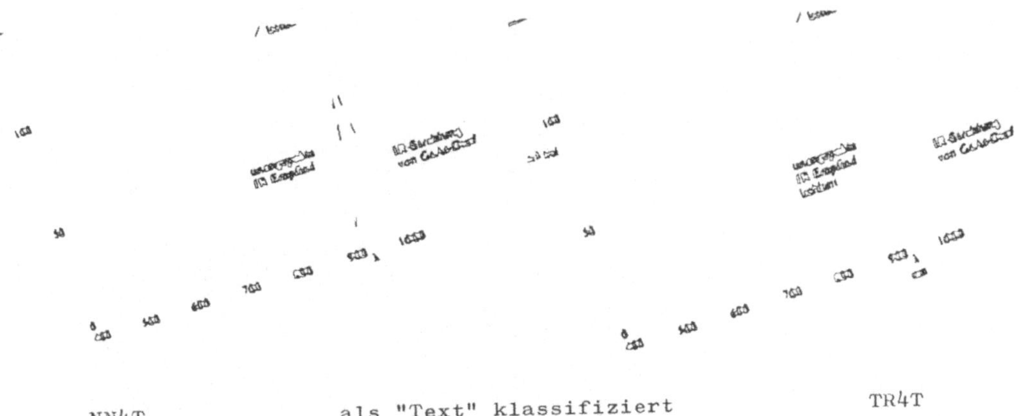

NN4T   als "Text" klassifiziert   TR4T

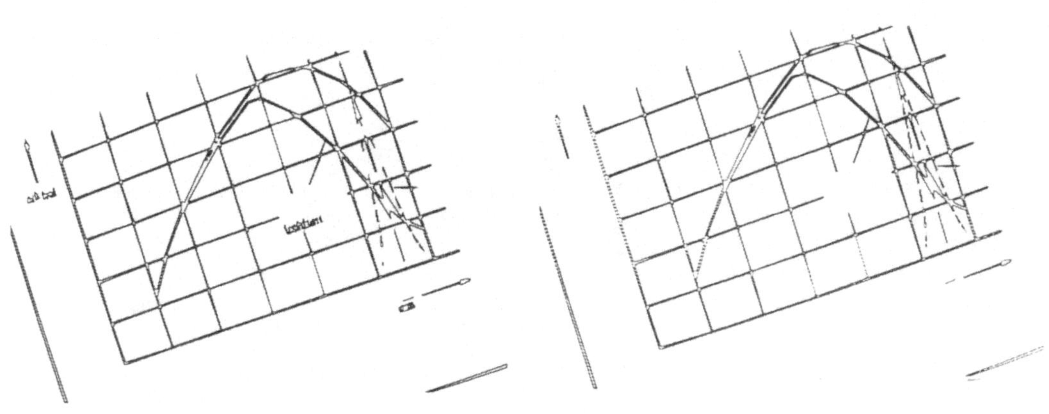

NN4G   als "Grafik" klassifiziert   TR4G

zu B 7.1.34

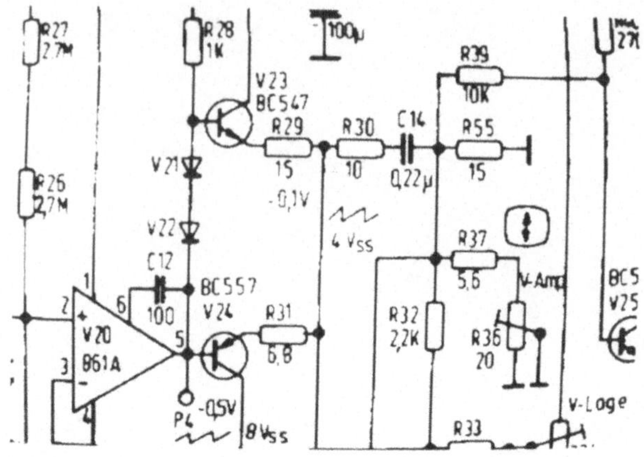

Testbild 05

W5: Bereiche der Buchstabenketten

B 7.1.35
Testbild 05 und die als "Text", "Grafik" und "Bild"
klassifizierten Graphkomponenten (nächste Seite)

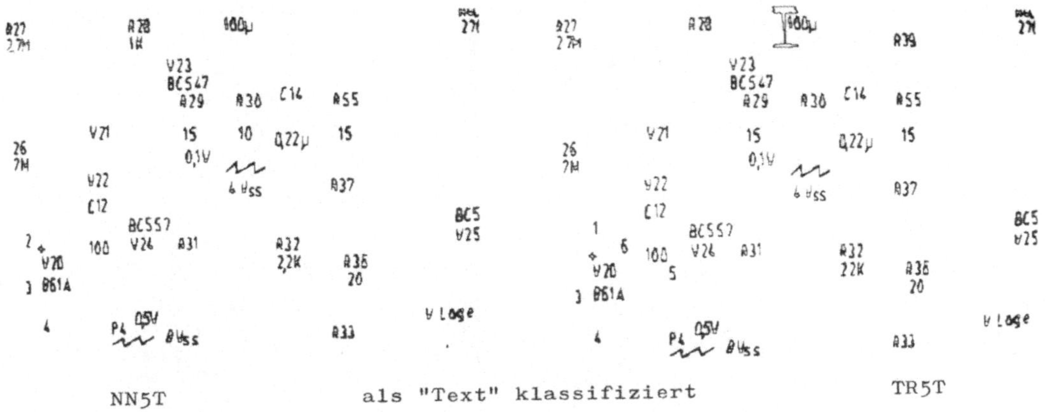

NN5T   als "Text" klassifiziert   TR5T

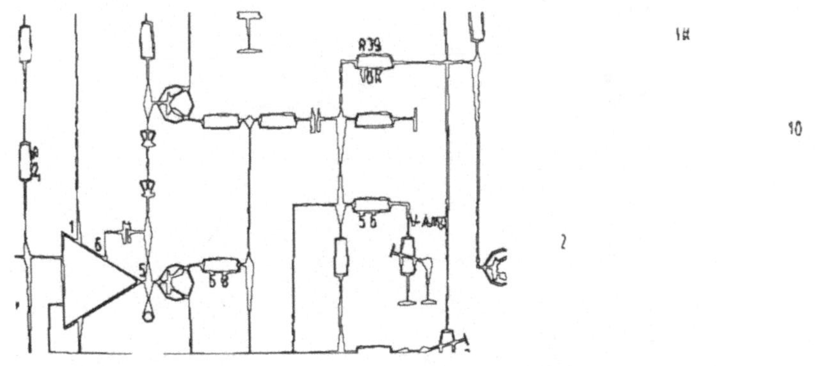

NN5G   als "Grafik" klassifiziert   TR5G

NN5B   als "Bild" klassifiziert   TR5B

zu B 7.1.35

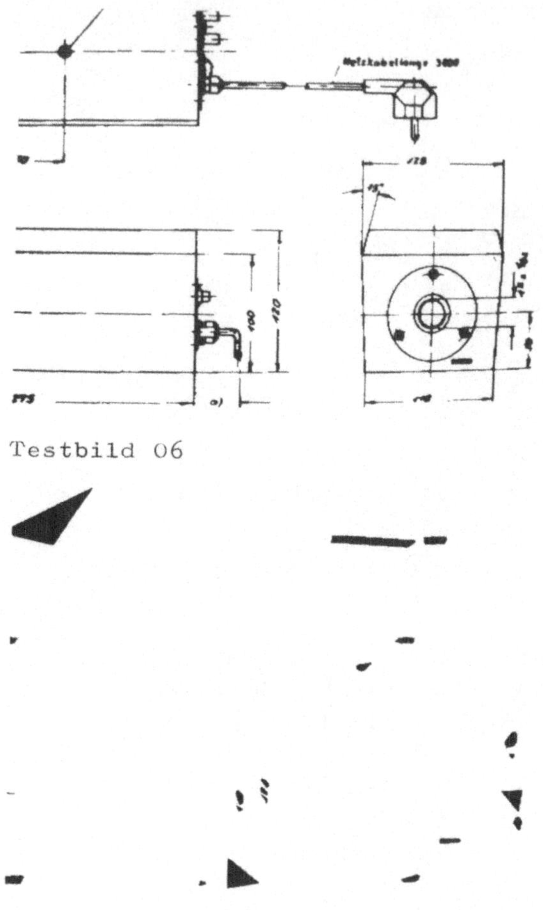

Testbild 06

W6: Bereiche der Buchstabenketten

B 7.1.36
Testbild 06 und die als "Text", "Grafik" und "Bild"
klassifizierten Graphkomponenten (nächste Seite)

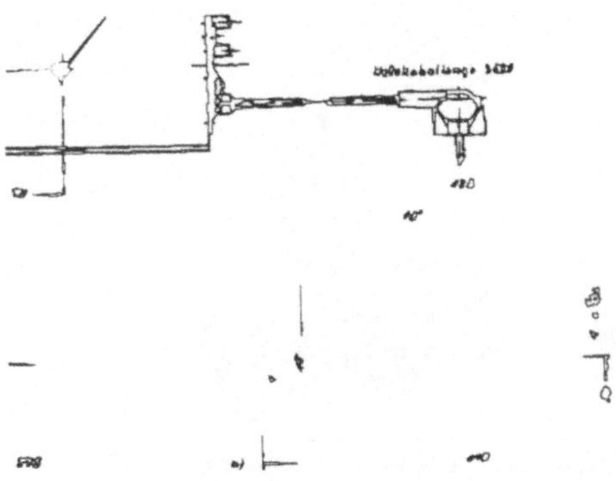

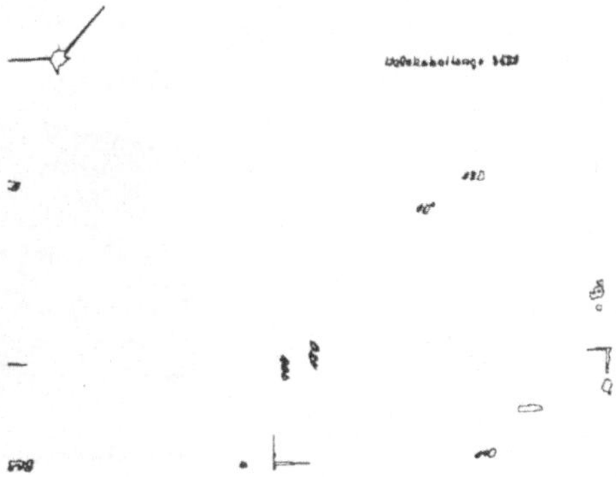

NN6T   als "Text" klassifiziert   TR6T

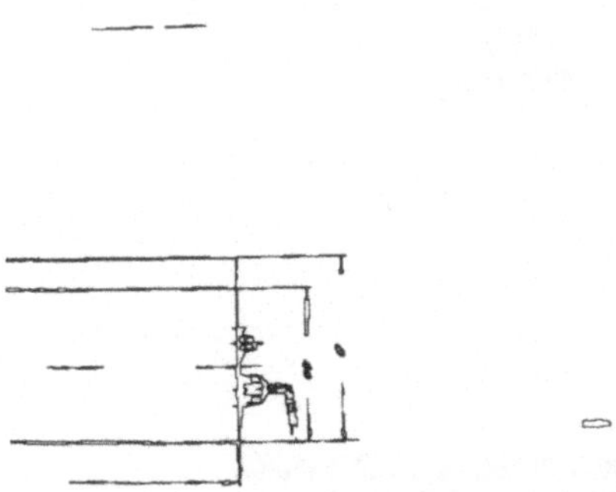

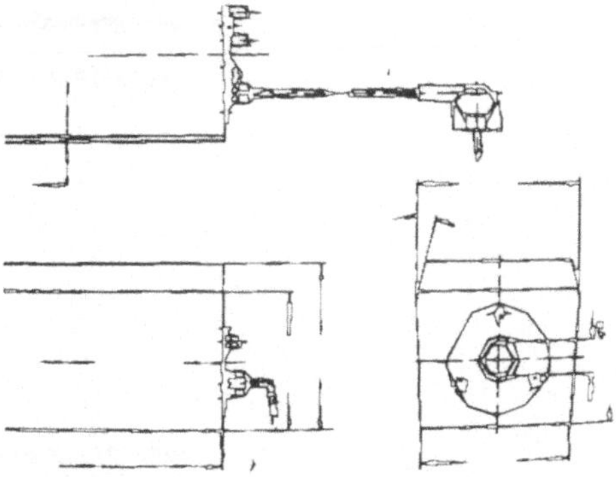

NN6G   als "Grafik" klassifiziert   TR6G

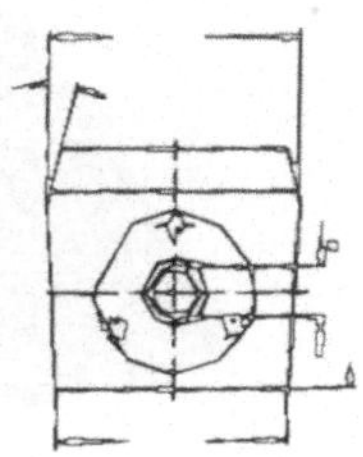

NN6B   als "Bild" klassifiziert   TR6B

zu B 7.1.36

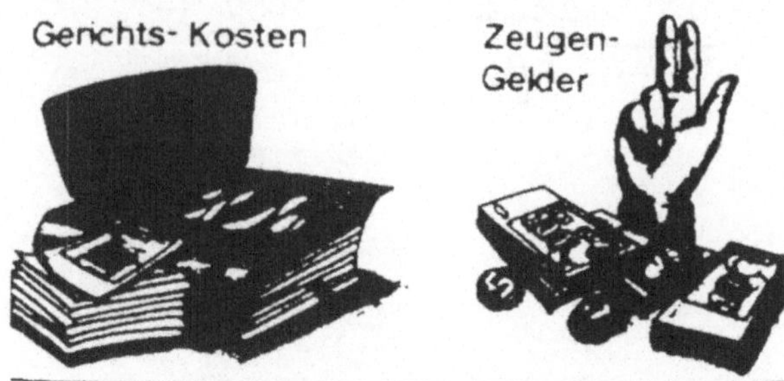

Testbild 07

W7: Bereiche der Buchstabenketten

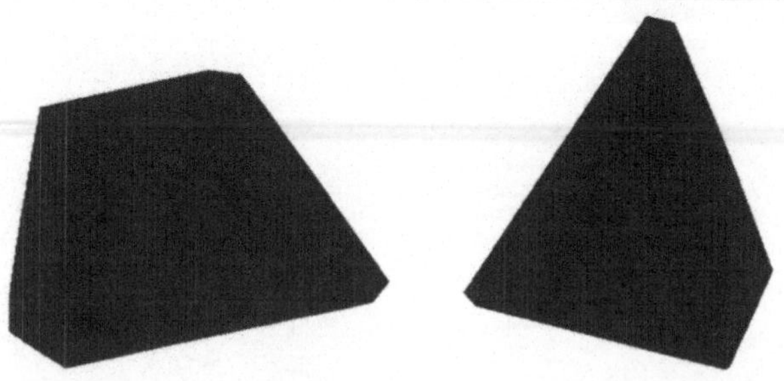

Testergebnis zur Arbeitsweise der Vorklassifikation. Die Bildkomponenten lagern
sich nicht zur Buchstabenkette zusammen

B 7.1.37
Testbild 07 und die als "Text", "Grafik" und "Bild"
klassifizierten Graphkomponenten (nächste Seite)

NN7T   als "Text" klassifiziert   TR7T

NN7G   als "Grafik" klassifiziert   TR7G

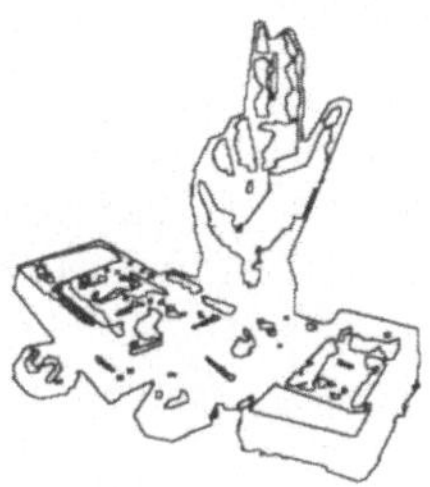

NN7B   als "Bild" klassifiziert   TR7B

zu B 7.1.37

Testbild 08

W8: Bereiche der Buchstabenketten

B 7.1.38
Testbild 08 und die als "Text", "Grafik" und "Bild"
klassifizierten Graphkomponenten (nächste Seite)

NN8T   als "Text" klassifiziert   TR8T

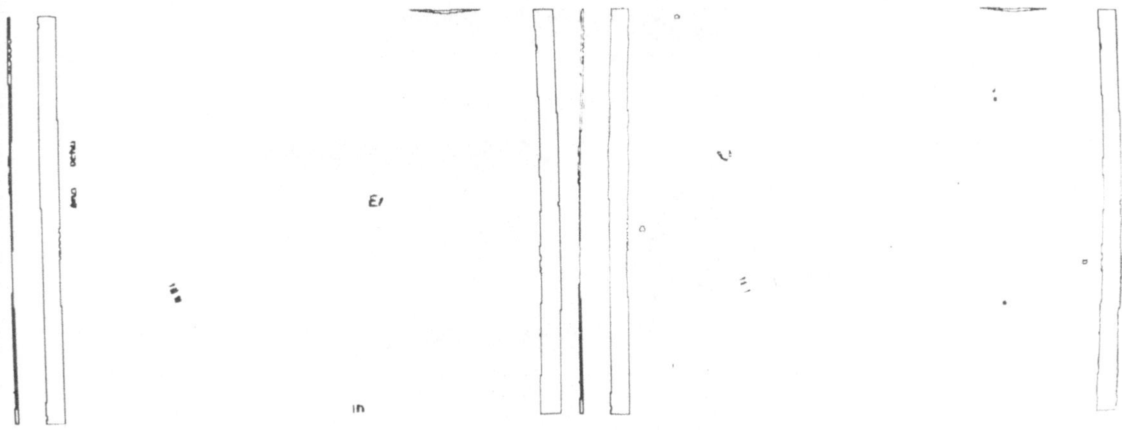

NN8G   als "Grafik" klassifiziert   TR8G

NN8B   als "Bild" klassifiziert   TR8B

zu B 7.1.38

Testbild 09

W9: Bereiche der Buchstabenketten

B 7.1.39
Testbild 09 und die als "Text", "Grafik" und "Bild"
klassifizierten Graphkomponenten (nächste Seite)

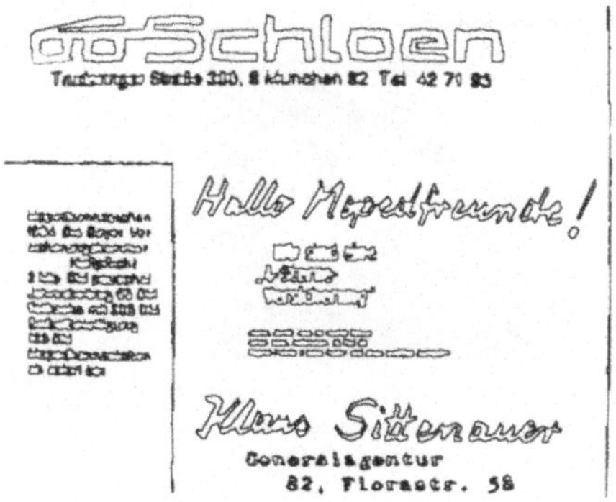

NN9T als "Text" klassifiziert TR9T

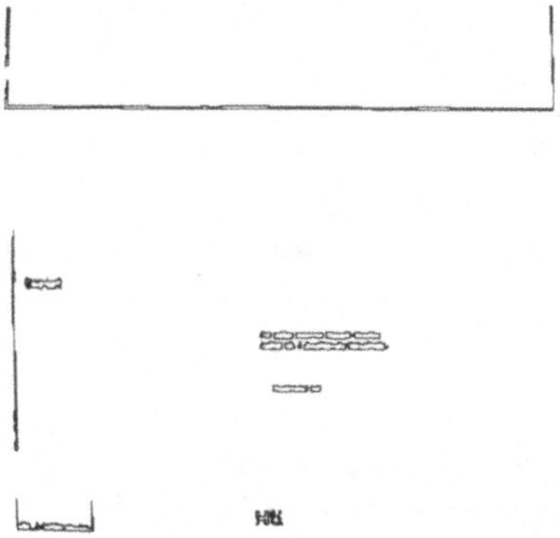

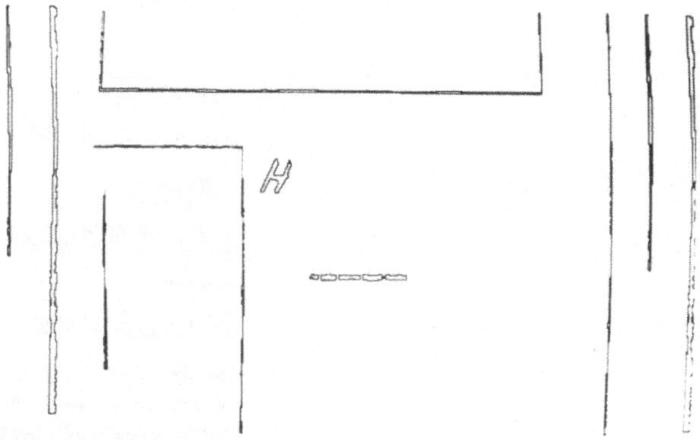

NN9G als "Grafik" klassifiziert TR9G

NN9B als "Bild" klassifiziert TR9B

zu B 7.1.39

Testbild 010

W10: Bereiche der Buchstabenketten

B 7.1.40
Testbild 010 und die als "Text", "Grafik" und "Bild"
klassifizierten Graphkomponenten (nächste Seite)

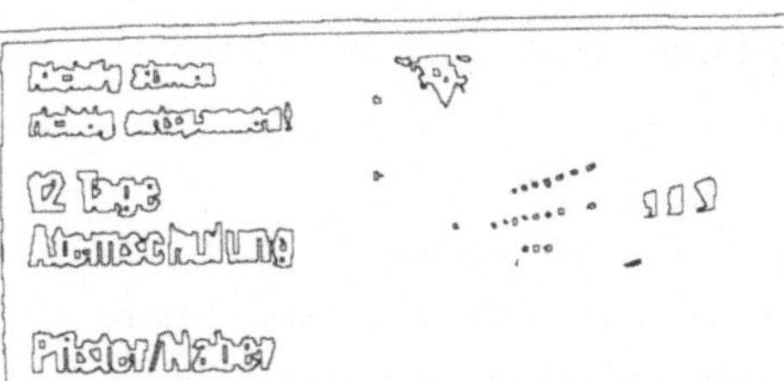

NN1OT   als "Text" klassifiziert   TR1OT

NN1OG   als "Grafik" klassifiziert   TR1OG

NN1OB   als "Bild" klassifiziert   TR1OB

zu B 7.1.40

7.1.8 Vergleich der Klassifikationsergebnisse und Diskussion der Fehlerursachen

Die Tabelle T 7.1.2 enthält Angaben über die Anzahl der auftretenden Fehler bei der Analyse der einzelnen Testbilder. Unter A ist die Anzahl der Anlagerungsfehler bei der Wortbildung aufgelistet. Die Fehler wurden jeweils anhand des Ergebnisbildes W gezählt. Als Fehler wird hier jeder Riß in der natürlichen Buchstabenfolge innerhalb eines Wortes oder jede Falschanlagerung gewertet. Nicht als Fehler gilt hingegen, wenn sich die Buchstabenkette eines Wortknotens über mehrere natürliche Worte erstreckt. Hier ist es Aufgabe eines Pitchmeßverfahrens oder einer nachgeschalteten logischen Analyse, die richtigen Wortgrenzen zu finden. Die unter A aufgelisteten Fehler gelten für beide Klassifikationsverfahren.

Getrennt für die beiden Verfahren sind hingegen die Klassifikationsfehler aufgelistet. Mit G sind gravierende, mit U unbedeutende Fehler bezeichnet. Unter einem gravierenden Fehler wird die falsche Klasseneinteilung eines tragenden Dokumentelementes verstanden. Als unbedeutende Fehler werden Interpunktionselemente, i-Punkte, unleserliche und stark quantisierte Kleinelemente gezählt.

Wie aus den Gesamtfehlerzahlen ersichtlich, wurden in den 10 Ergebnisbildern insgesamt 8 A-Fehler gezählt. Das entspricht einem Mittel von 0.8 Fehlern/Testbild. Pauschal gesehen zeigt der NN-Klassifikator bei den U-Fehlern leicht bessere Ergebnisse. Ursache hierfür ist, daß, wie bereits erwähnt, alle Kleinelemente der Textbereiche (Interpunktion, i-Punkte u.a.) mit eintrainiert wurden. Sie werden somit auch besser erkannt. Demgegenüber zeigt der TR-Klassifikator entscheidend weniger G-Fehler, was auf die eindeutigeren Clustergrenzen zurückzuführen ist.

Als Beispiel für obige Tatsache zeigen die Ergebnisbilder TR2G
und TR5G eine Vielzahl fehlklassifizierter Kleinelemente, welche vom NN-Klassifikator richtig bewertet werden.

Demgegenüber zeigt der NN-Klassifikator in NN1G, NN3G, NN4G,
NN9G und NN10G fehlklassifizierte Textkomponenten. Diese Fehler
sind als gravierend einzustufen. Fehlerursache bei all diesen
Textelementen ist, daß sie unterabgetastet sind. Durch den
Einfluß der Bildquantisierung verändert sich die wahre Gestalt
der Buchstaben und es entstehen bevorzugt Rechteckmuster mit
horizontalen und vertikalen Kanten. Die Muster kommen dadurch
dem Grafikcluster sehr nahe. Der TR-Klassifikator zeigt durch
seine klaren Clustergrenzen ein besseres Unterscheidungsver-
mögen.

W2 zeigt ein fehlerhaft bearbeitetes "%" Zeichen. Die beiden
Ringe haben sich durch die Schräglage zusammengelagert. Der
dazuwischenliegende Querstrich steht als eigener Wortknoten
isoliert von seiner Umgebung und wurde von beiden Verfahren
als Grafikelement interpretiert. Vergleichbare Fehlergebnisse
alleinstehender Einzelmuster zeigen die Ergebnisbilder TR5G,
NN5G, NN8G, TR9G, NN9G und NN10G. Insbesondere Einzelmuster
mit linienhafter bzw. rechteckiger Struktur wie "E", "l", "1"
u.ä. sind davon betroffen.

Auch die Trainingsbilder für Text und somit auch das Referenzcluster des NN-Klassifikators enthalten solche Einzelelemente.
Dies äußert sich in einer unsicheren Entscheidung bei den Bildern NN3T und NN4T. Die Elemente gestrichelt gezeichneter Linien wurden sowohl als Text wie auch als Grafik identifiziert.
Der TR-Klassifikator zeigt hier wiederum die eindeutig richtigen Ergebnisse.

Richtig klassifiziert ist die Schaltplangrafik in NN5G. In
TR5B wurde sie jedoch durch die hohe Zahl von Innenrändern
sowie aufgrund des Winkelverhaltens der DZ Kanten als Bild

eingestuft. Der Fehler kann in der Praxis leicht ausgeglichen
werden, da Schaltpläne keine Bilder enthalten. Einen vergleichbaren Fehler zeigt NN6B. Die fehlklassifizierte Komponente
in NN6T kommt einer Streukomponente des Textclusters nahe.
Der TR-Klassifikator zeigt hier wieder richtige Ergebnisse.

Die gleiche Ursache liegt auch einem Fehler in NN8B zugrunde.
Das Wort "Schwedentrunk", das hier als Bildelement klassifiziert ist, kommt einem Ausreißer des Bildclusters nahe. Bei
dem Ausreißer handelt es sich um den Jungen im Trainingsbild
B 7.1.20. Er ist mit seinen 14 Innenrändern auch deutlich in
den Clusterprojektionen P2 und P3 als Ausreißer erkennbar.

Die Ergebnisbilder TR10T, TR10G sowie NN10T zeigen fehlklassifizierte Bildkomponenten. Ohne Umgebungswissen sind diese
Elemente grundsätzlich nicht richtig zu klassifizieren. Um
dieses Problem zu lösen muß das Bildmodell neu definiert werden.

7.2 Erkennungsverfahren für Symbole
Das Erkennen des Dokumenttyps und der Bedeutung von Text-
passagen im Gesamtdokument

7.2.1 Einleitung

Durch das in Kapitel 7.1 geschilderte Erkennungsverfahren wird
das Dokument in Grobbereiche zerlegt. Jede als "Text", "Grafik"
oder "Bild" klassifizierte Komponente wird nun gemäß der Aufgabenstellung weiterverarbeitet. In vielen Fällen ist es von
Interesse, die einzelnen Buchstaben der Textbereiche zu erkennen und in codierter Form zu verarbeiten. Für andere Aufgaben soll die Grafik analysiert und in Einzelbausteine gegliedert werden.

Als beispielhaft für diese Aufgaben aus der Dokumentanalyse
wird im folgenden ein Verfahren zur syntaktischen Symbolerkennung diskutiert. Als Symbole werden hier ganz allgemein
all die Musterarten eines Dokumentes verstanden, die eine fest

vorgegebene Gestalt besitzen. Beispiele für Symbole in einem
Dokument sind sowohl einfache Schriftzeichen wie auch komplizierte Schaltungssymbole, Firmenembleme u.ä.. Die Dokumentanalyse erfordert auch hier, daß sowohl der Klassenname eines
Symbols wie auch sein Ort im Schriftstück sicher erkannt werden.

Für diese Aufgabe wird ein syntaktisches Analyseverfahren vorgestellt und erprobt, das einen bekannten Satz idealer Symbol-
graphen auf den errechneten Bildgraphen eines unbekannten Symbols strukturerhaltend abbildet. Ideal- und Realgraph müssen
für diese Aufgabe zueinander homomorph sein. Über die Güte
dieser Abbildung sagt ein Fehlermaß ER aus. Es wird minimal,
sobald das zu erkennende Symbol mit dem richtigen Referenz-
graphen verglichen wird. Die bereits eingeführte Graphstruktur
wird weiter verwendet.

Verfahren zum Erkennen isolierter Schriftzeichen sind bereits
käuflich verfügbar. Sie arbeiten, wie z.B. in /BE84/ beschrieben, nach numerischen Klassifikationsprinzipien und erreichen
eine hohe Erkennungssicherheit. Nichtnumerische Erkennungsverfahren wie das hier beschriebene sollen diese nun keineswegs
verdrängen, sondern die Möglichkeiten der Symbolerkennung auf
Bereiche erweitern, für die rein numerische Verfahren ungeeig-
net sind. Ein Beispiel für eine derartige Aufgabe aus der Dokumentanalyse zeigt B 7.2.1. Das Linienmuster des hier gezeigten Formulars stellt ein Symbol dar, das zwischen Textelementen und anderen Symbolen eingebettet liegt. Es ist charakteristisch für dieses Formular. Aufgabe ist es, in einem Ana-
lysevorgang das richtige Vergleichssymbol strukturerhaltend
auf diese Grafik abzubilden und diese zu erkennen. Gelingt
dies, so ist damit der Dokumenttyp (hier ein spezielles Formular) wie auch die Einteilung des Formulars erkannt. Mit Hilfe
zusätzlicher Relationen (wie sie beispielshaft in Kapitel 5.8
anhand der "inneren Zuordnung" aufgezeigt werden) lassen sich
nun die Bedeutungen der einzelnen Textbereiche (z.B. als Adresse, Datum u.ä.) ersehen, soweit diese im Referenzsymbol als
Markierungen eingetragen sind. Vergleichbare Aufgabenstellungen
ergeben sich auch für andere Symbole, so z.B. Schaltelemente
oder Detailelemente einer Bauzeichnung.

Um die Anforderungen zu verstehen, die bei einem solchen Lö-
sungsweg auf ein Analyseverfahren zukommen, zeigt Bild 7.2.2a
ein ungestörtes und B 7.2.2b und d gestörte Dokumentmuster.
Die Bilder B 7.2.2e, f und h zeigen hierzu die Deskriptorkno-
ten sowie die rekonstruierten Graphkanten DZ mit zusätzlichen
Querkanten, die in diesem Kapitel noch näher besprochen werden.
Für das Auge eines menschlichen Betrachters sind zwischen den
Bildern a und b nur geringfügige Unterschiede erkennbar. Die
Bedeutung der beiden Muster als "8" ist klar ersichtlich. Ein
Vergleich der beiden Mustergraphen in den Bildern e und f zeigt
jedoch, daß die Mustergraphen bereits bei den geringfügigen
Störungen entlang der Ränder erhebliche Unterschiede aufweisen.

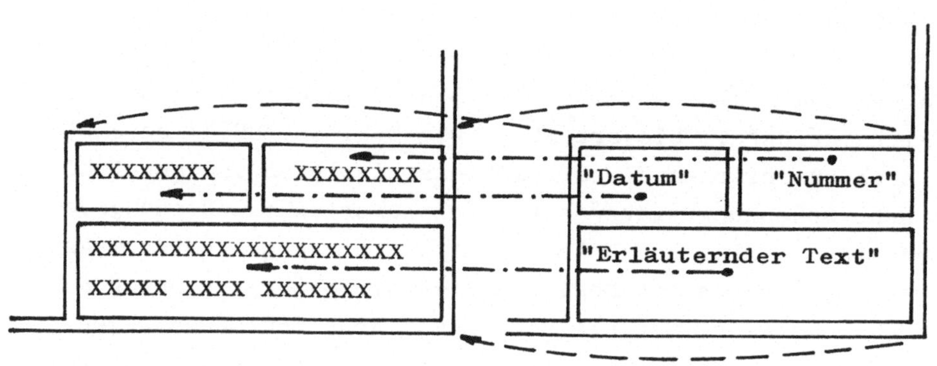

Unbekannte Graph-
komponente

Vergleichssymbol
mit "Bedeutungen"
(Modell)

B 7.2.1
Prinzip des Abbildungsverfahrens zur Symbol- und Bedeutungs-
erkennung (siehe auch B 5.8.1 und B 6.4.3). Das Vergleichssymbol wird hier strukturerhaltend auf die charakteristische
Grafik eines Formulars abgebildet. Der Dokumenttyp sowie die
Bedeutungen einzelner Textbereiche im Formular sind anhand
der "Markierungen" des Modells zu erkennen. Im Gegensatz zu
Kapitel 7.1 enthält das Modell hier nicht die Invarianten
eines Graphen als Attributvektor, sondern die Symbolstruktur
selbst ist in Form eines Vergleichsgraphen gespeichert. Weitergehende Versuche hierzu sind in /ZDGS86/ beschrieben.

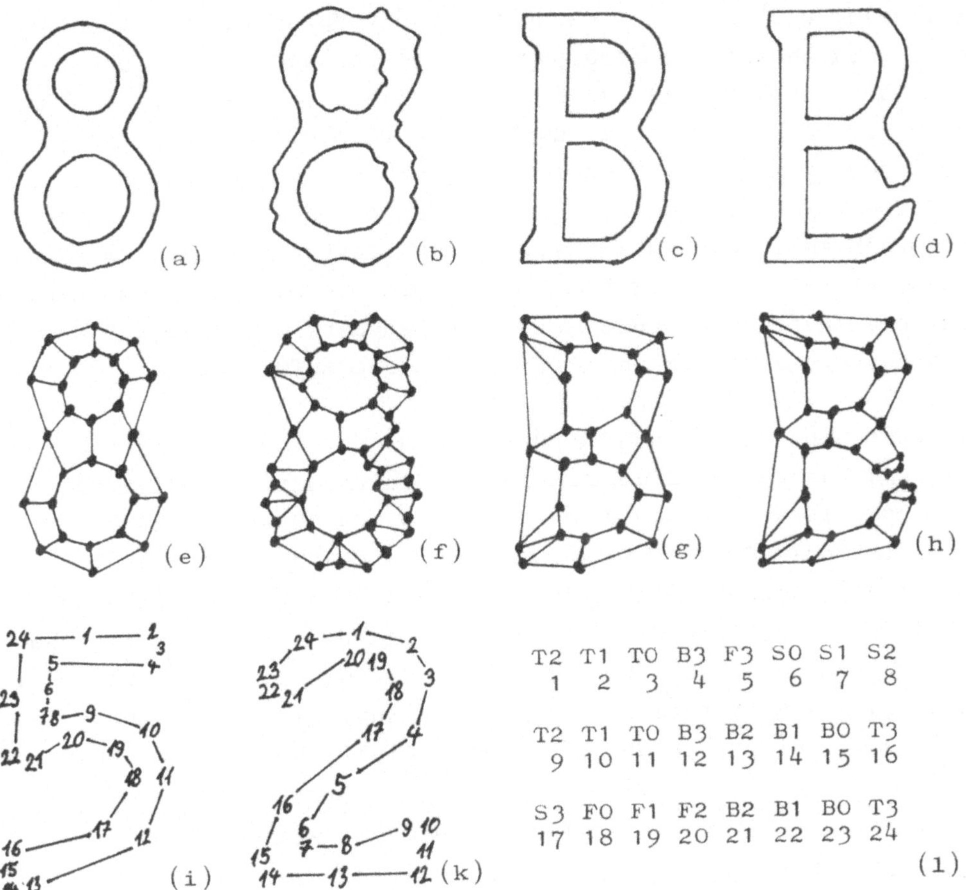

B 7.2.2
Ungestörte (a,c) und gestörte (b,d) Dokumentmuster und ihre Graphen (e,f,g,h). In die Graphen sind zusätzlich Querkanten eingetragen. Das gleiche Zeichen in (e) wird in (f) durch eine Fülle zusätzlicher Knoten und Kanten repräsentiert. Die Bildgraphen der "8" in (e) und des "B" in (g) sind weitgehend identisch. Erst eine genaue Prüfung der Graphenattribute bringt die Unterschiede zum Ausdruck. (h) zeigt die Auswirkung eines Musterrisses, der sogar die Grobstruktur des Graphen (hier die Anzahl der Innenränder) verändert. Die Zeichen in (i) und (k) werden durch den gleichen Deskriptorkreis in (l) repräsentiert. Erst die Querkanten zeigen hier die Unterschiede in der Graphstruktur.

Will man, wie häufig in der Literatur vorgeschlagen, die Graphen rein anhand der Struktur und der Knotendifferenz unterscheiden, so kann ein derartiges Vorgehen bei den Bildgraphen natürlicher Muster leicht zu Fehlern führen. Rein aus der Anzahl der veränderten Knoten ist nicht ersichtlich, ob diese Differenz von Störungen herrührt oder ob ihre Ursache in der unterschiedlichen Gestalt der Muster liegt. So müssen im obigen Beispiel, um f auf den Idealgraphen in e zurückzuführen, genausoviele Knoten und Kanten verändert werden, wie um e auf den Graphen eines völlig anderen Musters überzuführen.

Verschiedene Muster sind auch rein aus der Anordnung der Knoten und Kanten des Graphen nicht zu unterscheiden. So sind z.B. die idealen Graphen der "8" in e und des Zeichens "B" in g in ihrer Graphstruktur nahezu identisch. Läßt man die Querkanten unberücksichtigt, so bilden sich sogar völlig unterschiedliche Zeichen wie "5" und "2" in i und k in den gleichen Deskriptorkreis in l ab. Aus diesen Gründen ist für die Symbolerkennung eine genaue Auswertung der Knoten- und Kantenattribute sowie wichtiger Nachbarschaftsrelationen unerläßlich.

7.2.2 Einige Literaturzitate zu syntaktischen Erkennungsverfahren

In /CG70/ ist bereits ein Verfahren beschrieben, das die Knoten eines Graphen gemäß ihres Grades in Bereiche ordnet. Diese Knotenbereiche lassen sich durch Nachbarschaftskriterien noch weiter aufspalten. Das so gewonnene Ordnungsschema erlaubt es, zwei zueinander isomorphe Graphen auf einfache Weise zu vergleichen. Das in /UL76/ beschriebene Verfahren kann Teilgraphen in einem Obergraph erkennen. Hierzu sind Teilgraph wie auch Obergraph durch Matrizen dargestellt. Eine Übergangsmatrix M wird gezielt so umgebaut, bis sie die Knoten des kleineren Graphen auf den dazu isomorphen Teil des Obergraphen abbildet.

Da jedoch bei realen Dokumentmustern eine Fülle störender Graphknoten entstehen, scheiden derartige Verfahren aus. Elastische
Vergleichsverfahren sind in der Lage, auch gestörte Graphen
mit einem Idealmodell zu vergleichen. Nach /BA83/ wird hierzu
ein gestörter Graph solange umgebaut, bis er zu einem der Modellgraphen des Systems isomorph ist. Hierzu werden, gesteuert
durch Vergleich mit dem Modell, gezielt Knoten und Kanten des
Realgraphen gelöscht bzw. neu hinzugefügt. Die Anzahl der veränderten Knoten und Kanten bildet ein Maß dafür, wie ähnlich
der unbekannte Graph dem Modell ist. Um für jeden Knoten des
Modells den entsprechenden Knoten im unbekannten Graphen zu
finden und diesem zuzuordnen, wurden eigene Suchstrategien
anhand eines Suchbaumes entwickelt. Um nicht alle Äste des
Baumes durchlaufen zu müssen, wird die Suche durch eine Kosten-
berechnung gesteuert.

/SH81/ unterscheidet wichtige und unwichtige Teile einer Strukturbeschreibung durch Gewichtsfunktionen. Bei der Suche nach
dem richtigen Pfad im Suchbaum dürfen Teilfehler eine bestimmte
E-Schwelle nicht überschreiten. Der Beitrag untersucht verschiedene Vorgehensweisen zum Vergleich zweier Graphen.

/WY83/ definiert attributierte Graphen und Zufallsgraphen sowie ein Abstandsmaß zum Vergleich zweier Graphen. Ein unbekannter Graph wird anhand des Abstandsmaßes nach der 'Nächster-
Nachbar-Regel' erkannt.

/CH81/ und /CH82/ ordnen in zwei zu vergleichenden Graphen
charakteristische Sternstrukturen einander zu. Bei den Sternstrukturen handelt es sich um charakteristische Teilgraphen.
Aus vergleichbaren Abbildungskombinationen werden Cliquen gebildet. Der Suchraum wird durch Auswerten von Attributen und
Relationen eingeengt. /CH82/ zeigt praktische Experimente mit
Werkzeugbildern.

Der in /EF84/ aufgezeigte Lösungsweg zerlegt einen unbekannten
Graphen in Teilgraphen, sog. BARGs. Die Zustände des Suchvor-
gangs werden in einem Zustandsbaum dargestellt. Der kürzeste
Weg im Zustandsbaum wird mit Hilfe einer Kostenfunktion gesucht.
Bei einer Kostenüberschreitung wird ein bestimmter Ast im Such-
baum nicht mehr bearbeitet. Für den Graphvergleich werden die
Zentralknoten der BARGs aufeinander abgebildet.
/SHA84/ definiert ein Abstandsmaß und teilt danach vorhandene
Modelle in Differenzklassen um jeweils einen Klassenrepräsen-
tanten ein. Die Anwendung in einem Robotersystem wird disku-
tiert.

7.2.3 Grundprinzip der Symbolerkennung

Der folgende Abschnitt zeigt einen eigenen Weg, fest definierte Muster anhand des Dokumentgraphen zu erkennen. Hierzu werden
nicht nur die Struktur des Graphen, sondern in hohem Maß lokale
und globale Attribute und Relationen der Knoten und Kanten
herangezogen. Durch ihre gezielte Auswertung wird die hohe
kombinatorische Vielfalt des Suchbaums auf praktisch einen
Ast begrenzt. Die spezielle Art der Analysestrategie wird der
zeilenweisen Verarbeitung des Dokumentmusters angepaßt. Durch
neu definierte Kanten steht nicht nur der Verlauf der einzelnen
Ränder einer Auswertung zur Verfügung, sondern auch lokale
Nachbarschaftsbeziehungen zwischen den Randelementen können
zur Analyse mitherangezogen werden. Die Analyse verbindet durch
ein elastisches Zuordnungsverfahren die Knoten eines Idealgraphen M_k strukturerhaltend mit den entsprechenden eines Realgraphen G. Das Verfahren ist prinzipiell sowohl für einfache wie
auch für komplexe Muster geeignet. Aufgrund des hohen Schwierig-
keitsgrades beschränken sich die Versuche vorerst noch auf sehr
einfache Muster.
Das Verfahren wurde im Rahmen einer Diplomarbeit implementiert
und ist sehr detailliert in /DK85/ beschrieben. Die folgenden
Ausführungen geben die Grundprinzipien wieder. Weitergehende
Versuche zur Interpretation von Layout und Semantik von Formularen sind in /ZDGS86/ erläutert.

Zur praktischen Analyse der Muster wurde ein Top Down Verfahren
implementiert. Es ist gemäß Prinzipbild B 7.2.3 gegliedert.
Dieses Prinzip wurde z.B. in /Ni281/ bereits zur Lösung anderer
Aufgaben herangezogen. Zur Lösung der Aufgabe enthält der Modul
"Wissen" die idealen Graphen M_k aller dem System bekannten Symbole zusammen mit ihren idealen Attributen. Im Modul "Kontrolle"
ist die Top Down Strategie implementiert, welche die unbekannte
Dokumentkomponente analysiert. Diese Analyse wird mit Hilfe
eines bestimmten Modells M_k der Klasse K in der Wissensbasis
so gesteuert, daß M_k nur auf ein reales Zeichen der Klasse
K gut abgebildet wird. Die Kontrolle ruft hierzu die in der
Methodenbank gespeicherten Verfahren auf. Sie bilden die Graphen aufeinander ab und beurteilen die Güte der Abbildung durch
ein geeignetes Maß. Die Güte der Abbildung sinkt, sobald M_k
auf Symbole anderer Klassen abgebildet wird.

Das gesamte Verfahren ist in Blockschaltbild B 6.0.2 dem Aus-
gabemodul AUS nachgeschaltet. Als Eingangssignal erhält der
Modul "Kontrolle" vom Ausgabemodul in der richtigen Reihen-
folge die Objektindizes der zu klassifizierenden Zeichen. Das
Verfahren sucht sich anhand dieser Information die indizierte
Graphkomponente im Speicher SP und bearbeitet diese.

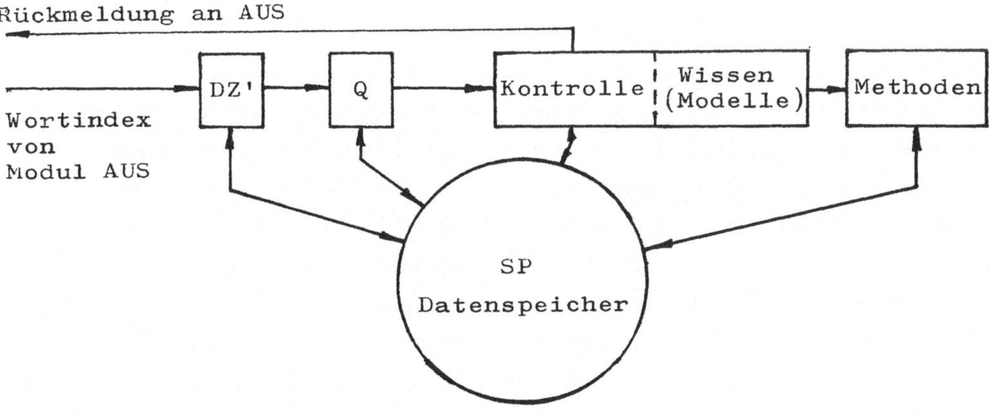

B 7.2.3
Prinzip des Symbolerkennungsverfahrens

7.2.4 Verfahrensbeschreibung

7.2.4.1 Vorgehensweise zur gesteuerten Analyse eines unbekannten Graphen

Um zwei Graphen aufeinander zuzuordnen, ist z.B. in /BA83/, /EF84/ oder /SHA84/ ein Suchbaum vorgesehen, mit dem alle nur erdenklichen Zuordnungskombinationen geprüft werden. Im vorliegenden Verfahren werden nun durch eine heuristische Strategie die bei der Analyse zu durchlaufenden Äste des Suchbaumes auf praktisch einen Ast begrenzt.

Diese Vorgehensweise wird dadurch unterstützt, daß dem Verfahren eine Vorzugsrichtung bei der Analyse vorgeschrieben wird. Die zu vergleichenden Graphen werden von oben nach unten abgearbeitet. Diese Arbeitsweise soll es nach einem weiteren Ausbau des Verfahrens ermöglichen, bereits während des Abtastvorgangs die Dokumentkomponenten zu analysieren und einer Klasse zuzuordnen. Für die vorliegenden Ergebnisse wird diese Arbeitsweise jedoch noch an fertigen Graphkomponenten simuliert.

Der Startpunkt für die praktische Analyse ist der Punkt eines Musters, der beim Abtasten als erster erfaßt wird. Dies ist der an dieser Stelle extrahierte T2-Deskriptor. Von diesem Graphknoten aus soll das Muster nun in der Reihenfolge analysiert werden, in der die einzelnen Graphkomponenten extrahiert und in den Graphen eingegliedert werden. Eine derartige Vorgehensweise kann bei dem verwendeten Dokumentgraphen nicht völlig unabhängig von der Drehlage eines Musters arbeiten. Erreicht wurde hier, daß Veränderungen in der Drehlage von $\pm$ 22,5° zulässig sind. Eine drehlagenunabhängige Erkennung ist durch 8 parallel geschaltete Prozessoren möglich, welche die Analyse anhand von 8 gleichen Modellen vornehmen, die jeweils um 45° zueinander verdreht sind. Derartige Versuche stehen jedoch noch aus.

7.2.4.2 Erweiterungen des Dokumentgraphen

Um die oben beschriebene Vorgehensweise praktisch zu testen,
werden die zu analysierenden Graphkomponenten in einen ungerichteten Graphen umgewandelt. Hierzu wandelt der Modul DZ'
in B 7.2.3 vor der Analyse die markierte Graphkomponente in
SP in einen ungerichteten Graphen um. Er legt parallel zu jeder Kante DZ eine gegenläufige Kante DZ'. Ein Analyseverfahren kann nun die Ränder sowohl im Zyklussinn als auch dagegen
durchlaufen. Die Kante DZ' ist in der Datenstruktur jedes Deskriptors in B 7.2.5 in Position 8 eingetragen.

Das auswertende Verfahren soll sich bei der Analyse vom Verlauf der Randketten lösen und auch Analysepfade zwischen den
Rändern beschreiben. Hierzu werden in Modul Q die bestehen-
den Deskriptorknoten zwischen den Rändern zu einem Netz ver-
mascht. Zu diesem Zweck wird eine neue Kante eingeführt, die
in den Kapiteln 5 und 6 nicht erläutert ist. Sie wird als Q-
Kante bezeichnet. Wie Bild B 7.2.4 zeigt, verbindet diese Kante
zwei unmittelbar benachbarte Deskriptorknoten auf gegenüberliegenden Rändern. Die Q-Kante zeigt von D_1 auf den Deskriptor-

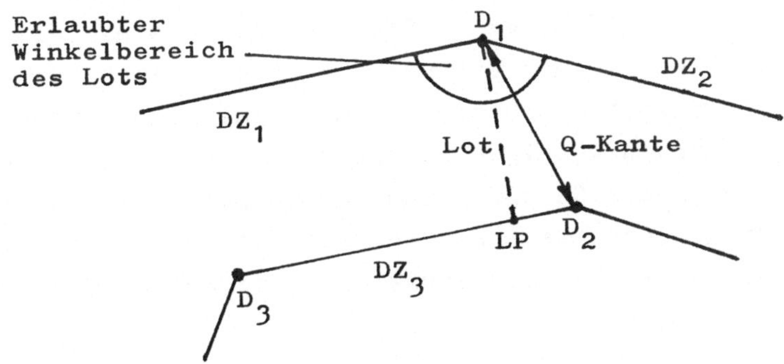

B 7.2.4
Prinzip der Q-Kante
Weitergehende Versuche zu Q-Kanten sind in /ZLS86/ beschrieben.

knoten D_2, der dem Lotpunkt LP auf der gegenüberliegenden Ver-
bindungskante DZ am nächsten liegt. Errechnet man diese Kanten für alle Deskriptoren eines Mustergraphen, so entsteht
eine enge Vermaschung zwischen den Rändern. Hierdurch ist das
Analyseverfahren nicht mehr nur auf den Randverlauf beschränkt.
Es kann auch die Knoten erreichen, welche quer zum Musterrand
in unmittelbarer Nachbarschaft eines Deskriptorknotens liegen.
Die in realen Mustern ermittelten Q-Kanten sind in Bild B 7.2.2
dargestellt.

Die Q-Kanten werden nach dem momentanen Stand des Verfahrens
durch einen Suchalgorithmus aus der fertigen Graphkomponente
extrahiert. Der Algorithmus verbindet gemäß Bild 7.2.4 einen
Deskriptorknoten D1 mit dem Knoten D2, welcher dem Lotpunkt
LP auf der Kante DZ_3 am nächsten liegt. Für den Lotpunkt LP
wird die Kante ausgesucht, bei der der Lotpunkt von D1 aus
über die geschwärzte Fläche des Musters erreicht wird und somit innerhalb des erlaubten Winkelbereichs liegt, der von den
Kanten DZ_1 und DZ_2 aufgespannt wird. Aus allen Lotpunkten,
welche diese Bedingung erfüllen, wird der Punkt mit dem gering-
sten Abstand von D1 ausgewählt. Ein weiterentwickeltes Verfahren zur Extraktion von Q-Kanten ist in /ZLS86/ beschrieben.

Q-Kanten werden ebenfalls als ungerichtete Elemente in den
Dokumentgraphen eingetragen. Sie sind durch einen Hin- und
einen Rückzeiger in der Datenstruktur realisiert. Da auf einen einzelnen Knoten mehrere Q-Kanten zulaufen können, werden die einzelnen Q-Zeiger in Form einer beliebig erweiter-
baren Kette an die Datenstruktur der Deskriptorknoten angehängt. Für die Analyse erweitert sich demzufolge die in Bild
B 6.1.5 dargestellte Datenstruktur eines Deskriptors gemäß
B 7.2.5.

1   Art

2   X-Koordinate

3   Y-Koordinate

4   Abschnittsnummer im Zyklussinn

5   Abschnittsnummer gegen den Zyklussinn

6   Abschnittsnummer linker Nachbarrand

7   Zeiger zum nächsten Deskriptor im Zyklussinn (DZ)

8   Zeiger zum nächsten Deskriptor gegen den Zyklussinn (DZ')

9   Zeiger zur Kette der Q-Kanten

B 7.2.5
Erweiterte Datenstruktur eines Deskriptorknotens D

7.2.4.3 Modelle in der Wissensbasis

In der Wissensbasis sind als Referenzmodelle M_k die Idealgraphen aller bekannten Symbole mit ihrer idealen Attributierung eingetragen. Ein solcher Idealgraph ist in Bild B 7.2.6 am Beispiel einer "8" aufgezeigt. Dieser Idealgraph enthält die Deskriptorknoten sowie alle DZ-, Q- und IRZ-Kanten, welche für eine ungestörte "8" charakteristisch sind. In den Idealknoten sind zusätzliche Zeiger vorgesehen, welche die Idealknoten strukturerhaltend auf die entsprechenden Knoten des Realgraphen abbilden. Sie werden im folgenden als ZZ-Kanten bezeichnet.

Neben dem reinen Strukturgraphen enthält das Referenzmodell noch Listen vorgegebener Markierungen und Attribute. Diese liefern eine nähere Beschreibung der einzelnen Knoten und Kanten sowie Kombinationen aus diesen. Bereits in den Idealknoten ist die Art des vorgegebenen Deskriptors als T1, T2 usw. in codierter Form eingetragen. Jeder Knoten ist außerdem durch eine Knotennummer eindeutig gekennzeichnet.

Die zusätzlichen Listen LW und LA schreiben Winkel- und Ab-

standsverhältnisse zwischen einzelnen Knoten, Kanten und Kan-
tenkombinationen vor. So markieren in LW im ersten Eintrag
die Ziffern 2,1,4,5 die begrenzenden Deskriptorknoten zweier
Randabschnitte. Die Zahl 180 gibt das ideale Winkelverhält-
nis zwischen diesen wieder. Der erste Eintrag in LW schreibt
demzufolge vor, daß in einer idealen "8" die Kante zwischen
den Knoten 1 und 2 mit der Kante zwischen den Knoten 4 und
5 einen Winkel von 180° bilden.

Die Liste LA gibt in entsprechender Weise Idealvorschriften
für Abstandsverhältnisse an. Der erste Eintrag schreibt für
die gleichen Kanten wie oben beschrieben ein Abstandsverhält-
nis von 1.2 vor.

7.2.4.4 Kontrolle

Erhält die Kontrolle vom Ausgabemodul den Wort(Objekt)index
der zu erkennenden Graphkomponente, so ist diese im Speicher
SP markiert und kann analysiert werden. Auf die unbekannte
Komponente werden nun alle in der Wissensbasis gespeicherten
Modelle abgebildet und daraus das Optimum anhand eines Fehler-
maßes errechnet.

Jedem Modell ist nun eine ganz bestimmte, für dieses Modell
charakteristische Graphstruktur zu eigen. Diese macht es erforderlich, daß die einzelnen Analyseschritte, die zum Zuord-
nen und Erkennen dieses Zeichentyps erforderlich sind, ganz
individuell auf dieses Modell abgestimmt werden. Im Prinzip
müßte also im Kontrollmodul für jedes zu erkennende Symbol
eine eigene Analysestrategie gespeichert sein.

Diese individuelle Analysestrategie ist beim vorliegenden Verfahren in den Modellen der Wissensbasis mit eingespeichert.
Die einzelnen Knoten der Idealgraphen enthalten in codierter
Form eine Zusatzinformation, welche die Analyse auf ihrem Weg
durch den Graphen steuert und gleichzeitig vorschreibt, wel-

che Einträge der Listen LW und LA bei den bereits zugeordneten
Teilen des unbekannten Graphen nachgemessen und verglichen
werden. Diese Zusatzinformation interpretiert der Kontrollmodul und steuert danach die Durchführung. Diese Information
ist mit einem Computerprogramm vergleichbar, das von der Zentraleinheit eines Rechners interpretiert und durchgeführt wird.
Diese Aufgabe der Zentraleinheit übernimmt hier der Kontrollmodul.

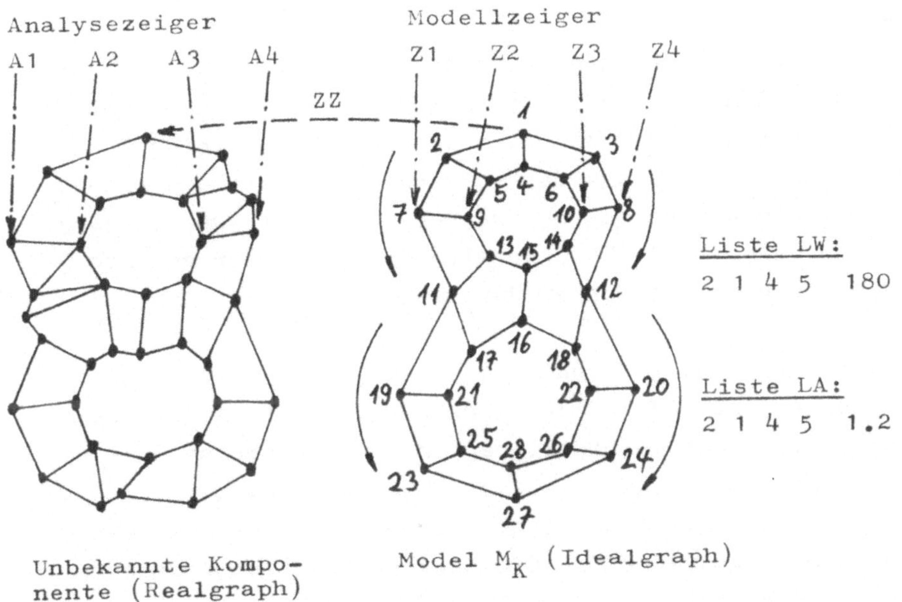

Unbekannte Kompo-
nente (Realgraph)

Model M_K (Idealgraph)

B 7.2.6
Die Abbildung eines bekannten Modells M_K auf eine unbekannte
Graphkomponente. Das Bild zeigt die Bewegung der Analysezeiger
im Modell wie im zu analysierenden Graphen. Ist die Graphstruktur von M_K zu G nicht homomorph, so ergeben sich willkürliche
Zuordnungen. Die Güte der Abbildung wird mit Hilfe eines Fehlermaßes ER beurteilt.

Wie Bild B 7.2.6 zeigt, enthält der Kontrollmodul 4 Zeiger
Z1 bis Z4. Sie erfüllen, um beim obigen Beispiel der Zentraleinheit zu bleiben, die Funktion von Programmzählern. Sie werden Modellzeiger genannt. Ist ein solcher Zeiger auf einen
bestimmten Knoten des Modellgraphen gesetzt, so holt sich die
Kontrolle aus diesem Knoten die Zusatzinformation. Anhand dieser
werden die Fortschaltung des Zeigers, sowie die an dieser Stelle
für die Analyse vorgesehenen Messungen veranlaßt. Zu Beginn
der Analyse werden alle 4 Zeiger auf den Knoten 1 des Modellgraphen
gesetzt.

Die Zeiger werden nun von der Kontrolle nacheinander aufgerufen. Sie wandern gemäß ihrer Zusatzinformation zu neuen Knoten. Dabei gibt die Zusatzinformation die Richtung sowie die
Art der Kante, die durchlaufen werden soll, wieder. So gelangt
Z1 gegen den Zyklussinn des Randes zum Knoten 2, Z4 erreicht
im Zyklussinn Knoten 3 und Z2 sowie Z3 wandern über eine Q-Kante beide zum Knoten 4. Die 4 Zeiger werden anschließend erneut
von der Kontrolle bearbeitet und weitergeschaltet. Der Vorgang
setzt sich entlang der Richtungspfeile fort, bis der gesamte
Modellgraph von oben nach unten durchlaufen ist.

Die Kontrolle umfaßt nun neben Zeigern Z1, Z2, Z3 und Z4 die
Analysezeiger A1, A2, A3 und A4. Ihre Aufgabe ist es, der Bewegung der Idealzeiger im Modellgraph M im unbekannten Graphen G zu folgen. So zeigt A1 auf den Knoten in G, der dem
Zeigerstand von Z1 in M entspricht. Die beiden Knoten werden
durch eine Zuordnungskante ZZ aufeinander abgebildet. Entsprechend der Fortschaltung der Modell- und Analysezeiger werden
immer größere Teile des Modells auf G abgebildet.

Um die Analysezeiger zu steuern, wird jeweils die letzte Zei-
gerbewegung der Idealzeiger ausgewertet. Der Analysezeiger
wird dabei so geführt, daß seine Bewegung in G der des Ideal-
zeigers in M entspricht. Bewegt sich z.B. Z1 von Knoten 1 nach
Knoten 2, so läuft der Zeiger gegen den Zyklussinn einer Kan-

te DZ zu einem T3-Deskriptor. A1 läuft demzufolge vom ursprünglichen Ausgangspunkt in G solange in der gleichen Richtung,
bis ein T3-Deskriptor gefunden ist. Die Graphen M und G werden von den einzelnen Analyseschritten in der in Bild B 7.2.6
eingezeichneten Weise durchlaufen. Als Ergebnis der Analyse
ist jeder Knoten in Modell M durch eine Kante ZZ strukturerhaltend auf den entsprechenden Knoten in G abgebildet. Jeder
Kante in M ist somit auch ein Weg in G zugeordnet.

7.2.4.5 Methoden

Um die im vorhergehenden Abschnitt besprochenen Analyseschritte durchzuführen, ist eine Anzahl von Methoden erforderlich,
welche die gewünschten Schritte in M sowie in G durchführen.
Hierzu zählen

- die Suche eines vorgegebenen Deskriptors entlang des Randes
  im Zyklussinn der DZ-Kanten
- die Suche eines vorgegebenen Deskriptors entlang des Randes
  gegen den Zyklussinn der DZ-Kanten
- die Suche eines vorgegebenen Deskriptors quer zum Rand über
  eine Q-Kante
- die Korrektur des zugeordneten Deskriptors auf Grund geometrischer Messungen (nicht näher erläutert)

Zu den reinen Suchmethoden kommen noch Bewertungsmethoden,
welche die Teilfehler e_1 bis e_5 bestimmen und daraus den Gesamtfehler ER bei der Abbildung berechnen. Anhand von ER wird
die Klassifikation durchgeführt. Als Bewertungsmethoden wurden verwendet:

e_1: der Vergleich einer Winkelangabe in der Liste LW mit
   den realen Gegebenheiten im Graphen G,
e_2: der Vergleich einer Angabe über Abstandverhältnisse in der
   Liste LA mit realen Gegebenheiten im Graphen G,

e_3: der Test, ob zwei gegenüberliegende Deskriptoren eines
Strokes, die in M über eine Q-Kante miteinander verbunden
sind, auch in G über eine vergleichbare Verbindung mit
geringem Abstand zusammenhängen,

e_4: die Bestimmung der Anzahl von Knoten in M, die nicht auf
G abgebildet werden konnten,

e_5: die Messung, inwieweit die Wege zwischen den zugeordneten Knoten in G vom Verlauf der abgebildeten Idealkanten
des Graphen M abweichen.

Das Prinzip der letzten Messung verdeutlicht Bild B 7.2.7.
Der Modellgraph einer "1" wurde auf eine "2" in der eingezeichneten Weise abgebildet. Der Teilfehler e_5 errechnet sich zu

$$e_5 = \sum_i^m \sum_j^{n(i)} d_{ij} \qquad\qquad \text{Gl. 7.12}$$

m ist die Anzahl aller Kanten i in M. n(i) ist die Anzahl der
Knoten j eines Weges w in G, auf den die Kante i des Modellgraphen M abgebildet wurde. d_{ij} ist der Abstand eines Knotens j
auf die Verbindungsgerade i' zwischen den Endpunkten des Weges w.

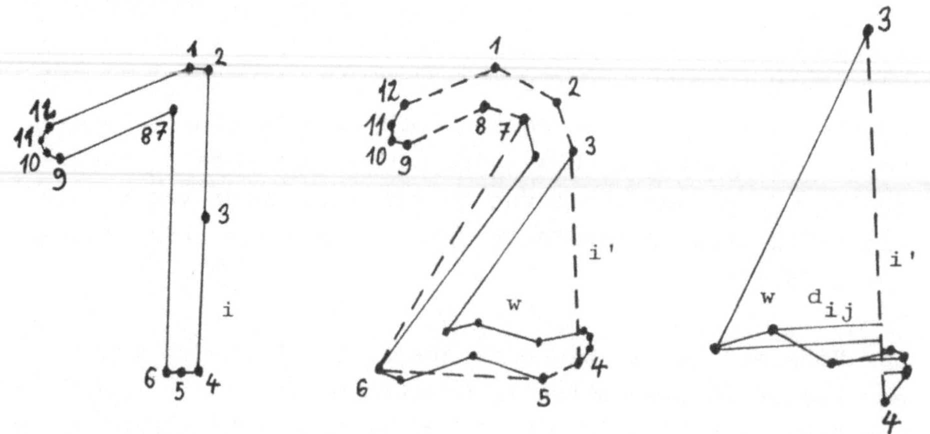

B 7.2.7
Der Teilfehler e_5: Eine ideale "1" wird auf den Realgraphen
einer "2" abgebildet. Alle Idealknoten der "1" sind auch in
der "2" enthalten. Teilfehler e_5 nach Gl. 7.12 mißt die Ab-
weichungen des realen Weges w vom Verlauf der Idealkante i'.

Die übrigen Teilfehler e_1 - e_4 errechnen sich einfacher. Für
e_4 wird direkt die Anzahl der nicht abgebildeten Knoten eingetragen. Für e_3 wird der euklidische Abstand der durch die Q-Kante
verbundenen Deskriptorknoten verwendet. Wird keine geeignete
Q-Verbindung gefunden, so wird e_3 auf den Wert der halben Zeichen-
höhe gesetzt. e_1 und e_2 sind direkt die Differenzen zwischen
den vorgegebenen Idealwerten in LW und LA und den gemessenen
Werten in G.

7.2.4.6 Klassifikation

Obige Teilfehlerkriterien sind so gewählt, daß jedes Maß für
sich ein Minimum ergibt, wenn das Modell M_k auf einen Graphen
G eines Musters der Klasse K abgebildet wird. In allen anderen
Fällen ergeben sich recht willkürliche Fehlzuordnungen, welche
die Zahlenwerte der Teilfehler zum Teil beträchtlich erhöhen.
Als Klassifikationskriterien wurde deshalb der Gesamtfehler
ER aus der Summe der Teilfehler nach folgender Formel errechnet:

$$ER = a_1 \sum_{m_1} e_1 + a_2 \sum_{m_2} e_2 + a_3 \sum_{m_3} e_3 + a_4 \sum_{m_4} e_4 + a_5 \sum_{m_5} e_5 \qquad \text{Gl. 7.13}$$

Hierbei sind a_1 bis a_5 Bewertungskonstanten. m_1 bis m_5 ist die
jeweils vorgeschriebene Anzahl von Messungen für den jeweiligen
Teilfehler.

7.2.4.7 Praktische Versuche

Für die praktischen Versuche wurden in der Wissensbasis inter-
aktiv die Modelle der Ziffern 0 - 9 abgespeichert. Für die
Analyse wurde jede Komponente mit den 10 Modellen verglichen.
Die reine Analysezeit einer Ziffer betrug unter den in Kapi-
tel 4 genannten Bedingungen ca. 2,5 Sekunden. Als praktisches
Ergebnis zeigen die Bilder B 7.2.8 und B 7.2.10 insgesamt 246
Ziffern zwischen 0 und 9. Die Bilder wurden mittels einer Vi-
deokamera aufgenommen. Die Graphen dieser natürlichen Text-

muster sind zum Teil stark gestört. Die Mustergraphen sind
jedoch zu ihren Idealgraphen noch homomorph, so daß sie vom
Verfahren sicher aufeinander abgebildet und erkannt werden
können.

Das Klassifikationsergebnis ist in den Bilder B 7.2.9 und
B 7.2.11 eingeblendet. Von den 246 Zeichen wurden 244 richtig erkannt. Die fehlklassifizierte "8" in der vorletzten Zeile in Bild B 7.2.11 hat einen Riß im Muster. Dieser Riß verändert den Dokumentgraphen so stark, daß nach dem gegenwärti-
gen Stand des Verfahrens keine korrekte Klassifikation möglich ist.

17263548983746512012

67483921827364532190

65432109876543210987

69542316785643129087

76523891243205632087

45898692126473035620

B 7.2.8
1. Testbild zur Ziffernerkennung

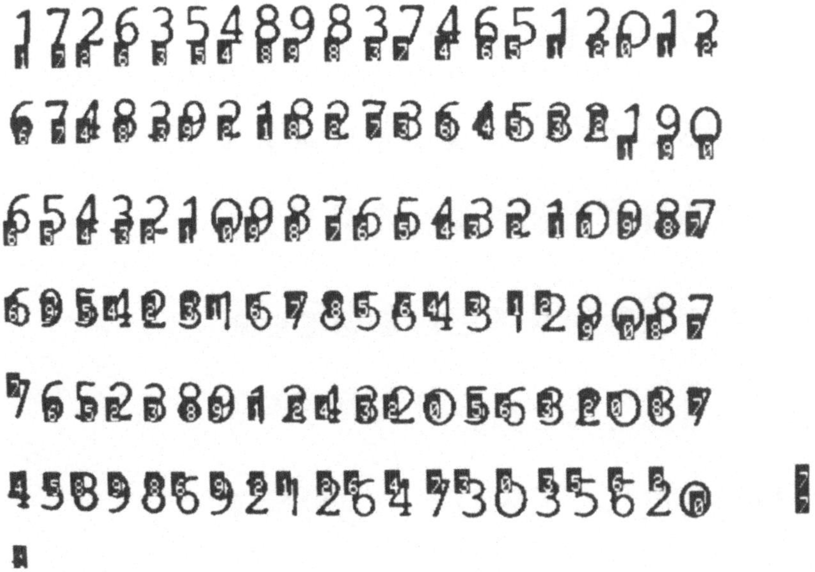

B 7.2.9
Testbild B 7.2.8 mit den Ergebnissen der Ziffernerkennung. Diese
sind am Monitor des Bildverarbeitungssystems (siehe B 4.1) innerhalb schwarzer Felder eingeblendet. Bedingt durch das Raster des
Overlay-Speichers liegen diese Ergebnisfelder nicht immer in
gleicher Position relativ zum Ziffernbild. Kleine Störflecken
entlang der rechten und der unteren Bildkante wurden bei diesem
Versuch nicht ausgeblendet und somit ebenfalls durch das Erkennungsverfahren bewertet.

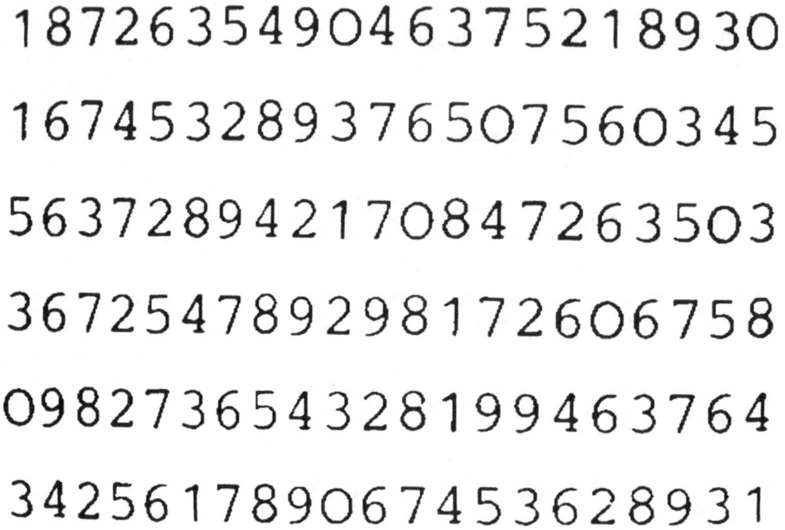

18726354904637521893O

1674532893765O7560345

5637289421708472635O3

3672547892981726O6758

O982736543281994637 64

342561789O67453628931

B 7.2.10
2. Testbild zur Ziffernerkennung

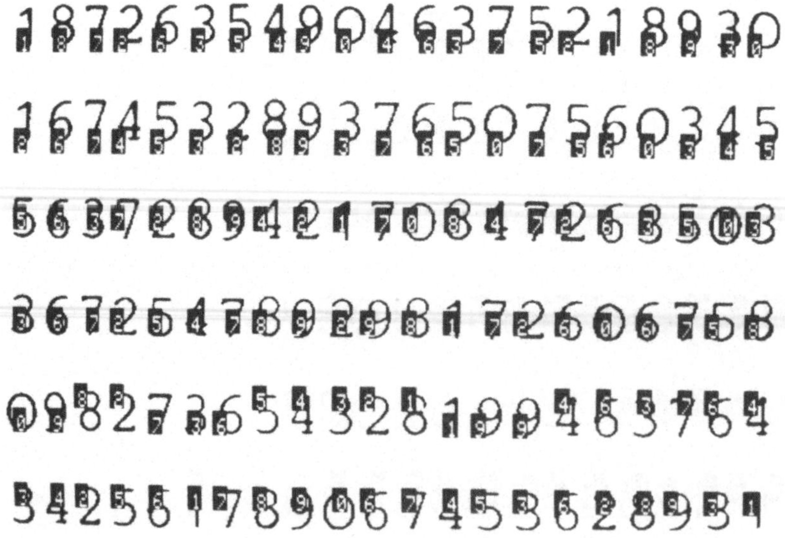

18726354904637521893O

1674532893765O7560345

5637289421708472635O3

3672547892981726O6758

O982736543281994637 64

342561789O67453628931

B 7.2.11
Testbild B 7.2.10 mit den eingeblendeten Ergebnissen der Ziffernerkennung (Ergebnisdarstellung wie B 7.2.9).

8. Zusammenfassung und Ausblick

Die vorliegende Arbeit befaßt sich mit der Analyse gedruckter
Dokumente, die sich aus beliebigen Kombinationen von Textfeldern, Grafikelementen und Bildern zusammensetzen. Für dieses
umfassende Aufgabengebiet wird ein einheitlicher Lösungsweg
vorgestellt. Er ermöglicht es, aus der Bildmatrix des Dokuments
dessen Layout zu errechnen und in symbolischer Form darzustellen. Die Arbeit zeigt hierzu Verfahren, das Dokument in Komponenten der Klassen "Text", "Grafik" und "Bild" zu zerlegen,
vorgegebene Symbole anhand von Modellen im Dokument zu erkennen sowie auch den Dokumenttyp einfacher Formulare zu bestimmen. Für die Dokumentanalyse wird das Wissen um den groben
Aufbau der Dokumentmuster der drei obigen Klassen durch drei
attributierte, stochastische Graphgrammatiken ausgedrückt.
Deren terminale und nichtterminale Symbolmengen verkörpern
Begriffe und Relationen innerhalb des Dokuments. Ihre Produktionen geben die Gesetzmäßigkeiten für den inneren Aufbau der
Dokumentmuster wieder.

Der syntaktische Teil der Grammatiken ist so formuliert, daß
sich die unterschiedlichen Muster aus Text-, Grafik- und Bild-
bereichen durch eine einheitliche Symbolik sowie einen einheitlichen syntaktischen Anteil der Produktionensysteme darstellen lassen. Ausgehend von drei Startsymbolen lassen sich
durch Anwenden der Grammatikproduktionen terminale Bäume für
die unterschiedlichsten Dokumentmuster entwickeln. Sie geben
den Aufbau komplexer Dokumentmuster in symbolischer Form wieder.
Die Unterscheidung zwischen den Dokumentmustern der Klassen
"Text", "Grafik" und "Bild" wird erst aus dem attributiven,
stochastischen Anteil der Grammatiken ersichtlich. Den einzelnen Symbolen sind hierfür mehrdimensionale Attributvektoren
zugeordnet. Für das Parsen des Dokuments ist in den Produktionen der Übergang der Attribute zwischen den einzelnen Symbolen festgelegt. Anhand des stochastischen Anteils der Produktionen wird für jeden Satz aus den Sprachen der Grammatiken

eine Wahrscheinlichkeit festgelegt. Sie läßt sich aus den Attributen errechnen und dient der eigentlichen Entscheidung
über die Klassenzugehörigkeit der verschiedenen Dokumentkomponenten.

Für die praktische Analyse läßt sich aus dem syntaktischen
Anteil der Grammatiken eine einheitliche hierarchische Datenstruktur ableiten. Sie wird als "Dokumentgraph" bezeichnet.
Sie ist auf die speziellen Belange der Dokumentanalyse zugeschnitten. Durch sie werden sowohl Textbereiche als auch Gra-
fik- und Bildmuster in einer vereinheitlichten Form im Rechner
dargestellt.

Als praktische Beispiele für Teilaufgaben aus der Dokument-
analyse werden Lösungswege aufgezeigt, Dokumente grob in Text-,
Grafik- und Bildbereiche zu zerlegen, sowie dafür, vorgegebene
Symbole im Dokumentmuster zu erkennen. Ein Bottom Up Verfahren
errechnet hierzu gemäß obiger Grammatiken aus der Bildmatrix
eines Dokumentes die verschiedenen hierarchischen Ebenen eines
Dokumentgraphen. Beide Verfahren sind dazu in der Lage, den
Musterort, die Mustergrenzen sowie die Musterklasse in einem
Verfahren zu erkennen. Um die hohe Mustervielfalt bei der Dokumentzerlegung effektiv zu bearbeiten, wurde ein spezielles
Graphvergleichsverfahren entwickelt. Es erlaubt, die Attributvektoren der Symbole aus heuristisch definierten Graphinvarianten aufzubauen, hierdurch unbekannte Graphkomponenten mit
Modellen zu vergleichen und auf stochastischem Wege eine Aussage über ihre Klassenzugehörigkeit abzugeben. Die Arbeitsweise des Verfahrens wird anhand unterschiedlicher Dokumentaus-
schnitte praktisch überprüft. Die Ergebnisse werden an völlig
unterschiedlichen Bildbeispielen aufgezeigt und erläutert.

Mit Hilfe des gleichen Graphen wie zur Dokumentzerlegung wird
auch für die Symbolerkennung eine Analysestrategie aufgezeigt.
Sie wird an über 240 Ziffern erprobt. Die Ergebnisse sind dargestellt und diskutiert. Das Verfahren stellt eine unbekannte

Graphkomponente mehreren bekannten Modellgraphen gegenüber
und prüft, welche zueinander homomorph sind. Die Analyse einer
unbekannten Komponente wird hierzu durch ein Top Down Verfahren
von den bekannten Modellen gesteuert. Als Ergebnis wird das
Modell auf die unbekannte Komponente abgebildet. Die Güte der
Abbildung wird anhand eines Fehlermaßes beurteilt.

Der Symbolbegriff wird auch auf komplexere Dokumentmuster erweitert. Es wird eine Strategie aufgezeigt, die es erlaubt,
den Dokumenttyp eines speziellen Formulars zu erkennen und
den einzelnen Textfeldern dieses Formulars ihre spezifische
Bedeutung zuzuweisen.

Zukünftige Aktivitäten auf dem Gebiet der syntaktischen Dokumentanalyse müssen darauf gerichtet sein, das Dokument als
Ganzes zu betrachten. Für eine weitergehende Analyse ist es
deshalb wichtig, Verfahren, die den Typ des Dokuments erfassen, weiter zu verallgemeinern. Hierzu müssen Modelle für die
unterschiedlichen Dokumenttypen definiert und zur Analyse mitherangezogen werden. In dem Maß, wie es gelingt, Kontextwis-
sen über das Gesamtdokument miteinzubeziehen, wird es möglich
sein, alle aufgezeigten Verfahren auch in ihrer Störsicher-
heit weiter zu verbessern. Die Graphgrammatiken, die Darstellung der Dokumentmuster durch Graphen sowie die unterschiedlichen Auswerteverfahren können hierzu noch wesentlich ver-
bessert werden.

<u>9. Literaturverzeichnis</u>

Abkürzungen:

5. ICPR = 5th International Conference on Pattern Recognition,
           Miami Beach, Florida, Dec. 1980, IEEE Computer So-
           ciety Press

6. ICPR = 6th International Conference on Pattern Recognition,
           Munich, Oct. 1982, IEEE Computer Society Press

7. ICPR = 7th International Conference on Pattern Recognition,
           Montreal, Canada, July 1984, IEEE Computer Society
           Press

DAGM 78 = "Bildverarbeitung und Mustererkennung", DAGM Sympo-
           sium, Oberpfaffenhofen, Okt. 1978, Herausg. Triendl,
           IFB 17, Springer-Verlag Berlin Heidelberg New York

DAGM 79 = "Angewandte Szenenanalyse", DAGM Symposium, Karlsruhe,
           Okt. 1979, Herausg. Foith, IFB 20, Springer-Verlag
           Berlin Heidelberg New York

DAGM 80 = "Erzeugung und Analyse von Bildern und Strukturen"
           DGaO-DAGM Tagung, Essen, Mai 1980, Herausg. Pöppl
           und Platzer, IFB 29, Springer-Verlag Berlin Heidel-
           berg New York

DAGM 81 = "Modelle und Strukturen", DAGM Symposium, Hamburg,
           Okt. 1981, Herausg. Radig, IFB 49, Springer-Verlag
           Berlin Heidelberg New York

DAGM 84 = "Mustererkennung 1984", DAGM/ÖAGM Symposium, Graz,
           Okt. 1984, Herausg. Kropatsch, IFB 87, Springer-
           Verlag Berlin Heidelberg New York

DAGM 86 = "Mustererkennung 1986", 8. DAGM Symposium, Pader-
           born, Sept./Okt. 1986, Herausg. Hartmann, IFB 125,
           Springer-Verlag Berlin Heidelberg New York

/AKMNS/
Asher R., Koppelman G., Miller M., Nagy G., Shelton G.
An interactive system for reading unformatted printed text,
IEEE Transactions on Comp., Vol. C-20, No. 12, Dec. 1971,
p. 1527
/AN74/
Asher R., Nagy G.
A means for achieving a high degree of compaction on scan-
digitized printed text, IEEE Transactions on Computers,
Vol. C-23, No. 11, Nov. 1974
/AO79/
Aoki M.
Rectangular region coding for image data compression,
Pattern Recognition, Vol. 11, 1979, p. 297
/AP77/
Farhat A., Pavlidis T.
Syntactic recognition of handwritten numerals, IEEE Trans-
actions on Systems, Man and Cybernetics, Vol. SMC, No. 7,
July 1977, p. 537
/AWS81/
Abele L., Wahl F., Scherl W.
Procedures for an automatic segmentation of text, graphics
and half tone regions in documents, 2nd Scandinavian Conf.
on Image Analysis, Helsinki, Finland, June 1981, p. 177
/BA83/
Bunke H., Allermann G.
A metric on graphs for structural pattern recognition,
EUSIPCO-83, Ed. Schüssler, Erlangen, Sept. 1983, p. 257,
North-Holland Amsterdam New York Oxford
/BA84/
Bartneck N.
Image analysis based on image description graphs with
contour coded objects, 7. ICPR, p. 1108
/BE84/
Bernhardt L.
Three classical character recognition problems, three
new solutions, Siemens Forsch.- u. Entwickl. Ber. Bd.
13, Nr. 3, 1984, p. 114
/BG84/
Bertrand G.
Skeletons in derived grids, 7. ICPR, p. 326
/BJ81/
Bille J., Jaksch M.
Ein iteratives Regionenwachstums-Verfahren mit flexibler
Datenstruktur zur Segmentierung cytologischer Bilder,
DAGM 81, S. 226
/BL82/
Bley H.
Vorverarbeitung und Segmentierung von Stromlaufplänen
unter Verwendung von Bildgraphen, Dissertation, Arbeits-
berichte des IMMD, Universität Erlangen-Nürnberg, Band 15,
1982
/BL84/
Bley H.
Segmentation and preprocessing of electrical schematics
using picture graphs, Computer Vision, Graphics, and Image
Processing 28, 1984, p. 271

/BM84/
    Bartenstein O., Maderlechner G.
    Die Methode der diskriminierenden Graphen zur fehlerto-
    leranten Mustererkennung, DAGM 84, S. 222
/BP81/
    Bjorklund C. M., Pavlidis T.
    Global shape analysis by k-syntactic similarity, IEEE
    Trans. on Pattern Analysis and Machine Intelligence, Vol.
    PAMI-3, No. 2, March 1981, p. 144
/BU78/
    Bunke H.
    Analyse elektrischer Schaltpläne mit einfachen Schalt-
    symbolen, DAGM 78, S. 126
/BU81/
    Bunke H.
    Programmierte Graph-Grammatiken zur Repräsentierung des
    a priori Wissens für die Interpretation von Linienzeich-
    nungen, DAGM 81, S. 264
/BU82/
    Bunke H.
    Attributed programmed graph grammars and their application
    to schematic diagram interpretation, IEEE Trans. on Pattern
    Analysis and Machine Intelligence, Vol. PAMI-4, No. 6,
    Nov. 1982, p. 574
/CA84/
    Capson D. W.
    An improved algorithm for the sequential extraction of
    boundaries from a raster scan, Computer Vision, Graphics,
    and Image Processing 28, 1984, p. 109
/CDW78/
    Chen W., Douglas J., Widergren R.
    Combined symbol matching - a new approach to facsimile
    date compression, SPIE Vol. 149, Applications of digital
    image processing, Ed. Tescher, 1978
/CE79/
    Cederberg R.
    Chain-link coding and segmentation for raster scan devices,
    Computer Graphics and Image Processing 10, 1979, p. 224
/CG70/
    Corneil D. G., Gotlieb C. C.
    An efficient algorithm for graph isomorphism, Journal
    of the Association for Computing Machinery, Vol 17, No. 1,
    Jan. 1970, p. 31
/CH81/
    Cheng J. K., Huang T. S.
    Image recognition by matching relational structures, IEEE
    Conf. on Pattern Recognition and Image Processing, Dallas,
    USA, 1981, p. 542
/CH82/
    Cheng J. K., Huang T. S.
    Recognition of curvilinear objects by matching relational
    structures, Pattern Recognition and Image Processing,
    1982, p. 343
/DK85/
    Domke L.
    Graph-Homomorphismen und Mustererkennung, Diplomarbeit
    an der Fakultät für Mathematik der Ludwig-Maximilians
    Universität München, 1985

/DM84/
    Domogalla U.
    Ein Expertensystem für die automatische Erfassung von
    technischer Grafik, DAGM 84, S. 297

/DO84/
    Doster W.
    Different states of a document's content on its way from
    the gutenbergian world to the electronic world, 7. ICPR,
    p. 872

/DS83/
    Doster W., Schürmann J.
    A step towards intelligent document input to computers,
    IEEE Computer Society Conference on Computer Vision and
    Pattern Recognition, Washington D.C., June, 1983, p. 515

/DTNM80/
    DePrec R., Tou J., Nawatz A., McCarthy J.
    Automatic Typewriter Identification, 5. ICPR, p. 861

/EF84/
    Eshera M. A., Fu K. S.
    A similarity measure between attributed relational graphs
    for image analysis, 7. ICPR, p. 75

/FR74/
    Freeman H.
    Computer processing of line drawing images, Computing
    Surveys, Vol. 6, No. 1, March 1974, p. 57

/FR77/
    Freeman H.
    Shape description via the use of critical points, Conf.
    on Pattern Recogntion and Image Processing, Troy, June 1977,
    p. 168

/FR83/
    Freedman D. H.
    OCR moves into office automation, MINI-MICRO Systems,
    May 1983, p. 211

/FR85/
    Friedrich R.
    Mathematische Methoden der Strukturanalyse, Diplomarbeit
    an der Fakultät für Mathematik der Ludwig-Maximilians-
    Universität München, 1985

/FU76/
    FU K. S. (Ed.)
    Digital pattern recognition, Springer-Verlag Berlin Heidel-
    berg New York, 1976

/FU77/
    Fu K. S. (Ed.)
    Syntactic pattern recognition, applications, Springer-Verlag
    Berlin Heidelberg New York, 1977

/FU81/
    Fu K. S.
    Syntactic models for image analysis, DAGM 81, p. 271

/FU82/
    Fu K. S.
    Attributed grammars for pattern recognition - a general
    (syntactic-semantic) approach, Pattern Recognition and
    Image Processing, 1982, p. 18

/GE81/
    Gernert D.
    Ähnlichkeitsmaße für hierarchisch aufgebaute Strukturen
    und ihre Anwendung in der Mustererkennung, DAGM 81, p. 131

/HA74/
     Harary F.
     Graphentheorie, Oldenbourg Verlag München Wien, 1974
/HD84/
     Hartmann G., Drüe S.
     Erkennungsstrategien bei Bildern mit hierarchisch codierten
     Konturen, DAGM 84, p. 120
/HE82/
     Henrichon E. G.
     A line tracking procedure for optical character scanning,
     6. ICPR, p. 31
/HF80/
     Fuchsberger, H.
     Automatische Segmentierverfahren für die Aktenverarbeitung,
     Diplomarbeit am Lehrstuhl für Nachrichtentechnik, Techn.
     Universität München, 1980
/HO83/
     Hou H. S.
     Digital document processing, John Wiley & Sons New York
     Chichester Brisbane Toronto Singapore, 1983
/HO84/
     Horak W.
     Dokument-Architektur und Dokument-Austauschformate, Stand
     der internationalen Normung, GI-Arbeitstagung: Offene
     Multifunktionale Büroarbeitsplätze und Bildschirmtext,
     Berlin, Juni 1984
/HU83/
     Hundt E.
     Digital image processing, overview and areas of application,
     Siemens Forsch.- u. Entwickl. Berichte Bd. 12, Nr. 4,
     1983, p. 250
/IKHS84/
     Inagaki K., Kato T., Hiroshima T., Sakai T.
     Macsym: A hierarchical parallel image processing system
     for event-driven pattern understanding of documents, Pattern
     Recognition, Vol. 17, No. 1, 1984, p. 85
/IKS82/
     Inagaki K., Kato T., Sakai T.
     Macsym: An event-driven parallel processor for document
     pattern understanding, 6. ICPR, p. 258
/IS82/
     Ito S., Sakatani S.
     Field segmentation and classification in document image,
     6. ICPR, p. 492
/JLRL/
     Johnson E., Lipkin B., Rosenfeld A., Lee Y.
     Some studies in texture discrimination, Technical Report
     TR-183, AT-(40-1)-3662, March 1972
/KA83/
     Kim Y. C., Aggarwal J. K.
     Rectangular coding for binary images, IEEE Computer Society
     Conference on Computer Vision and Pattern Recognition,
     Washingtion D.C., June 1983, p. 108
/KIA84/
     Kubota K., Iwaki O., Arakawa H.
     Document understanding system, 7. ICPR, p. 612
/KN81/
     Knorz G.
     Mustererkennung im Bereich der inhaltlichen Erschließung
     von Texten, DAGM 81, p. 33

/KU85/
     Kuner, P.
     Efficient techniques to solve the subgraph isomorphism prob-
     lem for pattern recognition in line images, 4th Scandinavian
     Conf. on Image Analysis, Trondheim, Norway, June 1985, p. 333
/KU83/
     Kuner P.
     Geometrical and relational description of line images,
     using analytical features of their representing spline
     curves, 3rd Scandinavian Conf. on Image Analysis, Copenhagen,
     Denmark, July 1983, p. 67
/LA83/
     Lang, M.
     Mustererkennung, Physikalische Blätter 39, Nr. 11, 1983,
     S. 367
/MA82/
     Makino H.
     A bilevel rendition method of document images including
     continuous tone pictures, 6. ICPR, p. 482
/MA83/
     Makino H.
     On extraction of objects in a document image, 3rd Scandina-
     vian Conf. on Image Analysis, Copenhagen, Denmark, July 1983,
     p. 350
/MD82/
     Mori S., Doh M.
     A sequential tracing extraction of shape features and
     its constructive description, Computer Graphics and Image
     Processing 19, 1982, p. 349
/MH84/
     Maderlechner G., Hundt E.
     Image dialogue between man and machine, Siemens Forsch.-
     u. Entwickl. Ber. Bd. 13, 1984, Nr. 3. p. 126
/MO84/
     Montani C.
     Region representation: parallel connected stripes, Computer
     Vision, Graphics, and Image Processing 28, 1984, p. 139
/NA68/
     Nagy G.
     Preliminary investigation of techniques for automated
     reading of unformatted text, Communications of the ACM,
     Vol. 11, No. 7, July 1968, p. 480
/NA84/
     Nadler M.
     Survey, Document segmentation and coding techniques, Computer
     Vision, Graphics, and Image Processing 28, 1984, p. 240
/NE82/
     Neugebauer G.
     Documentanalysis, the textscanner: A model for analyzing
     and classifying document elements, 6. ICPR, p. 486
/NI74/
     Niemann H.
     Methoden der Mustererkennung, Akademische Verlagsgesell-
     schaft Frankfurt am Main, 1974
/NI80/
     Niemann H.
     Zur Repräsentation von Kontrollstrukturen und von Wissen
     in der Musteranalyse, DAGM 80, S. 73

/NI81/
Niemann H.
Pattern Analysis, Springer-Verlag Berlin Heidelberg New York, 1981

/NI281/
Niemann, H.
Automatische Erkennung zusammenhängend gesprochener Sprache DAGM 81, S. 2

/NI83/
Niemann, H.
Klassifikation von Mustern, Springer-Verlag Berlin Heidelberg New York Tokyo, 1983

/NS84/
Nagy G., Seth S.
Hierarchical representation of optically scanned documents, 7. ICPR, p. 347

/NY82/
Ney H.
Dynamic programming as a technique for pattern recognition, 6. ICPR, p. 1119

/ONM83/
Okamoto N., Nakamura O., Minami T.
Character segmentation for mixed-mode communication, Information Processing, Ed. Mason, 1983, p. 681

/PA77/
Pavlidis T.
Structural pattern recognition, Springer-Verlag Berlin Heidelberg New York, 1977

/PA82/
Pavlidis T.
Curve fitting as a pattern recognition problem, 6. ICPR, p. 853

/PAV82/
Pavlidis T.
Algorithms for graphics and image processing, Springer-Verlag Berlin Heidelberg New York, 1982

/PCCHW/
Pratt K., Capitant P., Chen W., Hamilton E., Wallis R.
Combined symbol matching facsimile data compression system, Proc. of the IEEE, Vol. 68, No. 7, July 1980

/PC82/
Pavlidis T., Cherry L.
Vector and arc encoding of graphics and text, 6. ICPR, p. 616

/PO81/
Postl. W.
Coding of printed matter composed of halftone pictures and text, Picture Coding Symposium, Montreal, 1981

/PO82/
Postl W.
Halftone recognition by an experimental text and facsimile workstation, 6. ICPR, p. 489

/SB82/
Schick T., Brockish R. F.
The document interchange architecture: A member of a family of architectures in the SNA environment, IBM Systems Journal, Vol. 21, No. 2, 1982, p. 220

/SC82/
Schürmann J.
Reading Machines, 6. ICPR, p. 1031

/SH80/
Shapiro L. G.
A structural model of shape, IEEE Trans. on Pattern Analysis
and Machine Intelligence, Vol PAMI-2, No. 2, March 1980
/SH81/
Shapiro L. G., Haralick R. M.
Structural descriptions and inexact matching, IEEE Trans.
on Pattern Analysis and Machine Intelligence, Vol. PAMI-3,
No. 5, Sept. 1981, p. 504
/SH84/
Scherl W., Hundt E.
A syntactic method of pattern recognition for document
processing, Siemens Forsch.- u. Entwickl. Ber. Bd. 13,
Nr. 3, 1984, p. 109
/SHA84/
Shapiro L. G.
Relational matching - problems, techniques and applications,
DAGM 84, p. 24
/SP81/
Speck P.
Automatische Darstellung und Interpretation von Linien-
und Kantenstrukturen in Digitalbildern, DAGM 81, p. 151
/SP84/
Speck P.
Kombinatorische Repräsentation von Bildgraphen, DAGM 84,
p. 319
/SR71/
Stefanelli R. Rosenfeld A.
Some parallel thinning algorithms for digital pictures,
Journal of the ACM, No. 18, 1971, p. 255
/ST72/
Stallings W.
Recognition of printed chinese characters by automatic
pattern analysis, Computer Graphics and Image Processing 1,
1972, p. 47
/ST79/
Steinke K.
Automatische Schreibererkennung mit textunabhängigen Merk-
malen, DAGM 79, S. 180
/ST81/
Steinke K.
Entwicklung von Mustererkennnungsverfahren zur textunabhän-
gigen Analyse von Handschriftbildern, Dissertation, Techn.
Hochschule Aachen, 1981
/STH83/
Scherl W., Tengler W., Hundt E.
Texturanalyse und Schriftzeichenerkennung zum Einlesen
von gedruckten Texten in elektronische Speicher, BMFT-
Forschungsbericht DV83-007, 1983
/SW82/
Scherl W., Wöhrl R.
Text coding and recognition by flexible descriptors, 6. ICPR
p. 1206
/SWF80/
Scherl W., Wahl F., Fuchsberger H.
Automatic separation of text, graphics and picture seg-
ments in printed material, Pattern Recognition in Practice,
Ed. Gelsema, Kanal, Amsterdam, 1980, p. 213

/TI82/
      Tilgner R. D.
      Man-machine comparison of relational invariant character
      recognition, 6. ICPR, p. 44
/TI83/
      Tominaga H., Itoh R.
      Mixed mode image processing for document transmission,
      GLOBCOM 83, IEEE Global Telecommunications Conference,
      San Diego, USA, Nov. 1983, p. 179
/TNN82/
      Toyoda J., Noguchi Y., Nishimura Y.
      Study of extracting japanese newspaper article, 6. ICPR,
      p. 1113
/UL76/
      Ullmann J. R.
      An algorithm for subgraph isomorphism, Journal of the
      Association for Computing Machinery, Vol 23, No. 1, Jan.
      1976, p. 31
/WAS81/
      Wahl F., Abele L., Scherl W.
      Merkmale für die Segmentation von Dokumenten zur automa-
      tischen Textverarbeitung, DAGM 81, p. 364
/WCW82/
      Wong K. Y., Casey R. G., Wahl F. M.,
      Document analysis system, IBM Journal Res. Development,
      Vol. 26, No. 6, Nov. 1982, p. 647
/WO83/
      Wöhrl R.
      Graph-Grammatiken und Musteranalyse, Diplomarbeit an der
      Fakultät für Mathematik der Ludwig-Maximilians-Universität
      München, 1983
/WS181/
      Scherl W.
      Criteria for seperation of text, graphics and pictures
      in printed documents, International Conference on Research
      and Trends in Document Preparation Systems, Lausanne,
      Switzerland, Febr. 1981, p. 97
/WS281/
      Scherl W.
      Größenunabhängige Segmentierung von Textzeilen für Anwen-
      dungen im Büro, DAGM 81, p. 403
/WS183/
      Scherl W.
      Document analysis based on a document description, 3rd
      Scandinavian Conf. on Image Analysis, Copenhagen, Denmark,
      July 1983, p. 369
/WS283/
      Scherl W.
      Segmentation and analysis of mixed printed documents,
      EUSIPCO-83, Ed. Schüssler, Erlangen, Sept. 1983, p. 621,
      North-Holland Amsterdam New York Oxford
/WS85/
      Scherl W.
      Unified analysis of complex document patterns, 4th Scandina-
      vian Conf. on Image Analysis, Trondheim, Norway, June 1985,
      p. 873
/WWC82/
      Wahl F. M., Wong K. Y., Casey R. G.
      Block segmentation and text extraction in mixed text/image
      documents, Computer Graphics and Image Processing 20,
      1982, p. 375

/WY83/
      Wong A., You M.
      Entropy and distance measure of random graphs, IEEE Comp.
      Soc. Conf. on Computer Vision and Pattern Recognition,
      Washington D.C., June 1983, p. 371
/YMOT83/
      Yoshino Y., Mori K., Okazaki A., Tsunekawa S.
      Flexible drawing reader with high-speed hierarchical pro-
      cessors, IEEE Computer Society Conference on Computer
      Vision and Pattern Recognition, Washington D.C., June 1983,
      p. 510
/ZDGS86/
      Domke L., Günther A., Scherl W.
      Wissensgesteuerte Formularinterpretation mit Hilfe von
      Petrinetzen, DAGM 86, S. 29
/ZLS86/
      Lippmann C., Scherl W.
      Data structures for document analysis, EUSIPCO-86, Young
      et al. (editors), The Hague, The Netherlands, Sept. 1986,
      p. 613, North-Holland Amsterdam New York Oxford Tokyo

Band 89: Fachgespräche auf der 14. GI-Jahrestagung. Braunschweig, Oktober 1984. Herausgegeben von H.-D. Ehrich. V, 267 Seiten. 1984.

Band 90: Informatik als Herausforderung an Schule und Ausbildung. GI-Fachtagung, Berlin, Oktober 1984. Herausgegeben von W. Arlt und K. Haefner. X, 416 Seiten. 1984.

Band 91: H. Stoyan, Maschinen-unabhängige Code-Erzeugung als semantikerhaltende beweisbare Programmtransformation. IV, 365 Seiten. 1984.

Band 92: Offene Multifunktionale Büroarbeitsplätze. Proceedings, 1984. Herausgegeben von F. Krückeberg, S. Schindler und O. Spaniol. VI, 335 Seiten. 1985.

Band 93: Künstliche Intelligenz. Frühjahrsschule Dassel, März 1984. Herausgegeben von C. Habel. VII, 320 Seiten. 1985.

Band 94: Datenbank-Systeme für Büro, Technik und Wirtschaft. Proceedings, 1985. Herausgegeben von A. Blaser und P. Pistor. X, 519 Seiten. 1985.

Band 95: Kommunikation in Verteilten Systemen I. GI-NTG-Fachtagung, Karlsruhe, März 1985. Herausgegeben von D. Heger, G. Krüger, O. Spaniol und W. Zorn. IX, 691 Seiten. 1985.

Band 96: Organisation und Betrieb der Informationsverarbeitung. Proceedings, 1985. Herausgegeben von W. Dirlewanger. XI, 261 Seiten. 1985.

Band 97: H. Willmer, Systematische Software- Qualitätssicherung anhand von Qualitäts- und Produktmodellen. VII, 162 Seiten. 1985.

Band 98: Öffentliche Verwaltung und Informationstechnik. Neue Möglichkeiten, neue Probleme, neue Perspektiven. Proceedings, 1984. Herausgegeben von H. Reinermann, H. Fiedler, K. Grimmer, K. Lenk und R. Traunmüller. X, 396 Seiten. 1985.

Band 99: K. Küspert, Fehlererkennung und Fehlerbehandlung in Speicherungsstrukturen von Datenbanksystemen. IX, 294 Seiten. 1985.

Band 100: W. Lamersdorf, Semantische Repräsentation komplexer Objektstrukturen. IX, 187 Seiten. 1985.

Band 101: J. Koch, Relationale Anfragen. VIII, 147 Seiten. 1985.

Band 102: H.-J. Appelrath, Von Datenbanken zu Expertensystemen. VI, 159 Seiten. 1985.

Band 103: GWAI-84. 8th German Workshop on Artificial Intelligence. Wingst/Stade, October 1984. Edited by J. Laubsch. VIII, 282 Seiten. 1985.

Band 104: G. Sagerer, Darstellung und Nutzung von Expertenwissen für ein Bildanalysesystem. XIII, 270 Seiten. 1985.

Band 105: G. E. Maier, Exceptionbehandlung und Synchronisation. IV, 359 Seiten. 1985.

Band 106: Österreichische Artificial Intelligence Tagung. Wien, September 1985. Herausgegeben von H. Trost und J. Retti. VIII, 211 Seiten. 1985.

Band 107: Mustererkennung 1985. Proceedings, 1985. Herausgegeben von H. Niemann. XIII, 338 Seiten. 1985.

Band 108: GI/OCG/ÖGJ-Jahrestagung 1985. Wien, September 1985. Herausgegeben von H. R. Hansen. XVII, 1086 Seiten. 1985.

Band 109: Simulationstechnik. Proceedings, 1985. Herausgegeben von D. P. F. Möller. XIV, 539 Seiten. 1985.

Band 110: Messung, Modellierung und Bewertung von Rechensystemen. 3. GI/NTG-Fachtagung, Dortmund, Oktober 1985. Herausgegeben von H. Beilner. X, 389 Seiten. 1985.

Band 111: Kommunikation in Verteilten Systemen II. GI/NTG-Fachtagung, Karlsruhe, März 1985. Herausgegeben von D. Heger, G. Krüger, O. Spaniol und W. Zorn. XII, 236 Seiten. 1985.

Band 112: Wissensbasierte Systeme. GI-Kongreß 1985. Herausgegeben von W. Brauer und B. Radig. XVI, 402 Seiten, 1985.

Band 113: Datenschutz und Datensicherung im Wandel der Informationstechnologien. 1. GI-Fachtagung, München, Oktober 1985. Proceedings, 1985. Herausgegeben von P. P. Spies. VIII, 257 Seiten. 1985.

Band 114: Sprachverarbeitung in Information und Dokumentation. Proceedings, 1985. Herausgegeben von B. Endres-Niggemeyer und J. Krause. VIII, 234 Seiten. 1985.

Band 115: A. Kobsa, Benutzermodellierung in Dialogsystemen. XV, 204 Seiten. 1985.

Band 116: Recent Trends in Data Type Specification. Edited by H.-J. Kreowski. VII, 253 pages. 1985.

Band 117: J. Röhrich, Parallele Systeme. XI, 152 Seiten. 1986.

Band 118: GWAI-85. 9th German Workshop on Artificial Intelligence. Dassel/Solling, September 1985. Edited by H. Stoyan. X, 471 pages. 1986.

Band 119: Graphik in Dokumenten. GI-Fachgespräch, Bremen, März 1986. Herausgegeben von F. Nake. X, 154 Seiten. 1986.

Band 120: Kognitive Aspekte der Mensch-Computer-Interaktion. Herausgegeben von G. Dirlich, C. Freksa, U. Schwatlo und K. Wimmer. VIII, 190 Seiten. 1986.

Band 121: K. Echtle, Fehlermaskierung durch verteilte Systeme. X, 232 Seiten. 1986.

Band 122: Ch. Habel, Prinzipien der Referentialität. Untersuchungen zur propositionalen Repräsentation von Wissen. X, 308 Seiten. 1986.

Band 123: Arbeit und Informationstechnik. GI-Fachtagung. Proceedings, 1986. Herausgegeben von K. T. Schröder. IX, 435 Seiten. 1986.

Band 124: GWAI-86 und 2. Österreichische Artificial-Intelligence-Tagung. Ottenstein/Niederösterreich, September 1986. Herausgegeben von C.-R. Rollinger und W. Horn. X, 360 Seiten. 1986.

Band 125: Mustererkennung 1986. 8. DAGM-Symposium, Paderborn, September/Oktober 1986. Herausgegeben von G. Hartmann. XII, 294 Seiten, 1986.

Band 126: GI-16. Jahrestagung. Informatik-Anwendungen – Trends und Perspektiven. Berlin, Oktober 1986. Herausgegeben von G. Hommel und S. Schindler. XVII, 703 Seiten. 1986.

Band 127: GI-17. Jahrestagung. Informatik-Anwendungen – Trends und Perspektiven. Berlin, Oktober 1986. Herausgegeben von G. Hommel und S. Schindler. XVII, 685 Seiten. 1986.

Band 128: W. Benn, Dynamische nicht-normalisierte Relationen und symbolische Bildbeschreibung. XIV, 153 Seiten. 1986.

Band 129: Informatik-Grundbildung in Schule und Beruf. GI-Fachtagung, Kaiserslautern, September/Oktober 1986. Herausgegeben von E. v. Puttkamer. XII, 486 Seiten. 1986.

Band 130: Kommunikation in Verteilten Systemen. GI/NTG-Fachtagung, Aachen, Februar 1987. Herausgegeben von N. Gerner und O. Spaniol. XII, 812 Seiten. 1987.

Band 131: W. Scherl, Bildanalyse allgemeiner Dokumente. XI, 205 Seiten. 1987.

Band 133: B. Freisleben, Mechanismen zur Synchronisation paralleler Prozesse. VIII, 357 Seiten. 1987.

Band 134: Organisation und Betrieb der verteilten Datenverarbeitung. 7. GI-Fachgespräch, München, März 1987. Herausgegeben von F. Peischl. VIII, 219 Seiten. 1987.